Über den Autor:

Dr. med. Dipl. theol. Manfred Lütz ist Facharzt für Psychiatrie und Psychotherapie, Theologe und Kabarettist. Seit 1997 ist er Chefarzt des Alexianer-Krankenhauses in Köln. Er publizierte zahlreiche Bestseller, darunter 2002 »Lebenslust – Wider die Diätsadisten, den Gesundheitswahn und den Fitnesskult« und 2007 »Gott – Eine kleine Geschichte des Größten«, für das er den internationalen Literaturpreis *Corine* erhielt. Mit »Irre! Wir behandeln die Falschen, unser Problem sind die Normalen« führte er 2009 wochenlang die Bestsellerlisten an. 2012 erschien »Bluff – Die Fälschung der Welt«, das ebenfalls zum Erfolg wurde.

Manfred Lütz

Der Skandal der Skandale

Die geheime Geschichte des Christentums

Unter Mitarbeit von
Professor Dr. Arnold Angenendt

Die Zitate können in aller Regel einfach im Buch »Toleranz und Gewalt« von Arnold Angenendt anhand des Personenverzeichnisses gefunden werden, das auch die zitierten Autoren enthält. Wenn Zitate Auslassungen enthalten, sind diese hier der Lesbarkeit halber nicht mit drei Punkten gekennzeichnet worden. Die übliche Zitierweise findet man immer in »Toleranz und Gewalt«. Wo in »Toleranz und Gewalt« nicht vorkommende Zitate gebracht werden, wird in der Regel auch das Werk des zitierten Autors genannt. Gewisse Texte sind aus »Toleranz und Gewalt« übernommen, aber völlig neu zusammengestellt.

Besuchen Sie uns im Internet:
www.droemer.de

Aus Verantwortung für die Umwelt hat sich die
Verlagsgruppe Droemer Knaur zu einer nachhaltigen Buchproduktion verpflichtet.
Der bewusste Umgang mit unseren Ressourcen, der Schutz unseres Klimas und
der Natur gehören zu unseren obersten Unternehmenszielen.
Gemeinsam mit unseren Partnern und Lieferanten setzen wir uns für eine
klimaneutrale Buchproduktion ein, die den Erwerb von Klimazertifikaten zur
Kompensation des CO_2-Ausstoßes einschließt.
Weitere Informationen finden Sie unter:
www.klimaneutralerverlag.de

Taschenbuchausgabe Oktober 2020
Droemer Verlag
Ein Imprint der Verlagsgruppe
Droemer Knaur GmbH & Co. KG, München
© Verlag Herder GmbH, Freiburg 2018
Alle Rechte vorbehalten. Das Werk darf – auch teilweise – nur mit
Genehmigung des Verlags wiedergegeben werden.
Covergestaltung: © Christoph Pittner (Pittner-Design)
Satz: Adobe InDesign im Verlag
Druck und Bindung: CPI books GmbH, Leck
ISBN 978-3-426-30276-7

Inhalt

XII. Das 21. Jahrhundert – Die Krise des Christentums und die Flüchtlinge

Vorwort

Das Christentum ist die unbekannteste Religion der westlichen Welt. Das liegt nicht an einem Mangel an Informationen, sondern im Gegenteil an einer Überfülle an Informationen. Allerdings haben diese Informationen gewöhnlich eine merkwürdige Eigenart: Sie sind grotesk falsch.

Das ist an sich nicht weiter schlimm. Mit falschen Überzeugungen kann man gut leben. Lange Zeit glaubte man, dass durch die Arterien Luft fließe, noch länger nahm man an, dass es Drachen gebe und selbst die Überzeugung, dass die Erde eine Scheibe sei, hat die Menschen nicht daran gehindert, ein sinnvolles Leben zu führen.

Fake News können sogar Spaß machen. Wer will die Welt schon von morgens bis abends so sehen, wie sie ist? Und auch ganz persönlich ist Verdrängung eine wichtige Fähigkeit, um lebenstüchtig zu bleiben. Wer dauernd all die Schattenseiten seiner Lebensgeschichte mit sich spazieren trägt, hat's schwer im Leben.

Doch bei den Falschinformationen über das Christentum geht es nicht um irgendwelche kleinen Irrtümer, amateurhafte Fälschungen oder harmlose Schummeleien. Diese Falschinformationen haben das Christentum in seinem Kern nachhaltig erschüttert und absolut unglaubwürdig gemacht.

Dagegen spricht nicht, dass man öffentlich Papst Franziskus schätzt und Mutter Teresa verehrt. Man schätzt und verehrt sie nicht wegen, sondern trotz der Tatsache, dass sie Christen sind. Man nimmt es ihnen sozusagen nicht übel. Und auch das karitative Engagement christlicher Institutionen achtet man, ja sogar das, was man gerne »christliche Werte« nennt, was immer das dann sein soll. Doch den christlichen Glauben, die Geschichte der christlichen Kirchen, das Christentum selbst hält man bestenfalls für peinlich. In intellektuellen Debatten gilt ein christliches Bekenntnis gewöhnlich unausgesprochen als indiskutabel. Der Ausdruck Fundamentalismus hat sich nicht nur für fanatische Gläubige eingebürgert, sondern gilt inzwischen jedem religiösen, jedem christlichen Bekenntnis, das Religion nicht nur religionswissenschaftlich beschreibt, sondern für wahr hält. Das ist das Ende des realen Christentums als kulturprägende Kraft.

Man mag einwenden, dass immerhin die christlichen Kirchen noch beachtliche Institutionen vorweisen können, die zum Beispiel in Deutschland über enorme Finanzmittel verfügen. Doch ist nicht zu übersehen, dass viele Kräfte durch den Rückbau der einstmals großen Volkskirchen absorbiert werden und Neuaufbrüche eher am Rande des institutionalisierten Christentums stattfinden. Dabei gelingt christliche Mission am ehesten da, wo Menschen direkt spirituell angesprochen werden, eine Gemeinschaft von Überzeugten erleben und so ihr persönliches Leben erneuern. Aber, so paradox das klingen mag, das Christentum, seine Geschichte, seine Institutionen, seine Repräsentanten wirken für die christliche Mission in unseren Breitengraden eher als Hindernis, jedenfalls nicht als Attraktion.

Das liegt daran, dass dem Christentum ein Todesstoß versetzt wurde. Die inzwischen unbestrittene Überzeugung, dass die Geschichte des Christentums eine Geschichte der Skandale ist, erschüttert tatsächlich den Kern des christlichen Glaubens. Denn eine Religion, die an die Mensch-Werdung, also an die Geschichte-Werdung Gottes selbst glaubt, liefert sich rückhaltlos der kritischen Beurteilung dieser Geschichte aus. Und dieses Urteil ist vernichtend. »Der Fluch des Christentums« betitelte der namhafte Philosoph Herbert Schnädelbach im Jahre 2000 einen aufsehenerregenden Text, der in dem Satz gipfelte, das

Beste, was das Christentum für die Menschheit tun könne, wäre: sich auflösen! Und die Gründe, die der Philosoph für dieses Todesurteil vorbrachte, waren nicht vor allem philosophische oder theologische Gründe. Schnädelbach äußerte keine Zweifel an der Dreifaltigkeit oder an der Menschwerdung Gottes, sondern er argumentierte fast ausschließlich geschichtlich. Dabei bezog er sich nicht auf irgendwelche historischen Studien, sondern er konnte sich auf einen breiten gesellschaftlichen Konsens über die skandalöse Christentumsgeschichte stützen. Was dieser hochgebildete Philosoph da über die empörenden Kreuzzüge, die brutale Inquisition und den verheerenden Antisemitismus anführte, präsentierte er unbefangen als genauso unbestreitbar, wie man heute selbstverständlich davon ausgeht, dass der Mond um die Erde kreist und der Mount Everest der höchste Berg unseres Planeten ist. Auch dafür braucht man keine Belege. Insofern sprach dieser Text nur prägnant aus, was ohnehin alle dachten.

Zehn Jahre nach dem Zusammenbruch des Kommunismus war das ein engagierter Nachruf auf das Christentum.

Das hätte es dann gewesen sein können. Wie beim Kommunismus gibt es zwar immer einige, die die Signale nicht hören und betriebsblind nostalgisch unentwegt so weitermachen, als sei nichts geschehen. In Wahrheit aber ging der Text von Schnädelbach an die Substanz der christlichen Religion. Wenn Schnädelbach recht hatte, war das Christentum zweitausend Jahre nach seinem Beginn wirklich am Ende.

Aber hatte er recht? Was sich nach Veröffentlichung dieses Textes abspielte, war spektakulär und völlig unerwartet: Ein international renommierter Historiker nahm die Herausforderung an und ging den Vorwürfen Schnädelbachs auf dem Stand der heutigen Wissenschaft akribisch auf den Grund. Was stimmte und was stimmte nicht? Dieser Historiker heißt Arnold Angenendt, und er legte 2007 ein gewaltiges Werk vor: »Toleranz und Gewalt – Das Christentum zwischen Bibel und Schwert« heißt das Buch, und es ist seitdem ein Standardwerk für alle, die sich kritisch mit Christentum und Kirche auseinandersetzen wollen. Der wissenschaftlichen Gründlichkeit von Angenendt gelang dabei etwas ganz Seltenes. Er überzeugte mit nüchterner Aufklärung und erreichte, dass Herbert Schnädelbach sich korrigierte. Er bedankte sich bei Arnold Angenendt, »der mir einige optische Verzerrungen meines Rückblicks nachwies«. Es stellte sich heraus, dass landläufige Auffassungen über die Geschichte des Christentums der seriösen wissenschaftlichen Untersuchung einfach nicht standhielten.

Allerdings sind diese erstaunlichen Ergebnisse noch keineswegs ins allgemeine Bewusstsein gedrungen. Denn ein wissenschaftliches Werk von 800 Seiten mit über 3000 Anmerkungen nimmt wohl nur der zur Hand, der dem Christentum aus welchen Gründen auch immer besonders verbunden ist, und sei es auch nur, weil er es hasst.

Daher stellte sich die Frage, ob es nicht der Mühe wert sei, die entscheidenden Ergebnisse der Angenendt'schen Studie einer breiteren Öffentlichkeit in lesbarerer Form zugänglich zu machen. Denn was einem hochgebildeten Menschen wie Herbert Schnädelbach passierte, dass er nämlich gewisse falsche allgemeine Auffassungen vom Christentum für unbezweifelbar wahr hielt, das geht ja den meisten Menschen so. Gefragt ist also schlicht Aufklärung im besten Sinne.

Solche Aufklärung ist deswegen dringend nötig, weil der Wegfall des Christentums als verbindende Kraft die ganze Gesellschaft in eine schwere Krise gestürzt hat. Von Linksaußen bis Rechtsaußen wird das unumwunden zugegeben. Der Linkenvorsitzende Gregor Gysi erklärte in der Evangelischen Akademie in Tutzing, er sei Atheist, aber er habe Angst vor einer gottlosen Gesellschaft, weil der die Solidarität abhandenkommen könne, Sozialismus sei schließlich nichts anderes als säkularisiertes Christentum. Und bei der Vorstellung meines Buches »Gott – Eine kleine Geschichte des Größten«, erklärte er freimütig, für die Wertefrage in unserer Gesellschaft sei die Linke noch auf Jahrzehnte diskreditiert. Die einzigen Institutionen, die für die Wertefrage noch relevant seien, seien die christlichen Kirchen. Und wenn Atheismus bedeute, gegen die Kirche zu sein, dann sei er kein Atheist, dann sei er Heide, zu dem der Glaube noch nicht gekommen sei. Merkwürdigerweise lassen aber auch die Rechten von »Pegida« ausdrücklich das christliche Abendland hochleben, selbst wenn sie das Christentum so wenig kennen, dass sie in der Adventszeit lauthals Weihnachtslieder singen.

Doch in Wirklichkeit wird hier eine leere Hülle beschworen. Das Christentum selbst hat sich nicht in 70 Jahren wie der Kommunismus, sondern in zweitausend Jahren offenbar so weit diskreditiert, dass auch die, die es beschwören, kaum sagen können, was sie denn für so erhaltenswert am Christentum halten – wenn man einmal von einigen humanistischen Haltungen absieht, die aber auch der redliche Atheist ohne Weiteres an den Tag legt. Aufklärung über das Christentum müsste also jedem am Herzen liegen, der sich um diese Gesellschaft sorgt, auch dem vernünftigen Atheisten.

Jürgen Habermas, Deutschlands bekanntester Philosoph, der sich selbst für »religiös unmusikalisch« erklärt hat, forderte deswegen mit dramatischen Worten zumindest »rettende Übersetzungen« der jüdisch-christlichen Begrifflichkeit von der Gottebenbildlichkeit des Menschen. Nur so, glaubt Habermas, könne man die allgemeine Akzeptanz des Menschenwürde-Begriffs, des zentralen Begriffs unserer Gesellschaftsordnung, weiter sicherstellen. Und er wünscht sich Christen, die im öffentlichen Diskurs als religiöse Bürger wahrgenommen werden. Doch dieser fromme Wunsch eines Agnostikers trifft auf Christen, die dazu neigen, ihren Glauben eher als Privatsache zu beschweigen.

Vor allem eben, weil sie sich für die Geschichte des Christentums schämen.

Diese Scham hat auch damit zu tun, dass die Christen selbst sich ihrer Skandalgeschichte mit zwei Methoden gestellt haben, die beide nicht wirklich überzeugen. Die einen haben sich nach Kräften bemüht, die Geschichte des Christentums apologetisch reinzuwaschen und jegliches kirchliche Versagen zu leugnen, koste es, was es wolle. Dabei wäre eine zweitausend Jahre währende ununterbrochene christliche Heiligengeschichte gar nicht das, was Jesus selbst seiner Kirche vorausgesagt hatte. Die von ihm persönlich berufenen Säulen der Kirche, die Apostel, waren durchaus von durchwachsenem Charakter: Warum sollte es anschließend besser werden? Die anderen verlegten sich auf das gerade Gegenteil. Sie leugneten historische Schwächen des Christentums nicht, es kam ihnen sogar entgegen, vor dem düsteren Hintergrund einer vergangenen christlichen Skandalgeschichte das eigene gegenwärtige moderne Christentum besonders glanzvoll herauszustellen. Doch die große Geste: Zweitausend Jahre ist das Christentum in die Irre gegangen und dann kam ich oder Professor X oder Y oder das II. Vatikanische Konzil oder was sonst noch, ist reichlich naiv. Jeder gescheite Atheist kann darauf natürlich nur antworten: Dann warten wir mal, ob es nun die kommenden zweitausend Jahre auch wirklich besser läuft, und dann sehen wir weiter.

Diese beiden extrem unterschiedlichen Arten des Umgangs mit der eigenen Geschichte haben das Zerrbild der Christentumsgeschichte noch verstärkt. Denn für beide war Geschichte nur das Füllmaterial für die eigenen Vorurteile, die durch echte wissenschaftliche Forschung ins Wanken geraten könnten.

Da war das Vorgehen Arnold Angenendts ganz anders. Nie wusch er die Kirche rein, aber er nahm auch keine Skandalgeschichten einfach nur deswegen hin, weil sie so schön gruselig klangen oder immer wieder erzählt wurden. Der international renommierte Wissenschaftler bediente sich seiner Vernunft und seines wissenschaftlichen Sachverstands und forschte nüchtern nach. Mit beeindruckenden Ergebnissen. Diese langjährige Arbeit liegt auch dem vorliegenden Buch zugrunde.

Es kann also auch hier nur darum gehen, der Skandalgeschichte des Christentums vorurteilsfrei mit dem Skalpell der Wissenschaft zu Leibe zu rücken. Am Ende mögen dann Skandale tatsächlich Skandale sein, und selbst wenn sich herausstellen sollte, dass die historischen Fakten ein ganz anderes Bild zeichnen, wäre sogar eine Christentumsgeschichte ohne Skandale natürlich noch lange kein Grund, Christ zu werden. Es gibt ganz unsinnige Überzeugungen, die ausgesprochen heilsame historische Wirkungen entfalten. Es geht also hier nicht um Bekenntnis, sondern um Geschichte, um die ungemein spannende wirkliche Geschichte der größten Menschheitsreligion aller Zeiten. Und für den geneigten Leser nicht zuletzt um abendländische Bildung und um europäische Aufklärung im besten Sinne.

Ich habe den Text verfasst, aber die historisch-wissenschaftliche Substanz dieses Buches verdankt sich zu einem guten Teil Professor Dr. Dr. h. c. Arnold Angenendt und seinen Mitarbeiterinnen und Mitarbeitern, die dafür gesorgt haben, dass dieses Buch noch über »Toleranz und Gewalt« hinaus den neuesten Stand historischer Forschung vermittelt. Das Buch ist ganz neu gegliedert und um einige Themen ergänzt, um möglichst alle kritischen Ereignisse der Kirchengeschichte zu erfassen. Damit alles stimmt, habe ich es zusätzlich noch vom Neuzeit-Historiker Professor Dr. Dr. h. c. mult. Heinz Schilling, vom evangelischen Kirchenhistoriker Professor Dr. Dr. h. c. mult. Christoph Markschies, vom katholischen Kirchenhistoriker Professor Dr. mult. Hubertus Drobner, vom Zeitgeschichtler Professor Dr. Karl-Josef Hummel und vom systematischen Theologen Professor Dr. Bertram Stubenrauch lesen lassen, denen ich herzlich für ihre Mühe danke. Und wie üblich hat es mein Friseur kontrolliert, damit alles allgemeinverständlich, locker und lesbar bleibt. Vor allem habe ich die Geschichte des Christentums aber erzählt, denn Geschichte wird lebendig, wenn man sie erzählt, besonders wenn sie so dramatisch abgelaufen ist und uns alle heute noch betrifft, ob wir wollen oder nicht.

So kann man erleben, wie eine kleine jüdische Sekte im römischen Reich zur Weltreligion wird, wie sie dann dieses Reich zu einem christlichen Reich macht und wie es am Ende dazu gekommen ist, dass aus den siegreichen Germanen christliche Germanen wurden. Man erfährt, was die Kreuzzüge wirklich waren, welche erstaunlichen Erkenntnisse die neueste Forschung inzwischen über Inquisition, Hexenverfolgung und Indianermission erzielt hat und was wir der Aufklärung zu verdanken haben – und was nicht. Stand das Christentum bei der Durchsetzung der Menschenrechte auf der Bremse oder auf dem Gaspedal – oder auf beidem? Was ist mit Frauenemanzipation, sexueller Revolution und vor allem: Wie steht das Christentum wirklich zum Holocaust?

So ist es am Ende ein Buch geworden für Christen, die keine Angst vor der Wahrheit haben, und für all die anderen, damit sie besser verstehen, woher sie kommen.

Bornheim, den 1. Januar 2018
Dr. med. Dipl.-Theol. Manfred Lütz

Einleitung –
»Das glaube ich Ihnen nicht!«

Früher war alles besser! Seit es Geschichte gibt, ist das der Schlachtruf der Vertreter der Theorie des Goldenen Zeitalters. Für den griechischen Dichter Hesiod war die ganze Geschichte nichts anderes als ein beklagenswerter Niedergang und es hat zu allen Zeiten Dichter und Denker gegeben, die das genauso sahen. Bis heute.

Aber schon in der Antike gab es auch die anderen, die die Menschheit auf dem Weg eines immerwährenden Fortschritts sahen. Dieser glückliche Zustand am Ende der Geschichte, dieser U-Topos, diese Utopie, faszinierte vor allem viele Denker der Neuzeit, nicht zuletzt Kommunisten und Sozialisten bis hin zu schlichten Geistern wie einem Erich Honecker, der kurz vor seinem überraschenden Abgang noch mit dem Sektglas in der Hand den bekannten Spruch ausbrachte: Den Sozialismus in seinem Lauf halten weder Ochs noch Esel auf. Es kam dann anders und es lag nicht an Ochs und Esel.

Für beide Sichtweisen kann sich die Geschichte so anstellen, wie sie will, sie ist als Geschichte an sich wertlos. Sie hat entweder ihren Wert nur von den Kostbarkeiten, die sie noch aus der Urzeit bewahren konnte, oder von den Ereignissen, die sie ihrem großartigen Ende nahebringen. Die Geschichte selbst kann man vergessen.

Doch so kann man nicht leben. Menschen ohne Geschichte sind schwer gestört, denn sie wissen nicht, wer sie sind. Und auch eine Gesellschaft, die ihre Geschichte bloß verachtet, ist gefährdet von einer ungesunden Mischung aus Nostalgikern und

Utopisten, die sich dauernd aggressiv aus der Gegenwart hinausträumen.

Das gilt ebenso für eine zweitausend Jahre alte Institution wie die Kirche. Auch da tummeln sich alle Sorten von radikalen Rückwärtsgewandten und radikalen Fortschrittsgläubigen, denen die reale Geschichte der Kirche nie gut genug ist.

Nimmt man es allerdings nicht ganz so radikal, dann sind beide unterschiedlichen Perspektiven für die gerechte Beurteilung der Geschichte nötig. Natürlich muss man zunächst einmal geschichtliche Ereignisse aus ihrer Zeit heraus verstehen, aber dann hat man sie auch vom heutigen Standpunkt aus zu beurteilen. Wenn man unseren heutigen Begriff der Menschenrechte nicht für das zufällige Ergebnis einer zufälligen Geschichte hält, sondern für überzeitlich gültig, muss man in der Geschichte Ereignisse danach bewerten dürfen, ob sie der heutigen Vorstellung der Menschenrechte nahe kommen oder nicht.

Andererseits muss man insbesondere die Geschichte der Kirche auch aus der entgegengesetzten Richtung beleuchten, nämlich von ihrem Ursprung her. Und da geht es dann darum, ob einzelne kirchliche Entwicklungen sich von der Ursprungsidee und vom Ursprungsauftrag der Kirche, so wie sie von Jesus und seinen ersten Anhängern gemeint waren, entfernt haben oder nicht. Mit beiden Scheinwerferpositionen werden wir hantieren müssen, nachdem die Fakten geklärt wurden.

Natürlich könnte man die ganz grundsätzliche Frage stellen, ob das Christentum sich denn überhaupt geschichtlich entwickeln darf. Schließlich ist nach christlicher Auffassung vor zweitausend Jahren die definitive Offenbarung Gottes in der Menschwerdung seines Sohnes Jesus Christus erfolgt und das Wort Gottes kann man in der Bibel nachlesen. Wäre dann nicht alles, was Bischöfe, Päpste oder Konzilien in den anschließenden zweitausend Jahren an Texten und Taten produziert haben, völlig belanglos oder, schlimmer noch, Irrlehre und Glaubensabfall?

Manche Sekten haben deswegen rücksichtslos die Rückkehr zum Urchristentum gefordert – mit nicht selten tödlichen Konsequenzen. Der bekannte Kirchenhistoriker Joseph Lortz hat sich dieser Frage angenommen. Offenbarung sei, so Lortz, nicht bloß ein punktuelles Ereignis vor zweitausend Jahren. Das Eintreten Gottes in die Geschichte, an das die Christen glauben, entfalte sich vielmehr über die Jahrhunderte der Kirchengeschichte nach und nach. So ist dann zum Beispiel das Eintreten des jüdischen Messiasglaubens der Christen dreihundert Jahre nach Gründung des Christentums in die griechisch-römische Geisteswelt für die Christen nicht irgendein nebensächlicher Zufall. Sondern dieser geschichtliche Vorgang wird für sie zum lebendigen Offenbarungsereignis. Demzufolge sind dann die frühen Konzilien mit ihren Definitionen der Göttlichen Dreifaltigkeit ebenso Ausdruck der göttlichen Offenbarung. Auch andere historische Entwicklungen können so gesehen für Christen Offenbarungscharakter bekommen: Die Wiederentdeckung der aristotelischen Philosophie im Mittelalter, die Entwicklung des Individuums in der beginnenden Neuzeit, die Aufklärung, die Erkenntnisse der modernen Naturwissenschaft, all das kann den Christen klarer machen, was die ursprüngliche Offenbarung meint. Offenbarung ist nach Joseph Lortz also kein toter Buchstabe, sondern eine lebendige Offenbarung in einer lebendigen Geschichte. Deswegen ist Geschichte für Christen maßgeblich.

Von außen gesehen gibt es speziell für Christentum und Kirche aber noch ein ganz anderes Problem: Fake News! Wer immer wieder verfolgt, welchen Unsinn in einem sechsmonatigen Bundestagswahlkampf die eine Partei über die andere erzählt, welche absichtlichen Verzerrungen der jeweils anderen Position sozusagen zur Grundausstattung eines anständigen Wahlkampfs gehören, der muss sich vor Augen halten, dass die Kirche mehr oder weniger zweitausend Jahre lang sozusagen im Wahlkampf steht.

Wie viel Unsinn haben allein schon Katholiken über Protestanten und umgekehrt Protestanten über Katholiken fünfhundert Jahre lang in die Welt gesetzt! Dazu der unglaubliche ideologische Müll, den die rechten und linken Diktaturen des 20. Jahrhunderts über das Christentum ausgegossen haben, das ihrer Allmacht einen Allmächtigen entgegenstellte, der absolut nicht ins menschenverachtende System passte. Für die Nazis war das Christentum eine »verjudete« Religion und für die Kommunisten bloß eine verdammte Droge, Opium fürs Volk. Mit schlichtesten Argumenten und demagogischen Diffamierungskampagnen tat man alles, um das Christentum als lächerlich, unmodern und unwissenschaftlich darzustellen, wobei »Wissenschaft« das war, was zum Beispiel Erich und Margot Honecker dafür hielten. Und so führten beide Gewaltsysteme einen Vernichtungskampf gegen das Christentum. Mit erstaunlichem Erfolg! Obwohl bekennende Christen den Widerstand gegen Hitler geprägt hatten und die gewaltlose Revolution von 1989 von christlichen Kirchen ausging, hat fast als einziges Relikt dieser morschen Ideologien ihr staatlich gepredigter Atheismus in den Köpfen überlebt, mit all den absurden Verunglimpfungen des Christentums. Und so kann es niemanden wundern, dass es wohl keine Institution gibt, deren öffentliches Bild so grotesk falsch ist wie das vor allem der katholischen Kirche, die sich selber nicht nur wie die Protestanten die vergangenen fünfhundert Jahre, sondern die gesamte Distanz von zweitausend Jahren Christentum zurechnet. Das Ergebnis sind starre Klischees über die Geschichte des Christentums, die die Menschen sozusagen mit der Muttermilch einsaugen.

»Das glaube ich Ihnen nicht«, sagte ein Schüler, als Arnold Angenendt einige dieser Klischees infrage stellte. Und das mag einigen von Ihnen, liebe Leserinnen und Leser, vielleicht zunächst auch so gehen. Deswegen werden Sie von diesem Buch nur dann etwas haben, wenn Sie nicht bloß glauben, sondern wirklich wissen wollen. Wenn Sie also mögliche Vorurteile der kalten Dusche der Fakten aussetzen. Nur wer die Geschichte von Christentum und Kirche ohne allzu viel Liebe und ohne allzu viel Hass zur Kenntnis nehmen kann, wird sich dabei nicht erkälten. Es soll also hier darum gehen, auf dem heutigen Stand der historischen Wissenschaft all den sogenannten Skandalen der Kirche kritisch auf den Grund zu gehen und damit für Aufklärung über die geheime Geschichte des Christentums zu sorgen. Machen Sie sich auf spektakuläre Ergebnisse gefasst! Denn was die Wissenschaft heute angesichts der gängigen Vorstellungen über das Christentum zu sagen hat, ist wirklich unglaublich, aber wahr.

I. Zum Teufel mit der Religion – Judentum, Christentum und Islam: Der Monotheismus als Gefahr für die Menschheit?

Gott ist groß! Wo immer dieser Ruf in der Welt in unseren Tagen unerwartet ertönt, gehen die Menschen spontan in Deckung. Der islamistische Terror hat den Ruf der Religion bei vielen Menschen definitiv ruiniert. Religion assoziiert man mit Gewalt, Intoleranz und Unvernunft. Um die vielen friedliebenden Muslime in Schutz zu nehmen, beeilen sich manche Christen zu beteuern, dass auch das Christentum eine Gewaltgeschichte hat. Das macht es aber in Wirklichkeit natürlich nicht besser. Wenn man schließlich hört, dass Hindus in Indien Moscheen anzünden und Buddhisten in Myanmar dabei sind, ein ganzes muslimisches Volk zu vernichten, dann liegt der Gedanke nahe, dass man es um des lieben Friedens willen doch vielleicht mal ganz ohne Religion versuchen sollte. Das hat man im 20. Jahrhundert probiert. Das Ergebnis war erschütternd. Die drei Diktatoren Josef Stalin, Adolf Hitler und Mao Tse-tung haben mit ihren atheistischen Ideologien zusammen etwa 165 Millionen Menschen ums Leben gebracht. Vor zweitausend Jahren wäre das die gesamte Menschheit gewesen. Dennoch, die Religionsskepsis bleibt.

1. Wahrheit und Gewalt – Die Ermordung einer schönen Theorie durch eine hässliche Tatsache

Der Ägyptologe Jan Assmann erregte international großes Aufsehen mit seiner These, der Wahrheitsanspruch der monotheistischen Religionen sei der Kern des Problems. Die Behauptung derjenigen, die nur an einen einzigen Gott glauben, allein im Besitz der Wahrheit zu sein, sei ein Skandal mit schlimmen Folgen. Schon der Philosoph Odo Marquardt hatte ein Lob der Vielgötterei gesungen, denn wer sich von all den vielen Göttern seinen eigenen einfach frei aussuchen könne, schlage den Liebhabern anderer Götter sicher nicht den Schädel ein. Jeder nach seinem Geschmack. Klingt auf den ersten Blick plausibel. Aber leider nur in der Theorie. Frei nach Albert Einstein, der einmal bemerkte, Wissenschaft sei die Ermordung schöner Theorien durch hässliche Tatsachen, muss hier die historische Wissenschaft die Stimme erheben. Und da erfahren wir, dass die Mythen der Völker mit ihren volksspezifischen Götterhimmeln eine tödliche Nebenwirkung hatten: Rechte, vor allem das Recht auf Leben, hatten ausschließlich Angehörige des eigenen Volkes, niemand anderes. Und so war hemmungsloser, grausamer Krieg gegen andere Völker sozusagen der Normalfall, denn Mord und Totschlag waren für diese Leute gar nicht Mord und Totschlag, weil überhaupt nichts gegen das Abschlachten anderer Menschen sprach, wenn sie nicht zum eigenen Volk gehörten.

Die in Stammesgesellschaften übliche Selbstbezeichnung für das eigene Volk ist in der Regel »Mensch«, womit bekundet wird, dass die anderen nicht eigentlich Menschen sind, jedenfalls nicht in vollem Sinne. Für die Welt des Griechen Odysseus sieht der amerikanische Althistoriker Moses Finley noch »kein soziales Bewusstsein, keine Spur von göttlichen Geboten, kein Verantwortungsgefühl, außer dem für die Familie, keine Verpflichtung gegenüber irgend jemand oder irgend etwas, außer gegenüber der eigenen Tapferkeit und dem eigenen Streben nach Sieg und Macht.« Hier gibt es keine Gleichheit für alle, geschweige denn Frieden oder gar Toleranz. Die Stammesreligionen bestanden aus Erzählungen und äußerlichen Riten, in die man sich heimelig einkuscheln konnte und die sagten, wie es in der Welt war, wie es ist und wie es sein wird. Sie beschrieben die Welt, in der man lebte, und gaben Anleitungen, wie man mit ihr umzugehen hatte, wenn man nicht scheitern wollte. Es gehörte zur Lebenstüchtigkeit, diese Stammesreligionen kundig zu bedienen, so wie man heute eine Waschmaschine bedient. Macht man etwas falsch, kann das üble Folgen haben. Also nimmt man sich zusammen, auch wenn das lästig ist. Im Grunde glaubte man auch nicht an diese Stammesreligionen, genauso wenig wie man an eine Waschmaschine glaubt, diese Stammesreligionen gehörten einfach selbstverständlich zum Leben dazu.

Doch plötzlich passierte etwas Ungeheuerliches. Etwa um 1300 vor Christus begannen gewisse Menschen gewisser Völker erst noch unsicher und nebulös, dann aber immer klarer, an einen einzigen Gott zu glauben, der die ganze Welt geschaffen habe, alle Völker, alle Menschen. Das war revolutionär! Die Stammesgötter waren ja nur für den eigenen Stamm zuständig gewesen und nicht selten hatten diese Götter in den blutigen Schlachten ihrer Völker erbittert gegen die aus eigener Sicht schwächlichen Stammesgötter der anderen Völker gekämpft. Und nun plötzlich ein Gott für alle! In Ägypten hatte es wohl angefangen, unter Pharao Amenophis IV. Der Name Amenophis bedeutet: Amun ist zufrieden. Amun aber war neben all den anderen unendlich vielen ägyptischen Göttern der Reichsgott. Doch Amenophis IV. bekannte sich nicht mehr zu Amun, er glaubte nun an den einen einzigartigen Sonnengott, an Aton. Und weil der Pharao keine halben Sachen machte, benannte er sich um in Echnaton, das heißt: »Diener des Aton«. Er erbaute eine neue Reichshauptstadt, Achet-Aton, schuf einen neuen

Kunststil, der plötzlich realistische Menschen zeigte, Menschen mit persönlichen Emotionen. Nofretete war seine Ehefrau und noch heute entzückt der Liebreiz dieser Frau das staunende Publikum im Neuen Museum in Berlin. Doch Echnaton blieb nur Episode. Mit Stumpf und Stiel riss man nach seinem Tode alles aus, was an ihn und seinen Glauben erinnerte, und setzte den alten Götterhimmel wieder in sein Recht ein.

Aber wer weiß, ob nicht die Strahlen dieses Sonnengottes bis auf den Sinai reichten, wo wenig später dem Moses von Jahwe die Gesetzestafeln übergeben wurden, auf denen das erste Gebot klar und deutlich lautete: Ich bin der Herr, dein Gott, du sollst keine anderen Götter neben mir haben! Und mit der Zeit begriff das Volk Israel genauer, was das bedeutete, nämlich dass ihr Gott Jahwe der Gott aller Menschen war.

Das war der Durchbruch des Monotheismus. Aber das war noch viel mehr: Diesem einen Gott musste man nun plötzlich mit Herz und Verstand glauben oder nicht glauben, ihm musste man bereitwillig gehorchen oder nicht gehorchen, und das war etwas Innerliches, Seelisches, also Psychisches. Und es war etwas Individuelles. Jan Assmann schreibt: Der Mensch »emanzipiert sich aus seinem symbiotischen Weltverhältnis und entwickelt sich in Partnerschaft mit dem außerweltlichen, aber weltzugewandten Einen Gott zum autonomen bzw. theonomen Individuum.« Religion war deswegen nicht mehr bloß die äußerliche rituelle Bestätigung der ewigen Stammesordnung, für deren Aufrechterhaltung jedes Opfer, ja sogar Menschenopfer, nötig waren, um die Bedürfnisse rachsüchtiger Götter zu befriedigen, sondern der bedürfnislose, transzendente eine Gott forderte die individuelle, höchstpersönliche, freie ethische Entscheidung. Er forderte etwas Innerliches. Am Ende der Zeiten würden alle vor dem Gericht dieses Gottes stehen. Von jetzt an war der Mensch allein, allein vor Gott, denn von nun an galt: Man muss Gott mehr gehorchen als den Menschen. Und vor allem konnte dem

Menschen so mit der Zeit klar werden, dass er frei war, frei zu entscheiden, und dass er für seine Entscheidungen Ver-Antwortung übernehmen musste, im Sinne einer Antwort vor Gottes Richterstuhl. Der Mensch brach auf diese Weise aus dem geistigen Gefängnis der Stammesreligion aus, das keinerlei Religionsfreiheit kannte, und er musste Toleranz lernen. Denn weil es Gott selbst ist, der nur innerliche Gefolgschaft will, wird alle erzwungene Gefolgschaft sinnlos. Im Monotheismus, zu dem man sich frei bekehren musste, ist damit der Keim dessen angelegt, was man heute als Freiheit und Selbstbestimmung des Menschen versteht. Natürlich war das alles nicht sofort da, sondern entfaltete sich in einer jahrhundertelangen Entwicklung. Es waren die Propheten Israels und die griechischen Philosophen, die sich längst vom Polytheismus emanzipiert hatten, die diese Entwicklung vorantrieben, weg von äußerlichen Religionsformen – in Israel, wie Jan Assmann sagt, hin zu einer »Kultur des Herzens« und in Griechenland hin zu einer »Kultur des Geistes«.

2. Zum Teufel mit dem Adel – Wie die Weltgesellschaft erfunden wurde

Und nicht nur Freiheit, sondern auch Gleichheit aller Menschen vor diesem einzigen Gott kam durch den Monotheismus in den Blick. Das fünfte Gebot – »Du sollst nicht morden!« – galt nicht nur für die Tötung von Stammesgenossen, sondern es galt im Letzten universal. Erstmals ergibt es Sinn, gegenüber diesem einen Gott von so etwas wie einer Menschheit zu sprechen und einer Weltgeschichte. Erst das Christentum macht das überdeutlich. Nicht nur zu einem erwählten Volk sendet Christus die Christen, sondern zu allen Völkern. Und das erkennt schließlich auch der Jude Petrus: »Wahrhaftig, jetzt begreife ich, dass Gott in jedem Volk willkommen ist, wer ihn fürchtet und tut, was recht ist« (Apg 10,34 f.). Das Christentum optierte für die Gleichberechtigung aller Völker. Weltreligionen, hat der geniale Soziologe Niklas Luhmann festgestellt, »nehmen gleichsam die Weltgesellschaft vorweg«. Deswegen hat man von der altgriechischen Welt sagen können, dass es dort noch nichts gegeben habe, »was einer Verrechtlichung und Humanisierung im Sinne des modernen Völkerrechts nahekommt.« Jesus aber geht noch weiter. Er fordert: »Liebet eure Feinde!« Nicht nur darauf zu verzichten, die Feinde zu töten, sondern sie sogar noch zu lieben, das muss auf damalige Menschen wie eine völlig weltfremde, verrückte Provokation gewirkt haben.

Während es früher immer zunächst um Verwandtschaft, Clan, Stamm und Rasse ging, versammelte das Christentum in der christlichen Kirche Menschen verschiedener Völker völlig gleichberechtigt. Daher gab es für die Christen auch nicht mehr nur ein auserwähltes Volk. Denn das auserwählte Volk, das waren diejenigen, die an Jesus Christus glaubten, und die stammten aus allen Völkern. So zielte das Christentum von vornherein auf die ganze bewohnte Welt oder, in heutiger Sprache, auf Globalität. Bischof Agobard von Lyon (um 769–840), erklärte für das Reich Karls des Großen programmatisch, es gebe »nicht mehr Aquitanier und Langobarden, Burgunder oder Alemannen«, und er begründete das religiös, nicht ohne geradezu sozialrevolutionäre Anklänge: »Weil alle Brüder geworden sind, rufen sie den einen Vater-Gott an: der Knecht und der Herr, der Arme und der Reiche, der Ungelehrte und der Gebildete, der Schwache und der Starke, der niedrige Arbeiter und der erhabene Kaiser«. Um solche Universalität zu realisieren, entstand früh schon ein christliches Trainingsprogramm, demgemäß man das Zusammenleben mit Fremden regelrecht einüben sollte. So sagt der Diognetbrief aus dem 2. Jahrhundert über die Christen:

»Jede Fremde ist ihr Vaterland und jedes Vaterland ist ihnen eine Fremde.« Forcierend wirkte das Mönchtum, das sich ausdrücklich als geistliche Verwirklichung der biblischen Forderung Gottes an Abraham verstand: »Zieh weg aus deinem Land, aus deiner Verwandtschaft und deinem Vaterhaus.« Der Frankfurter Soziologe Karl O. Hondrich sieht in der christlichen menschheitsumfassenden »Brüderlichkeitsethik eine gewaltige Leistung der prophetischen Erlösungsreligion und einen ungeheuerlichen Affront gegen alle bekannte Moral«, die immer »der eigenen Sippe den Vorrang« gegeben habe. Noch der moderne Nationalismus hat wieder das Volksblut propagiert und daraus seinen nationalen Chauvinismus genährt. Dagegen heißt es im Kolosserbrief, es gebe jetzt nicht mehr »Juden und Griechen, Beschnittene und Unbeschnittene, Fremde, Skythen, Sklaven und Freie«, all diese Schranken seien im christlichen Glauben überwunden, und im Johannesevangelium steht dafür die provokative Begründung: Die Christen seien alle gleichermaßen Kinder Gottes, weil sie »nicht aus dem Blut, nicht aus dem Willen des Fleisches, nicht aus dem Willen des Menschen«, sondern »aus Gott geboren« (Joh 1,13) seien. Die für Christen gewohnt klingenden Worte waren damals »eine moralische Revolution«.

Tatsächlich stellt sich das Neue Testament gegen kaum etwas sonst so ablehnend wie gegen die Ansprüche des Blutes, gegen die Herleitung heilsmäßiger Vorrechte aus Abstammung. Als man Jesus meldete, draußen warteten seine Mutter und seine Verwandten auf ihn, reagierte er brüsk: »Wer sind meine Mutter und meine Brüder? Wer den Willen Gottes erfüllt, der ist für mich Bruder und Schwester und Mutter.« Dagegen gehört es sozialgeschichtlich zu den Selbstverständlichkeiten, dass Gesellschaften sich nach der Qualität ihrer Geburtsblütigkeit definieren und entsprechend aufgliedern. Zugrunde liegt die Vorstellung vom Spitzenahn, der göttlich gezeugt ist und an dessen besserem Blut alle Volkszugehörigen durch Abstammung teilhaben, freilich in unterschiedlichen Graden, einmal die ganz reinen Blutsträger, die Adligen, und dann die nur geminderten, die Gemeinen. Demgegenüber zeigt das Christentum geradezu eine antifamiliäre Haltung, denn es trat von Anfang an für Gleichheit ein. In der Apostelgeschichte heißt es: »Die Gemeinde der Gläubigen war ein Herz und eine Seele. Keiner nannte etwas von dem, was er hatte, sein Eigentum, sondern sie hatten alles gemeinsam.« Für Otto G. Oexle vom Göttinger Max-Planck-Institut für Geschichte sind das die »folgenreichsten Sätze, die jemals geschrieben« worden sind, denn daraus resultiere eine Verpflichtung für das Allgemeinwohl mit sozialem Ausgleich. Der Althistoriker Jochen Martin kommt zu dem Schluss: »Mit dem Sieg des Christentums ging die Familie als Kultureinheit überhaupt unter.« Dem stellt der kanadische Philosoph und Politologe Charles Taylor die indischen Familien gegenüber, wo es schwerfalle, ohne die Familie irgendeine Entscheidung zu treffen.

Das Neue Testament kennt keinen Adel. Doch schon im frühen Mittelalter, beim langsamen Eindringen des Christentums in die germanische Standesgesellschaft, begann die dem Christentum ursprünglich ganz fremde Institution des Adels auch in der Kirche eine besondere Rolle zu spielen. Dagegen erhoben sich immer wieder Freiheitsbewegungen unter dem Motto: »Als Adam grub und Eva spann, wo war denn da der Edelmann?« Nachdem dann Luther mit der Betonung der »Freiheit eines Christenmenschen« wieder die Perspektive auf das ursprünglich egalitäre Christentum eröffnet hatte, vollzog er allerdings nach den für ihn erschreckenden Ereignissen der Bauernkriege eine radikale Kehrtwende: Er unterwarf die protestantischen Kirchen den Landesherren, was allerdings dann später zum Beispiel in Sachsen Widerstand von protestantischen Theologen gegen die Landesherrschaft nicht ausschloss. Damit war jedenfalls de facto der Adel wieder in seine Rechte eingesetzt. Der evangelische

Theologe Heinz E. Tödt erklärt dazu: »Der konfessionalistische Protestantismus orientiert sich künftig an Autorität, am Gottesgnadentum des Monarchen, am christlichen zumindest sittlichen Obrigkeitsstaat, also antidemokratisch.« So überdauerten die der christlichen Botschaft ganz fremden Adelsprivilegien sowohl im katholischen wie im protestantischen Bereich auf unterschiedliche Weise bis ins 20. Jahrhundert hinein.

Übrigens war bei diesem Thema schon im Alten Testament eine fundamentale Veränderung eingetreten. Während die Griechen noch mehrere Urgestalten des Menschengeschlechtes kennen, sehen die Israeliten in Adam den einzigen Urvater der ganzen Menschheit. Die Geschichte von Adam und Eva, nur allzu oft missverstanden im Streit zwischen Naturwissenschaft und Theologie, erweist sich in Wirklichkeit als eine fundamentale Aussage politischer Theologie, dass es nämlich keine bevorrechtigte Abstammung bestimmter Menschen oder Völker gebe, dass vielmehr alle von einem einzigen Elternpaar abstammen würden und deswegen ihrer Herkunft nach gleich seien. Schon das war nicht weniger als ein revolutionärer Umbruch. Als dann im 18. Jahrhundert die biblische Schöpfungsgeschichte in die naturwissenschaftliche Kritik geriet und eine Mehrstämmigkeit der verschiedenen Menschenrassen diskutiert wurde, führte das dazu, dass das universalistische Humanitätsideal in Gefahr geriet und nun die »Negersklaverei« auch rassentheoretisch legitimiert wurde. Noch im nationalsozialistischen Kirchenkampf war die christliche Sicht von der Einheit des Menschengeschlechts den Machthabern ein Dorn im Auge.

Dass die Menschen von Natur aus ungleich seien, diese Grundauffassung brachten die Stammesreligionen auch dadurch zum Ausdruck, dass die Ungleichheit im Diesseits sich auch noch im Jenseits abbildete und damit legitimierte, denn für sie blieb der König auch im Himmel der König und der Sklave auch im Himmel der Sklave. Dagegen schaffte der Monotheismus die

Voraussetzung dafür, alle Menschen wirklich als gleich anzusehen, ihnen die gleiche Würde zuzusprechen. Das sieht auch Jan Assmann so.

Noch ein anderer Keim ist im Monotheismus angelegt. In den kosmologischen Religionen der Vorzeit entspricht der Mann gewöhnlich der Sonne und die Frau dem Mond, womit Letztere immer nur ein Abglanz ist und nie Gleichberechtigung erhält. Hingegen spricht ihr der Monotheismus dieselbe Menschenwürde zu. Damit ändert sich zum Beispiel auch die Ehe, die nun mit der Zeit zur partnerschaftlichen Konsens-Ehe wird.

Freiheit, Gleichheit und Menschenwürde kamen erst durch den Monotheismus auf die Tagesordnung der Weltgeschichte. Auf diesen geistigen Fundamenten ruht der moderne Rechtsstaat, der im Bemühen um Recht und Gerechtigkeit auf die innere Zustimmung der Bürger setzt und damit entscheidend zur Gewaltminderung beiträgt.

Der Monotheismus war innovativ, er war revolutionär, während die Stammesreligionen immer wieder die bestehenden Verhältnisse bestätigten. Nur der Monotheismus konnte das »Magnifikat« hervorbringen, den Lobpreis Mariens: »Er stürzt die Mächtigen vom Thron und erhöht die Niedrigen!« Das christliche Gottesgericht war vor allem Hoffnung für die Unterdrückten, die Schwachen, die Opfer des Lebens, Hoffnung, dass die göttliche Gerechtigkeit sich am Ende durchsetzt.

All das ist zu bedenken, wenn man auch über den Preis des Monotheismus spricht. Jan Assmann hat sicher recht, dass es eine Versuchung ist, wenn Menschen glauben, allein im Besitz der Wahrheit zu sein. Und es hat bei fanatischen Vertretern der monotheistischen Religionen nicht nur theoretische, sondern auch praktische Intoleranz und Gewaltexzesse gegeben. Aber die entscheidende Frage ist historisch, ob die Alternative, ob eine Welt ohne Monotheismus etwa friedfertiger, humaner gewesen wäre. Und da ist das Ergebnis jüngster wissenschaftlicher Studien eindeutig: Ganz sicher nicht! Selbst Jan Assmann, der seine Ursprungthese im Jahre 2015 revidiert hat, gesteht am Ende ein, dass die monotheistische Wende sich zwar »in einem Unmaß von Gewalt und Blutvergießen manifestiert« hätte, doch auch die vorherigen Stammesreligionen seien voll davon gewesen und viele dieser Gewaltformen seien »von den monotheistischen Religionen im Zuge ihrer transformatorischen Machtentfaltung gebändigt, zivilisiert und geradezu ausgemerzt worden.« Kein Wunder also, dass auch Jan Assmann am Ende resümiert: »Nichts liegt mir jedoch ferner, als dem Monotheismus den Vorwurf zu machen, er habe die Gewalt in die Welt gebracht. Im Gegenteil, der Monotheismus hat mit seinem Tötungsverbot, seiner Abscheu gegen Menschenopfer und Unterdrückung, seinem Plädoyer für die Gleichheit aller Menschen vor dem Einen Gott, alles getan, die Gewalttätigkeit dieser Welt zu verringern.«

3. Theorie und Praxis –
Warum der Islam logischerweise am tolerantesten ist

Von den drei monotheistischen Weltreligionen ist der Islam am tolerantesten. Theoretisch. Das hat einen logischen Grund. Jede der drei monotheistischen Religionen verstand sich selbst als endgültig und lehnte darum die jeweils jüngeren Versionen ab, weil diese nur eine Verformung der bereits erreichten Endgültigkeit darstellten. Das hatte zur Folge, dass das Judentum sowohl Christentum wie Islam ablehnte. Das Christentum lehnte den jüngeren Islam ab, musste aber das Judentum, dem es entstammte, teilweise anerkennen. Der Islam nahm sowohl Alt- wie Neutestamentliches auf und musste von daher sowohl Judentum als auch Christentum wenigstens partiell anerkennen. Diese Anerkennung ergab sich schon allein aus der Tatsache, dass man die freie Religionszustimmung wollte und deswegen Alternativen ertragen musste. Weil aber alle drei monotheistischen Religionen den Anspruch auf Alleinwahrheit erhoben und sich obendrein als universal verstanden, war dies nie eine Anerkennung auf Augenhöhe. So erlaubte der Islam Judentum und Christentum die interne Kultausübung und gestand ihnen die bürgerlichen Grundrechte zu, erlegte ihnen aber gleichzeitig bestimmte Beschränkungen auf, vor allem erhöhte Steuerzahlungen. Vergleichbare Regelungen erließ das Christentum für die Juden.

Das Judentum selbst verstand sich als erstmalig und einzigartig und sah daher keinen Anlass, die beiden anderen Religionen als »Erlaubte Religionen« zuzulassen, freilich auch deswegen nicht, weil es – abgesehen vom Sonderfall des sagenumwobenen Chazarenreiches im fernen Osten – nie und nirgends zur dominanten Religion aufstieg und andere zu tolerieren hatte. Denn während der ganzen gemeinsamen Geschichte blieb es eine machtlose Minderheit: unterdrückt, verstoßen, vertrieben und oft noch ermordet – ein zwei Jahrtausende dauerndes »Tränental«, von dem die jüdische Geschichtsschreibung bis heute spricht. Wie aber die jüdische Existenz stets eine geschlagene war, so blieb sie doch lange vor einer Herausforderung bewahrt: der Toleranzgewährung. Nicht weniger absolut als die beiden anderen Monotheismen, musste das Judentum den Rahmen einer »Erlaubten Religion« nie selbst aktiv bestimmen. Der amerikanische Politologe Gary Remer ist sogar der Meinung, hätte im Mittelalter ein jüdischer Staat bestanden, »dürften manche Heiden der Verfolgung ausgesetzt worden sein«. Erst heute steht der Staat Israel vor der Aufgabe der Regelung religiöser Vielfalt.

Anders dann beim Christentum. Sobald es im römischen Reich staatliche Macht errungen hatte, stellte sich die Frage der Toleranz gegenüber dem Judentum. Dabei übernahmen die christlichen Kaiser die schon von ihren heidnischen Vorgängern bekannte Einrichtung der »Erlaubten Religion«, die damals ausschließlich dem Judentum gewährt worden war. Als das westliche Kaisertum endete, übernahm die Kirche den rechtlichen Schutz der Juden. Es war Papst Gregor der Große (um 540–604), der die Grundlage für eine, so der Wiener Judaist Günter Sternberger, »sehr ausgewogene Judenpolitik« schuf, die sich, wie der an der hebräischen Universität in Jerusalem lehrende Michael Toch betont, »auch unter den veränderten Bedingungen späterer Perioden bis in die Neuzeit als äußerst langlebig erweisen sollte«.

Im Islam erlangte die »Erlaubte Religion« ihre breiteste Bedeutung, zumal er sich über große, zumeist von Christen besiedelte Gebiete ausbreitete. Immerhin dürften in Zeiten der ersten Expansion zu Anfang des 8. Jahrhunderts nur 10 Prozent Muslime über 90 Prozent Nichtmuslime geherrscht haben. Erst im 12./13. Jahrhundert kann Nordafrika und im 15./16. Jahrhundert Anatolien als weitgehend islamisiert gelten. Die »Buchreligionen« Judentum und Christentum wurden »beschützt«, freilich unter Einforderung sowohl von Loyalität als auch von besonderen Abgaben, ja noch mit Kenntlichmachung der Kleidung. Dadurch ergab sich eine relative Religions- und Kultfreiheit, jedoch strikt innerhalb der eigenen Kületräume und ohne Erregung öffentlicher Aufmerksamkeit – immer mussten die Minarette am höchsten bleiben –, aber doch mit Selbstverwaltung und eigener Rechtsprechung, auch mit Garantie von Eigentum und Erwerb.

Dass demgegenüber die Christen auch den Koran-Anhängern in ihrem Herrschaftsbereich den Status der »Erlaubten Religion« eingeräumt hätten, war nicht möglich, weil diese nur als falsche Nachzügler galten. Was die Christen wohl den Juden einräumten, eben das konnten sie aus diesem Grund den Muslimen nicht gewähren. Insofern blieb die christliche Toleranz faktisch beschränkter. Immerhin versuchte man es dennoch bei der christlichen Rückeroberung Spaniens: Im 12. Jahrhundert erhielten die Muslime Valencias das Recht zu ungestörtem Besuch der Moscheen, die Garantie der Wohnstätten und des Besitzes, eigenständige Gerichtsbarkeit und relative Selbstverwaltung, weiter die Zusicherung, nicht-islamische Rechtsentscheide nicht annehmen zu müssen.

Allerdings waren solche Mischzonen im Ganzen selten und wurden auf Dauer beseitigt, und zwar beiderseits. So einerseits bei der Rechristianisierung einer Reihe von Mittelmeer-Inseln und von Teilen Spaniens, andererseits bei der vollständigen Islamisierung Nordafrikas und Anatoliens. Im Islam gab es noch ein besonderes Problem: Im Falle einer christlichen Herrschaft sahen die islamischen Rechtsschulen, wie der britisch-amerikanische Historiker Bernard Lewis feststellt, »die Abwanderung als zumindest empfohlen und in den meisten Fällen als verpflichtend an«. Wer etwa freiwillig unter christlicher Herrschaft verblieb, den traf »die ganze Verachtung der Emigranten sowie der nichtunterworfenen Muslime«, denn die schlimmste muslimische Herrschaft sei eher zu akzeptieren als die beste der Ungläubigen. Vor diesem Hintergrund versteht man erst, dass sich mit der derzeitigen Emigration von Muslimen in nichtmuslimische Länder dem Islam ein zuvor nie gekanntes Problem stellt.

Das System der »Erlaubten Religion« schuf natürlich eine Zwei-Klassen-Gesellschaft, die durch die vielen Benachteiligungen immer einen gewissen Druck auf die Angehörigen der bloß tolerierten Religion ausübte. Und das konnte dann zum merkwürdigen Phänomen einer Doppelreligion führen mit Kryptojuden, Kryptochristen und Kryptomuslimen. Als sich in Spanien im 15. Jahrhundert Zehntausende Juden taufen ließen, entstand vielleicht aus Gewohnheit oder aus Unkenntnis vielerorts eine Doppelpraxis: Man ging am Sabbat in die Synagoge und am Sonntag in die Messe, aß zu Hause koscher und draußen Schweinefleisch. Für getaufte Muslime galt Ähnliches. Kryptochristen gab es zum Beispiel in Albanien, wo die Männer wie Muslime lebten und die Frauen wie Christinnen, in der Familie war man christlich, in der Öffentlichkeit muslimisch, zu Hause hielt man die christlichen Fastengebote und in der Moschee den Ramadan, beim Sterben erhielt man die letzte Ölung und wurde doch muslimisch beerdigt, bei der Steuereintreibung erklärten sich die Haushaltsvorstände als muslimisch – um der höheren Besteuerung als Christen zu entgehen – bei der Rekrutierung zum Militärdienst als christlich – wegen der Dienstbefreiung. Gemeinsam waren und sind bis heute oft die Wallfahrtsstätten und Heiligengräber.

Trotz all dieser Regelungen, die tatsächlich verhinderten, dass die drei monotheistischen Religionen sich angesichts ihres jeweiligen Absolutheitsanspruchs jahrhundertelang in einen Dauerkrieg verwickelten, wird aber klar, dass die Neuzeit wirklich etwas Neues brachte, nämlich gleichberechtigte Religionsfreiheit für alle und überall.

II. Die ersten tausend Jahre –
Eine Religion der Liebe begegnet der Gewalt

Toleranz ist eine christliche Erfindung. Während »tolerantia« im klassischen Latein das Ertragen von körperlichen Lasten und Mühen bedeutete, von Unrecht, Folter und Gewalt, niemals aber das Ertragen anderer Meinungen oder Menschen, sorgten die Christen dafür, dass sich die Bedeutung dieses Wortes änderte. Von nun an versteht man darunter den liebevollen Respekt vor anderen Menschen, die Duldsamkeit gegenüber Andersdenkenden. Das hatte mit dem zentralen Doppelgebot des christlichen Glaubens zu tun:

»Darum sollst du den Herrn, deinen Gott, lieben mit ganzem Herzen und ganzer Seele, mit all deinen Gedanken und all deiner Kraft. Als zweites kommt hinzu: Du sollst deinen Nächsten lieben wie dich selbst. Kein anderes Gebot ist größer als diese beiden« (Mk 12,30 f.) Und daraus folgert Paulus: »Alles, was ihr tut, geschehe in Liebe«. Das hatte unmittelbare Folgen für die Toleranz. Es bedeutete: Liebe den Menschen, aber verabscheue seine Untaten. Das war die neue christliche Toleranz. Der andere sollte, trotz Sünde, sein Lebensrecht behalten, ja er sollte sogar geliebt werden. Der große abendländische Kirchenlehrer Aurelius Augustinus (354–430) erklärt ganz praktisch: »Liebe den Sünder, aber nicht insofern er Sünder, sondern Mensch ist.« Bei Thomas von Aquin (1225–1274) klingt das 800 Jahre später genauso: »Wir müssen nämlich in den Sündern das hassen, was sie zu Sündern macht, und das lieben, was sie zu Menschen macht.« So etwas gab es in anderen Religionen nicht, denn jede Sünde war da eine Beleidigung Gottes und jede Beleidigung Gottes musste geahndet werden.

1. Wohin mit dem Unkraut? –
Ein Gleichnis verändert die Religionsgeschichte

Gott lieben »mit all deinen Gedanken«, das ist auch die Geburtsstunde der Theologie, die nachdenkt über Gott. Und die früheste christliche Theologie plädierte bereits für Toleranz. Der große nordafrikanische Jurist und Theologe Tertullian (nach 150 – nach 220) bekämpfte mit klaren Worten den religiösen Zwang, der »jemandem die Freiheit der Religion nimmt und ihm die freie Wahl seiner Gottheit verbietet, so dass es ihm nicht mehr freisteht, zu verehren, wen er will, sondern er gezwungen wird, den zu verehren, den er nicht will. Niemand, auch Gott nicht, möchte doch wohl von jemandem geehrt werden, der das nicht gerne tut.« Diese Freiheit nennt Tertullian ausdrücklich ein »Menschenrecht«. Das war neu.

Allerdings war für die Christen der Glaube an Jesus Christus, den menschgewordenen Sohn Gottes, nicht irgendeine beliebige Meinung, er war göttliche Wahrheit, zu der sie sich bekannten und für die sie notfalls gewaltlos in den Tod gingen. So hatte schon der Apostel Paulus davor gewarnt, an ein anderes Evangelium zu glauben, und darauf gedrängt, Irrlehrer und sogenannte Falschbrüder aus der Gemeinde auszuschließen. Einen Fluch hatte er über sie ausgesprochen und sie dem göttlichen Gericht am Ende der Zeiten überantwortet. Aber mit keinem Wort hatte er irgendeine Form von Gewalt gegen diese Abweichler befürwortet. Auch das war neu.

Das Heidentum dagegen hatte zwar nicht das Bekenntnis mit Herz und Verstand zu den zahllosen Göttern gefordert, aber die äußerliche Unterwerfung, indem man gewisse Riten vollzog. Wer das ablehnte, konnte mit dem Tod bestraft werden, was die Christen der ersten Jahrhunderte immer wieder in Wellen zu spüren bekamen. In allen Religionen der Vormoderne galt nämlich: Wer sich zum Gottesfeind machte, war zu beseitigen, sonst ergießt sich der Gotteszorn nicht nur über ihn und seine ganze Umwelt, sondern auch über Gesellschaft und Staat. Die Vorstellung, dass jeder Frevel den Zorn Gottes oder der Götter heraufbeschwöre, wird man als einen der wirkmächtigsten Religionsmechanismen überhaupt bezeichnen müssen. Um diesem Zorn der Gottheit zuvorzukommen, war es in allen Kulturen selbstverständliche Pflicht der Regierenden, die rechte Verehrung der Götter im Interesse des Allgemeinwohls zu fördern und Beleidigung der Götter, Gottesfrevel, Gottesfeindschaft wegen dann zu befürchtender vernichtender Gottesstrafen, die alle existenziell bedrohen würden, mit allen Mitteln zu verhindern. Gottesfeinde wurden mit Enthauptung, Verbrennung oder Kreuzigung bestraft. Schon das Gesetzbuch des babylonischen Königs Hammurabi (1792–1750 v. Chr.) sah die Todesstrafe vor. In Griechenland ist Sokrates (469–399 v. Chr.) das bekannteste Opfer einer Anklage wegen Gottlosigkeit, und merkwürdigerweise plädierte selbst sein Schüler Platon (um 428–um 347 v. Chr.) bei Leugnung des Daseins der Götter für die Todesstrafe. Das antike Strafrecht hielt auch später an solchen Regelungen fest. Als im 1. Jahrhundert nach Christus ein Mitglied des flavischen Kaiserhauses zum jüdischen oder christlichen Glauben übertrat, erfolgte die Enthauptung. Im alten Israel war es nicht anders, noch der Christ Stephanus wurde deswegen »hinausgetrieben und gesteinigt« (Apg 7,58).

Erst wenn man sich all das klarmacht, versteht man, wie ungeheuer neu in der Religionsgeschichte die Tatsache war, dass das Christentum radikal mit dieser in allen Religionen üblichen physischen Vernichtung der Gottesgegner brach. Als die Jünger »Feuer vom Himmel« auf die aus Sicht der Juden gottlosen Samariter herabrufen wollten, wies Jesus sie zurecht. Und in der Bergpredigt verbot er jede Gewalt: »Liebet eure Feinde und betet für die, die euch verfolgen, damit ihr Söhne eures Vaters im Himmel werdet, denn er lässt seine Sonne aufgehen über Böse und Gute und lässt regnen über Gerechte und Ungerechte.« (Mt 5,44–46) So blieb für die Christen nur die Bemühung um Bekehrung des Irrenden und das Gebet für seine Rettung. Die Tötung war untersagt.

Stattdessen diskutierten die Christen mit Argumenten und Gegenargumenten. Sie diskutierten heftig. Dramatisch widersprach der Apostel Paulus dem Petrus ins Angesicht. Am Ende einigte man sich auf dem sogenannten Apostelkonzil in Jerusalem um das Jahr 48 unter der feierlichen Formel: »Der Heilige Geist und wir haben beschlossen ...«. Auch bei den späteren Konzilien des ersten Jahrtausends wurde leidenschaftlich diskutiert, um der Wahrheit des Glaubens willen wurden Lehren verurteilt, Bischöfe abgesetzt, ganze Gruppen aus der Kirche ausgeschlossen, aber niemand hatte am Ende um Leib und Leben zu fürchten. Abweichende Lehren, Häresien, bedeuten, dass nur ein Teil des Ganzen geglaubt wird, man ist nicht katholisch, das heißt allumfassend, wie die Kirche im Glaubensbekenntnis genannt wird. Es galt jedoch der Grundsatz, man dürfe nur die Häresien mit einem Fluch belegen, nicht aber die Häretiker, sie seien zu schonen und für ihre Rettung müsse man beten.

Diese radikale Gewaltlosigkeit lag an einem berühmten Text. Dieser Text hat über die Jahrhunderte hin Tausenden Menschen das Leben gerettet. Er steht im dreizehnten Kapitel des Matthäusevangeliums:

»Und Jesus erzählte ihnen noch ein anderes Gleichnis: Mit dem Himmelreich ist es wie mit einem Mann, der guten Samen auf seinen Acker säte. Während nun die Leute schliefen, kam sein Feind, säte Unkraut unter den Weizen und ging wieder weg. Als die Saat aufging und sich die Ähren bildeten, kam auch das Unkraut zum Vorschein. Da gingen die Knechte zu dem Gutsherrn und sagten: Herr, hast du nicht guten Samen auf deinen Acker gesät? Woher kommt dann das Unkraut? Er antwortete: Das hat ein Feind von mir getan. Da sagten die Knechte zu ihm:

Sollten wir gehen und es ausreißen? Er entgegnete: Nein, sonst reißt ihr zusammen mit dem Unkraut auch den Weizen aus. Lasst beides wachsen bis zur Ernte. Wenn dann die Zeit der Ernte da ist, werde ich den Arbeitern sagen: Sammelt zuerst das Unkraut und bindet es in Bündel, um es zu verbrennen; den Weizen aber bringt in meine Scheune. Und seine Jünger kamen zu ihm und sagten: Erkläre uns das Gleichnis vom Unkraut auf dem Acker. Er antwortete: Der Mann, der den guten Samen sät, ist der Menschensohn; der Acker ist die Welt; der gute Samen, das sind die Söhne des Reiches; das Unkraut sind die Söhne des Bösen; der Feind, der es gesät hat, ist der Teufel; die Ernte ist das Ende der Welt; die Arbeiter bei dieser Ernte sind die Engel. Wie nun das Unkraut aufgesammelt und im Feuer verbrannt wird, so wird es auch am Ende der Welt sein: Der Menschensohn wird seine Engel aussenden, und sie werden aus seinem Reich alle zusammenholen, die andere verführt und Gottes Gesetz übertreten haben, und werden sie in den Ofen werfen, in dem das Feuer brennt. Dort werden sie heulen und mit den Zähnen knirschen. Dann werden die Gerechten im Reich ihres Vaters wie die Sonne leuchten.«

Wenn auch in unseren Ohren die Höllenvorstellungen fremd klingen, der Inhalt ist klar. Das Urteil über die Irrlehrer und die Bösen soll man Gott für den Jüngsten Tag überlassen. Bis dahin gilt die Mahnung des Apostels Paulus: Caritas tolerat omnia – Die Liebe erträgt alles. Das Unkraut-Weizen-Gleichnis war die eindeutige Forderung nach dem Ende aller Religionsgewalt, es war die Magna Charta der Toleranz. Man kann gar nicht zählen, wie oft in Texten des ersten christlichen Jahrtausends und auch nachher dieses Gleichnis herangezogen wurde. Das Unkraut-Weizen-Gleichnis ist urchristliche Substanz.

Es war dieses Gleichnis, das dafür gesorgt hat, dass im ersten christlichen Jahrtausend tatsächlich kein einziger Irrlehrer, Häretiker, Ketzer wegen seiner Abweichung mit Billigung der weltweiten Kirche getötet wurde. Als im Jahre 385 am Kaiserhof in Trier der Irrlehrer Priscillian aus Spanien auf Drängen kaiserlicher Würdenträger nach Verurteilung durch eine bischöfliche Synode getötet werden sollte, eilten der große Erzbischof von Mailand, der heilige Ambrosius, und der berühmte heilige Martin, Bischof von Tours, persönlich auf langen beschwerlichen Wegen zweimal nach Trier, um die Untat zu verhindern. Als man Priscillian dennoch nach erbetenem kaiserlichen Entscheid hinrichtete, wurden alle in Trier beteiligten Bischöfe in einem feierlichen Akt von Papst Siricius aus der Kirche ausgeschlossen. Dieser Skandal hatte Folgen: Bis zum Jahr 1000 gab es keinerlei Häretikertötungen mehr. Für die Ostkirche gilt das sogar bis zum Ende des byzantinischen Reiches im Jahre 1453 und darüber hinaus.

Um Abweichler zu bekämpfen, blieb also für Christen nur die Theologie. Dabei musste die Kirche versuchen, einen Mittelweg einzuhalten. Einerseits musste sie in immer wieder neuen Reformbewegungen gegen geistigen und moralischen Niedergang ankämpfen. Andererseits musste sie gegen das Gegenteil angehen, denn die Irrlehren waren in der Regel hypermoralisch, elitär und leibfeindlich. Dagegen war das Christentum, das an die Menschwerdung Gottes und die Auferstehung des Fleisches glaubte, geradezu provozierend sinnlich. Jesus war stets barmherzig mit den Sündern umgegangen und stolzes Elitedenken war den frühen Christen völlig fremd. Diese Menschlichkeit und Weltläufigkeit des Christentums musste gegen fanatische Ideologen verteidigt werden. Das war nicht immer leicht.

So warf sich der große Kirchenvater Augustinus (354–430) wortgewaltig in die Debatte mit den Donatisten. Die vertraten die Auffassung, ein sündiger Priester könne die Gnade Gottes nicht weitergeben. Augustinus sah sofort, dass diese Theorie das Ende des christlichen Glaubens eingeläutet hätte, denn da niemand genau die persönliche Würdigkeit des Priesters beurteilen könne, bliebe der einfache Gläubige ohne die Gewissheit, Gottes Liebe wirklich zu erfahren. Für den Theologen Augustinus ging es in dieser Debatte um alles oder nichts. Dennoch plädierte er nachdrücklich für Gewaltfreiheit. Glauben könne man schließlich nur freiwillig. Und außerdem müsse man tolerant sein, denn alle Menschen seien Sünder und daher auf die Toleranz ihrer Mitmenschen angewiesen. Das gelte auch für Irrlehrer: »Nicht körperlich soll man sie verloren geben, sondern geistlich hingehen und tun, was zur Korrektur der Bösen dient.« Dieser Satz wurde ins Kirchenrecht des Mittelalters aufgenommen. Irrlehren hätten sogar ihr Gutes: »Denn vieles, was zum katholischen Glauben gehört, wird sorgsamer beachtet, klarer verstanden und eindringlicher geäußert und gepredigt, wenn es durch die schlaue Unruhe der Irrlehrer in Frage gestellt wird und gegen sie zu verteidigen ist, sodass die von ihnen aufgeworfene Frage zum Anlass des Lernens wird.« Irrlehren als Anreiz für lebenslanges Lernen – ein ganz moderner Gedanke. Auch bei Augustinus ist das Unkraut-Weizen-Gleichnis entscheidend. Deswegen gilt am Ende: Die Kirche »toleriert die, die sie nicht zu berichtigen vermag«, denn auch dem Sünder und Häretiker sei Liebe entgegenzubringen, trotz seiner Sünde und Häresie, »da man ja, solange das Leben währt, nie wissen kann, ob sie nicht noch ihren Sinn zum besseren wenden«. In einem Religionsgespräch hat Augustinus im Jahre 411 die Donatisten glänzend widerlegt, was ihren Einfluss minderte.

Als dann aber Teile der donatistischen Bewegung, die Circumcellionen, terroristisch wurden und gewalttätig raubend und mordend über Land gingen, billigte am Ende sogar Augustinus bei derartigem Religionsterror staatlichen Druck auf die Anhänger dieser Irrlehre, um sie wieder in die Kirche zurückzuführen. Er berief sich dabei darauf, dass Jesus im Gleichnis vom Gastmahl, zu dem die geladenen Gäste ausgeblieben sind, den Gastgeber an die Hecken und Zäune gehen lässt, um dort Menschen zum Eintritt zu nötigen (lateinisch: compelle intrare). Gewalt, Folter oder gar Tötung von Irrlehrern lehnte Augustinus allerdings unverändert ab, wie übrigens im Osten auch Johannes Chrysostomus (um 349–407), und so hat man ihn dann selbstverständlich auch sechshundert Jahre lang im gesamten ersten christlichen Jahrtausend verstanden. Erst danach sollte dieser Satz missbraucht werden. Vor allem aber blieb sein Satz wirksam, der um 1140 ins maßgebliche Dekret Gratians aufgenommen wurde: »Zum Glauben ist niemand zu zwingen.« Darauf bezieht sich dann auch der angesehenste Theologe des Mittelalters, Thomas von Aquin, wenn er erklärt, niemand sei zum Glauben zu nötigen, »denn Glauben ist Sache des freien Willens«. Das gilt in der Kirche unverändert bis heute.

Die rasche Ausbreitung des Christentums in der antiken Welt hat immer schon Erstaunen erregt. Fast noch erstaunlicher wirkt, dass sie ohne alle Planung und Strategie, ohne Institutionen und ohne speziell ausgebildete Missionare vonstattenging. Die Kirche wirkte »durch ihr bloßes Dasein« – wie es der große evangelische Theologe Adolf von Harnack in seinem nach wie vor grundlegenden Werk »Mission und Ausbreitung des Christentums« prägnant ausdrückte. Dem Altkirchenhistoriker Norbert Brox zufolge gehörten grundlegende Aussagen über die Missionierung der Welt nicht zur geläufigen Theologie der frühen Kirche: »Eine Sorge um die Mission, also etwa die Notwendigkeit der Bekehrung aller Nichtchristen und eine dementsprechende allgemeine missionarische Pflicht der Christen wird nicht ausgesprochen. Man sah sich nicht zu Missionsfeldzügen veranlasst.« Man rechnete ohnehin nicht damit, dass alle gläubig würden, stand doch im 2. Thessalonicherbrief: »Nicht alle nehmen den Glauben an«. Infolgedessen konnte Augustinus der Meinung sein: »Nicht alle müssen glauben, denn allen *Völkern* ist die Verheißung ausgesprochen, nicht allen *Menschen* aller Völker«. Die Völker, nicht die Einzelmenschen, galten als Objekt der Mission.

Sakrilegien, und als ein solches galt in späterer christlicher Zeit auch die Ausübung heidnischer Kulte, wurden von der staatlichen Obrigkeit zur Abwendung des Gotteszorns bekämpft, aber nie mit der Todesstrafe. Intellektuellen Häretikern drohte in der Karolingerzeit Klosterhaft. Die Schweizer Mittelalterhistorikerin Monica Blöcker hat in einer Spezialuntersuchung über »Volkszorn im frühen Mittelalter« gezeigt, wie schnell das Volk nach Verurteilung und Ausstoßung aus der Gemeinschaft verlangte, und sogar Tötungen durch Lynchjustiz geschahen, bedingt durch die archaische Angst der Menschen vor überirdischer Strafe. Dabei zeigte sich »gegen das Opfer gerichteter Volkszorn und dämpfender Einfluss der Geistlichkeit«. Die christliche Toleranz und der christliche Gewaltverzicht prägten die Äußerungen führender Theologen des ersten Jahrtausends wie des angelsächsischen Mönchs Beda Venerabilis (um 672–735) oder des als »Lehrer Deutschlands« gefeierten Fuldaer Abts und Erzbischofs von Mainz Hrabanus Maurus (780–856).

Kein Wunder also, dass der Habermas-Schüler Rainer Forst feststellt, das Neue Testament sei bis in die Neuzeit hinein »für den gesamten europäischen Diskurs der Toleranz von zentraler Bedeutung. Allein das Wort ist demnach die Waffe des Christen, nicht irdischer Zwang oder Gewalt.«

2. Spannungen –
Christliche Gewaltfreiheit und Staatsgewalt

Gewalttätig war die Landnahme Palästinas durch das Volk Israel, und feindlichen Völkern wurde mit Vernichtung gedroht. Erst sehr langsam setzten sich die humanisierenden Effekte des Monotheismus durch. Auch die früheste Zeit des Islam ist durch kriegerische Ausbreitung gekennzeichnet. Der Prophet Mohammed selbst war zu Pferde in den Krieg geritten und binnen hundert Jahren war ganz Nordafrika gefallen, auch Spanien, und die muslimischen Truppen standen in Südfrankreich. Ein größerer Kontrast als das Christentum ist demgegenüber kaum denkbar: Auf einem Esel ritt Jesus von Nazareth in Jerusalem ein, nicht um militärisch zu siegen, sondern um zu leiden, nicht um zu töten, sondern um sich töten zu lassen, nicht um Land zu gewinnen, sondern um alles zu verlieren, selbst die Kleider. Und die ersten Christen taten es ihm gleich. Während die Israeliten heilige Kriege, »Jahwe-Kriege«, kannten und auch für die Muslime später der »Heilige Krieg« zur Ausbreitung der islamischen Herrschaft von zentraler Bedeutung war, sodass, wie der Islamwissenschaftler Tilman Nagel schreibt, »das gewöhnliche Verhältnis zwischen den islamischen und den übrigen Territorien dasjenige des Krieges« war, verweigerten demgegenüber die Christen von vornherein jede militärische Gewalt. Daher nahmen sie auch am jüdischen Aufstand 66/70 n. Chr. nicht teil, was einer der Trennungsgründe vom Judentum war, wie der Historiker Johann Maier feststellt. Die Christen also waren radikal gewaltlos, viele waren Totalpazifisten, verweigerten deshalb den Militärdienst, wehrten sich noch nicht einmal, wenn sie attackiert wurden, und freuten sich, wenn sie ihrem Herrn als Märtyrer in öffentlichen Spektakeln in den Tod folgen konnten. Jahrhundertelang ging das so. Und für den Umgang mit dem Staat galt das Wort Jesu: »Gebt dem Kaiser, was des Kaisers ist, und Gott, was Gottes ist.«

Die Probleme für die Christen begannen mit einem Glücksfall für die Kirche. Der Staat beendete die Christenverfolgungen und Kaiser Konstantin wurde am Ende Christ. Was nun? Der Kaiser tat das, was alle römischen Kaiser immer schon getan hatten, er kümmerte sich auch um die Religion.

Kaiser Konstantin hatte mit dem Problem zu kämpfen, dass er zwar einerseits im Sinne der Gewaltlosigkeit des Christentums handeln wollte, aber andererseits als Kaiser wie seit unvordenklichen Zeiten den Gottesfrevel eliminieren musste, damit das Gemeinwesen nicht Schaden leide. Und Abweichung vom rechten Glauben galt als Gottesfrevel. Doch im ersten Jahrtausend tat der altchristliche Gewaltverzicht seine Wirkung auf die Umsetzung staatlicher Regelungen. Und so war es Kaiser Konstantin, der, als es zu theologischen Zwistigkeiten unter den Christen kam, ein Konzil einberief, das praktischerweise nicht weit von seiner Residenz entfernt tagte, das Konzil von Nicäa. Dafür war die Kirche dem Kaiser durchaus dankbar. Doch als die christlichen Nachfolger Konstantins begannen, sich ziemlich willkürlich in kirchliche Angelegenheiten einzumischen, da trat ein Problem zutage, das die Kirche bis in unsere Zeit beschäftigt: Wie sollte die christliche Kirche mit einem christlichen Staat umgehen, und wie sollte sich ein christlicher Herrscher gegenüber der Kirche verhalten? Gewalt, das war für Christen bisher immer die Gewalt der anderen. Jetzt aber war die Staatsgewalt christlich, und für eine solche Situation hielt die Heilige Schrift, das Neue Testament, gar keine Antworten bereit. Der Staat war ja an sich nichts Schlechtes, er zivilisierte die ursprüngliche rücksichtslose Herrschaft der Stärkeren über die Schwächeren. Aber dennoch wollte die Kirche auch im christlichen Staat frei sein, und der christliche Kaiser empfand sich vor allem als römischer Kaiser und nicht bloß als Erfüllungsgehilfe der Kirche. Es gab keine ideale Lösung für dieses Problem.

All denen, die den Flirt mit dem römischen Staat für den Sündenfall der Kirche halten, ist freilich zu entgegnen, dass der Kirche gar nichts anderes übrig blieb, als die Herausforderung anzunehmen, die die Christianisierung des römischen Reiches darstellte, wennsienicht aus der Geschichte aussteigen wollte. Die Kirche trug dadurch dazu bei, den Staat zu humanisieren. Die immer noch mächtigen heidnischen Gegner des Christentums im römischen Reich, die alten Eliten, klagten deswegen die

Christen an, den Staat verweichlicht zu haben und so schuld zu sein an der das ganze Reich erschütternden Eroberung Roms durch die barbarischen Westgoten Alarichs im Jahre 410. Als Antwort auf diesen Vorwurf schrieb Augustinus (354–430) sein Hauptwerk, den »Gottesstaat«, das den weltlichen Staat von dem im Herzen der Menschen anbrechenden Gottesreich unterschied.

Augustinus war es auch, der die Konsequenzen daraus zog, dass Christen neuerdings staatliche Verantwortung übernehmen mussten. Mit Totalpazifismus war kein Staat zu machen. Und so schuf er etwas völlig Neues. Entgegen der tausendjährigen römischen Militärtradition, die Krieg als allzeit legitimes Mittel der Römer zur »Befriedung« einer Region verstand, was ein netteres Wort für Eroberung war, begründete er eine Lehre vom »gerechten Krieg«, die noch heute Grundlage internationaler Politik ist. Nach Augustinus sind Eroberungskriege immer untersagt. Vertretbar ist nur ein Verteidigungskrieg, und das nur unter strengen Bedingungen: Nur bei feindlichen Angriffen und zur Abwehr von Unrecht, aber auch dann nur bei Verhältnismäßigkeit, damit der zu erwartende Schaden nicht übermäßig groß werde. Außerdem müsse eine ethisch einwandfreie Absicht zugrunde liegen. Krieg sei niemals aus schierer Kampfeslust oder Beutegier zu rechtfertigen, und er müsse von der legitimen Obrigkeit geführt werden, es dürfe nicht jedermann auf eigene Faust agieren. Daraus ergibt sich die neuerdings analysierte »Friedenslehre des Augustinus«:

1. Staatliche Gewalt und erst recht ein Krieg können überhaupt nur als eine Reaktion auf eine offensichtliche und schwerwiegende Störung der äußeren Gerechtigkeit und der sozialen Ordnung gerechtfertigt sein.
2. Die Identifikation eines Volkes oder eines Landes als von Gott besonders auserwählt ist ausnahmslos abzulehnen.

3. Jeder Heilige Krieg zur Erlangung des eigenen Heils ist ausgeschlossen.

4. Es müssen Obergrenzen der Gewaltanwendung eingehalten werden. Folter und Todesstrafe lehnt Augustinus vehement ab.

Wer das alles für selbstverständlich hält, dem ist vielleicht nicht bewusst, wie sehr er Erbe einer christlichen Tradition ist, sogar wenn er sich selber nicht mehr als Christ versteht.

Die Christianisierung des Römischen Reiches war ein holperiger Vorgang. Immer wieder kam es zu Spannungen zwischen Kaisern und Kirche. Den christlichen Kaisern erschien die Friedensethik des heiligen Augustinus ziemlich weit weg von ihrer römischen Tradition, und auch sein »Man kann nur freiwillig glauben« war manch einem fremd. Hatten die heidnischen Kaiser die Götter der eroberten Völker einfach in den römischen Götterhimmel eingemeindet, dann doch immer nur unter der Bedingung, dass künftig die unterworfenen Völker auch die römischen Götter verehrten, vor allem den göttlichen Kaiser. Ansonsten galt man sozusagen als todeswürdiger Verfassungsfeind. Nur die Juden waren durch ihren offiziellen Status als »Erlaubte Religion« davon ausgenommen. Als das Reich nun christlich geworden war, erwarteten die Kaiser von unterworfenen Völkern nicht mehr die göttliche Verehrung des Kaisers, sondern des Herrn des Himmels und der Erde, Jesus Christus. Es entstand eine imperiale Religionspolitik mit Nötigung zur Taufe. So kam es zu Zwangstaufen, die dem Christentum ganz fremd waren. Das Verbot heidnischer Kulte und die Zerstörung der Tempel wurde von den Christen zwar schließlich gebilligt, aber sie entwickelten nach wie vor kaum missionarische Impulse, im 4. Jahrhundert waren nur etwa 15 Prozent der Reichsbevölkerung Christen. Doch sie gaben nun den Ton an, und mehr und mehr schwand das Heidentum dahin. Im Inneren des Reiches wurde es zunehmend staatlich diskriminiert, bis die Heiden unter Kaiser Justinian am Ende de facto rechtlos waren. Der Althistoriker Johannes Hahn weist aber darauf hin, dass man trotz allem Staatszwang generell nicht von einem religiös gewalttätigen Zeitalter sprechen könne: »Der Niedergang des Heidentums und seine Verdrängung durch das Christentum erfolgt in der Regel auf weit weniger spektakuläre, friedliche Weise.«

Die enge Verbindung zwischen Staat und Kirche blieb dem Christentum fremd und führte immer wieder zu Konflikten. Auf diesem Hintergrund gewann das bereits erwähnte Wort Jesu »Gebt dem Kaiser, was des Kaisers ist, und Gott, was Gottes ist« neue Aktualität. An der Wende von der Antike zum Mittelalter zog daraus Papst Gelasius (492–496) berühmt gewordene eindeutige Schlüsse: Der staatlichen Gewalt ist es nach Gelasius verwehrt, »geistlicher Dienste sich zu bemächtigen, und sie erkennt, dass dies ihrem Rechtsbereich nicht zustehe, dem es nur gegeben ist, über rein menschliche Fragen zu befinden, nicht aber, göttlichen Dingen vorzustehen. Christus hat, eingedenk der menschlichen Schwäche, durch eine großartige Anordnung zum Heil der Seinigen weise abwägend, die Rechtsbereiche beider Gewalten in eigenständige Betätigungsfelder und wohlgetrennte Würden geschieden. So sollte der christliche Kaiser für das ewige Leben der Bischöfe bedürfen, die Bischöfe dagegen im Bereich der irdischen Dinge nach den kaiserlichen Gesetzen leben.«

Das war ein Paukenschlag. Eine solche klare Trennung von Kirche und Staat war weltgeschichtlich eine absolute Neuigkeit. Für alle anderen Religionen war eine Trennung undenkbar, mit gewaltigen Problemen bis heute. Was die Aufklärung später vollzog, musste aber erst in einem jahrhundertelangen Ringen erkämpft werden. Und nie war es der Staat, der sich von der Kirche befreien wollte, immer war es die christliche Kirche, die ihre Freiheit vom Staat erkämpfen musste. Aber mit welchen

Mitteln? Wer von heute aus fordern würde, die Kirche hätte das rein argumentativ tun sollen, verkennt die damalige Lage. Nur mit Macht konnte man sich damals der Staatsmacht entziehen. Vor allem in Deutschland hatten die Herrscher sich der Bischöfe als treuer Vasallen bedient. Da sie kinderlos waren, musste der deutsche König von ihnen keinen Familienegoismus fürchten. Aber natürlich wollte er die Bischöfe dann auch selbst einsetzen. Das rief die Päpste auf den Plan, die in einer jahrhundertelangen erbitterten Auseinandersetzung, dem sogenannten Investiturstreit, die Eigenständigkeit der Kirche erkämpften, womit sie freilich nur teilweise Erfolg hatten. Kaum hatten sie sich nämlich in schwerem Ringen der Macht der deutschen Kaiser entledigt und die Staufer niedergerungen, waren sie in Avignon ganz der Macht der französischen Könige ausgesetzt.

Nur so kann man verstehen, warum bis heute wenigstens ein winziger Staat wie der Vatikan für den Papst Garant der Freiheit der Kirche ist, mit ganz handfesten Folgen im Zweiten Weltkrieg. Noch im Bismarckstaat, der die protestantische Einheit von Thron und Altar hochhielt, wurde übrigens den Katholiken der Kampf der Päpste gegen das mittelalterliche Kaisertum vorgehalten und im Kulturkampf eine tyrannische Unterwerfung der katholischen Kirche unter den neuen deutschen Staat betrieben. Dabei weiß man heute durch die Arbeiten des international renommierten Mittelalterforschers Gerd Althoff sehr gut, dass der von deutschen Patrioten stets hoch gepriesene Kaiser Heinrich IV. (1050–1106) ein gewalttätiger Tyrann und ein frauenschändender Wüstling war. Dagegen erwies sich sein Gegner, Papst Gregor VII. (um 1025–1085), der Heinrich in Canossa vom Bann befreite, als bedeutender Kirchenmann, der nach dem späteren Verrat des Kaisers in der Verbannung in Salerno starb und sich die erschütternde Grabinschrift wünschte: »Ich habe die Gerechtigkeit geliebt und das Unrecht gehasst, deswegen sterbe ich in der Verbannung.« Die Protestanten freilich hatten sich viel fach dem Staat unterworfen, seit Luther, erschreckt durch die Gräuel der Bauernkriege, die Fürsten zu Hilfe gerufen hatte. Und die orthodoxen Christen pflegten schon seit frühesten Zeiten eine rückhaltlose Treue zum Herrscher, die im Zweiten Weltkrieg selbst vor Josef Stalin nicht zurückschreckte, dem der Patriarch von Moskau stets seine Loyalität bewies.

3. Barbaren kultivieren –
Das Christentum und die Germanen

Kaum hatte das Christentum das alte römische Reich ein wenig verchristlicht, kam schon das nächste Problem für das Reich, aber auch für die Kirche: die Germanen. Die germanischen Stämme waren gewaltverherrlichende Heiden, die mitunter im Feindesland hausten »wie die Vandalen«. Toleranz war ihnen völlig unbekannt. Im Grunde herrschte dauernd Krieg, alle außerhalb des Sippenfriedens waren Feinde. Friede bildete die Ausnahme und musste eigens vertraglich festgelegt werden. Der Religionswissenschaftler Hans-Peter Hasenfratz berichtet Erstaunliches: »So erschlägt der Isländerknabe Egil als Siebenjähriger – zum großen Stolz seiner Mutter – seinen Spielgefährten mit einer Bartaxt, weil er gegen ihn im Ballspiel unterliegt. Rekordhalter dürfte der Dänenknabe Vagn sein, der mit neun schon drei Männer erschlagen hat.«

Ausgerechnet diese Völker von der radikal gewaltlosen christlichen Botschaft zu begeistern, war nicht ganz einfach. Und die Bekehrung vollzog sich nicht unbedingt so, wie man sich das heute wünschen würde. Der Frankenkönig Chlodwig ließ sich taufen, nachdem er im Namen Christi eine Schlacht gewonnen hatte, und daraufhin ließen sich alle Franken taufen, genauer gesagt: Der König ließ sie taufen.

War das nun reine Politik? War Chlodwig nur deswegen katholisch geworden, um sich mit der katholischen Bevölkerung des ehemaligen römischen Reichs gegen die anderen – nicht katholischen – Germanen zu verbünden? Man hat das vermutet. Doch spricht dagegen, dass Chlodwig mit diesem Schritt ein großes Risiko einging. Sein angestammtes Königtum hing allein daran, dass er von Merovech, dem halbgöttlichen Spitzenahn abstammte, dessen Blut in allen Franken floss, am reinsten jedoch in der Königssippe. Aber das Christentum konnte weder einen Spitzenahn noch eine besondere Blutsqualität gutheißen, denn dem biblischen Schöpfungsbericht zufolge stammten alle Menschen von Adam und Eva ab, folglich waren alle gleich und hatten kein unterschiedliches Blut. Chlodwig riskierte mit seiner Taufe also den Verlust der bevorrechtigten Blutsherkunft. Der Rechtshistoriker Hans Hattenhauer formuliert es dramatisch: Chlodwig hatte einen »verfassungsrechtlichen Bruch begangen« und deswegen »konnte ihm jeder Franke mit Recht den Gehorsam verweigern und ihn als Rechtsbrecher und Unheilsbringer bezeichnen.« Die Taufe Chlodwigs und der Franken war also wohl nicht nur reine Politik.

Die Taufe ganzer Völker klingt für heutige Menschen merkwürdig, weil man die individuelle Bekehrung voraussetzt. Aber mit dem Auftreten der Germanen wurde das Religionsverständnis wieder mehr stammesreligiös und damit veränderte sich auch die christliche Mission. Nicht der Einzelne bekehrte sich, sondern der ganze Stamm, etwas anderes wäre für die Germanen ganz befremdlich gewesen. Deswegen fordert der Historiker Hans-Dietrich Kahl, »dass wir in der Anwendung von Begriffen wie ›Gewaltmission‹ und ›Zwangschristianisierung‹ eine viel größere Zurückhaltung zu üben haben als bisher«. Wie anders hätte man Religionsgruppen, welche die Götterwelt jeweils nach Kriegs- und Siegesstärke einschätzten, bekehren sollen? Dabei war der Kontrast zwischen dem neuen Christentum und der Religion der Germanen denkbar groß. Die Germanen sahen sich einem blinden Schicksal unterworfen und die Götter agierten genauso kriegerisch wie der Kriegeradel auf Erden. Selbst noch das Jenseits, Walhall, war ein Kampfplatz, wo die Helden weiterfochten. Nur insofern war das jenseitige Leben anders, als die heute Getöteten am nächsten Tag wieder aufstanden und erneut zum Kampf antraten. Kein Wunder, dass für »Innerlichkeit« oder »Herzlichkeit«, für »Mitleid« oder »Gewissen« sogar die Worte fehlten und der Seelenzustand der Liebe für Germanen gar kein Thema war. Solchen Menschen zu vermitteln, dass man Gott lieben solle, aus ganzem Herzen, aus ganzer Seele, mit allem Verstand und aller Kraft, war eine wirkliche Herausforderung. Doch es gelang der christlichen Mission und das hatte auch ganz praktische Folgen: Das germanische Rechtssystem zum Beispiel kannte natürlich nur die Tathaftung: Man war für die Tat haftbar, ganz unabhängig von der Intention. Das Neue Testament dagegen sagte klar: Wenn du im Herzen begehrst, hast du die Tat begangen. Und so entstand die moderne Intentionshaftung, dass nämlich auch Absicht und Motiv bei einer Tat mit zu berücksichtigen sind. Die christliche Bußpraxis nahm den Menschen erstmals wirklich als psychologisches Wesen wahr. Man fragte nach der Motivation und versuchte, da heilsame Änderungen zu erreichen. Der große Soziologe Max Weber konnte schreiben, das in seiner Art in der ganzen Welt unerreichte Beicht- und Bußsystem habe »die Christianisierung der westeuropäischen Welt mit einzigartiger Wucht durchgesetzt.«

Tatsächlich war die Christianisierung der germanischen und slawischen Völkerschaften auch deswegen ein schwieriger Prozess, weil hier Hochkultur und Einfachkultur zusammenstießen. Es waren Welten von ganz unterschiedlichem Niveau: einerseits hochkulturell Philosophen, Juristen, Gesetze und Gerichte und andererseits germanisches Brauchtum und brachialer Zweikampf, einerseits hochkulturell Schulen mit Lesen und Schreiben und andererseits germanische Stammessagen und ritueller Zauber. Das Christentum aber beanspruchte eigentlich hochkulturelle Voraussetzungen, denn es kannte eine Heilige Schrift und spirituelle Gottesdienste. Die antike literarische Welt war nördlich der Alpen mit dem Ende der Antike jedoch weithin zusammengebrochen. Das stellte das Christentum vor eine Frage von Sein oder Nichtsein, denn entweder verzichtete es auf Schriftlichkeit und Spiritualität, hätte damit aber seinen Charakter als Buchreligion verloren, oder es schuf sich von Neuem jene zivilisatorischen und kulturellen Vorbedingungen, wie sie eine solche Buchreligion benötigt.

Wie sollte man das Buch der Bibel also einem schreibunkundigen Volk vermitteln? Durch Schulen? Aber wie wollte man Schulen in den Wäldern rechts des Rheins ansiedeln, wo gerade einmal eine Handvoll Menschen auf einem Quadratkilometer wohnten? Daher ist erst wieder im 15. Jahrhundert von verbreiteterer Lesefähigkeit auszugehen, zumal mit dem Aufkommen des Buchdrucks. Bis dahin musste man mit dem vorliebnehmen, was man hatte, und das waren dann mündliche Predigten und die Biblia Pauperum in den Gotteshäusern, die Bibel der Armen in den Skulpturen, Fresken und Glasfenstern, die die Botschaft der Bibel für alle sichtbar Gestalt werden ließen. Dennoch konnte man natürlich auf geschriebene Sprache nicht verzichten. Einer gebildeteren Schicht konnte man vor allem in den Klöstern Latein beibringen, und das öffnete das Verständnis nicht nur für die christliche Liturgie, sondern auch für die große lateinische Literatur.

Es gab aber für die Missionierung noch ein viel größeres Problem: Die germanischen Sprachen waren für die Vermittlung des christlichen Glaubens ungeeignet. Der Germanist Hans Eggers stellt die dramatische Situation dar: »Eine Revolution der ganzen germanischen Vorstellungswelt war erforderlich, damit das Vaterunser überhaupt verstanden werden konnte. Es beginnt mit der Vorstellung eines Vaters im Himmel, die zwar mit germanischen Worten ausgedrückt werden kann, für die es aber in der germanisch-heidnischen Vorstellungswelt kaum ein Äquivalent gibt. Und wie soll eine junge Gemeinde das ›Geheiligt werde dein Name. Dein Reich komme‹ verstehen? Wie soll sie ferner die christlichen Begriffe der Schuld und Vergebung, der Versuchung und Erlösung auffassen? Bietet aber das schlichte Gebet des Herrn schon soviel Schwierigkeiten, wie unermesslich schwierig muss es dann gewesen sein, das Glaubensbekenntnis – befrachtet mit viel dogmatischer Begrifflichkeit aus dem Geiste frühchristlicher Theologen – zu verstehen? Und wie viel anderes christliches Gedankengut galt es aufzunehmen! Das Vorstellungs- und Gedankengut des Christentums musste anfangs unerhört und fremdartig erscheinen. Hunderte und Tausende von Begriffen der christlichen Glaubenslehre und darüber hinaus der philosophischen Abstraktion mussten neu erworben werden, für die die angestammte Sprache überhaupt keine Ausdrücke hatte.«

Für die Auslegung von Bibel und Liturgie waren Metaphern wichtig, bei denen Materielles der Ausdruck von Geistigem ist. Doch das funktionierte bei den Germanen nicht richtig. Dass Petrus von Jesus die Schlüssel des Himmelreiches übergeben wurden, sollte ursprünglich bedeuten, dass er geistlich bevollmächtigt wurde. Die Angelsachsen konnten das aber nicht richtig verstehen und erklärten deswegen auf der Synode im nordenglischen Whitby 664 ganz »realistisch«: Petrus stehe vor dem Himmelstor und schließe nur für seine Freunde auf. Diese Auffassung gab den Ausschlag dafür, dass die angelsächsische Kirche sich an die römische Petrus-Kirche anschloss.

Die heidnischen Germanen und auch die Slawen kannten ganz selbstverständlich und ganz realistisch Menschenopfer. Die Moorleichen künden davon, und das letzte Menschenopfer fand auf Rügen 1150 statt. Das Christentum dagegen forderte das geistige, das unblutige Opfer, nämlich sich selbst für Wahrheit und Nächstenliebe aufzuopfern. Die alte germanische Vorstellung, dass reales Blut unbedingt zum Opfer gehörte, mag das mittelalterliche Verlangen erklären, reale blutende Hostien zu sehen. Das germanische Unverständnis für Metaphern zieht sich durchs ganze Mittelalter. So gibt es in Reliquiensammlungen Federn der Heilig-Geist-Taube. All das ist aber nicht »Dummheit«, sondern mangelnde Bildung wegen fehlender sprachlicher Instrumente, und man versteht, dass reflektierte Theologie rein sprachlich damals außerhalb des Möglichen lag. Theologie ging deswegen zunächst nur auf Latein.

Obwohl also jetzt wieder gewisse stammesreligiöse Eigenarten ins Christentum eindrangen, blieb doch immer ein entscheidender Unterschied: Die anderen Völker galten nicht als rechtlose auszubeutende Masse. Der christliche Missionsbefehl »Geht hin zu allen Völkern und taufet sie« wirkte sich so aus, dass man sich zwar als auserwähltes christliches Volk fühlte, aber mit dem Auftrag, andere Völker in diese Auserwählung einzubeziehen, indem man sie ebenfalls christlich machte.

Vor allem war es die christliche Theologie, die sich, aus dem Geist des Evangeliums gespeist, dem stammesreligiösen Rückfall der neuchristlichen Germanen entgegenstemmte. Der angelsächsische Mönch Beda Venerabilis (um 672–735), der mit einer für seine Zeit staunenswerten Gelehrsamkeit hervortrat, zeichnet ein Bild, das sich germanischem Volksegoismus widersetzt. Eine neuere Untersuchung stellt fest: »Im Werk Bedas zeigt sich die Nation nicht als auserwähltes Volk, sondern als in die Welt der Nationen integrierte Nation. Die Ausdehnungsbewegung, an der sie teilhat, ist die der ›Kirche der Nationen‹, welche wächst im Maß der aufeinanderfolgenden Bekehrungen.« Die Leitvorstellung sei: ein Volk in der Kirche der Völker, die die Kirche Christi ist. Das Bewusstsein von Volk schließt bei Beda Internationalität ein. Und für die Bekehrung fordert Beda das, was für die ersten Jahrhunderte und auch für uns heute selbstverständlich ist, nämlich eine bewusste Annahme mit individueller Einwilligung in den christlichen Glauben. Angelsächsischer Missionsgeist trainierte sich bewusst international, etwa in der von dem Nordhumbrier Willibrord (um 658–739) aufgebauten Missionsschule zu Utrecht. In der Vita Gregorii aus dem Jahre 790 lesen wir: »Die Schüler stammten nicht aus einem Volk, sondern waren aus der Blüte aller benachbarten Völker vereint. Sie waren von solchem Vertrauen, solcher Freundlichkeit und geistlichen Freude beseelt, dass man sie in ihrer Einheit sonnenklar als Söhne eines geistlichen Vaters und der Mutter aller, der Liebe, erkannte. Einige waren aus dem edlen Stamm der Franken, einige aus dem frommen Volk der Angeln, einige aus der neuen Pflanzung Gottes, die erst in unseren Tagen bei den Friesen und Sachsen angelegt wurde. Andere kamen von den Bayern und Schwaben, die dieselbe Religion hatten, oder von welchem Volk und Stamm sie Gott gerade gesandt hatte.« So war die Christianisierung der Germanen auch eine Kulturmission.

Doch mit der Taufe legten die Germanen nicht gleich ihre Neigung zur Grausamkeit ab. Daher sind die restlichen Jahrhunderte des ersten Jahrtausends ein mühsames Ringen um die Verchristlichung und Humanisierung der germanischen Barbaren, das die Christen oftmals zurückwarf hinter die in den ersten Jahrhunderten erreichte geistliche Tiefe. Aber das Christentum hatte dabei solchen Erfolg, dass ausgerechnet Heinrich Heine, der höchst kritische Dichter, 1834 fast hellseherisch schrieb: »Das Christentum – und das ist sein schönstes Verdienst – hat jene brutale germanische Kampflust einigermaßen besänftigt, konnte sie jedoch nicht zerstören, und wenn einst der zähmende Talisman, das Kreuz, zerbricht, dann rasselt wieder empor die Wildheit der alten Kämpfer, die unsinnige Berserkerwut, wovon die nordischen Dichter soviel singen und sagen. Jener Talisman ist morsch, und kommen wird der Tag, wo er kläglich zusammenbricht. Die alten steinernen Götter erheben sich dann aus dem verschollenen Schutt und reiben sich den tausendjährigen Schutt aus den Augen und Thor mit dem Riesenhammer springt endlich empor und zerschlägt die gotischen Dome. Wenn ihr es einst krachen hört, wie es noch niemals in der Weltgeschichte gekracht hat, so wisst: Der deutsche Donner hat endlich sein Ziel erreicht. Es wird ein Stück aufgeführt werden in Deutschland, wogegen die französische Revolution nur wie eine harmlose Idylle erscheinen möchte.«

Gewiss, die neuchristlichen Germanen waren christlich gezähmt, aber diese machtvollen christlichen Herrscher des frühen Mittelalters waren keineswegs so gewaltfrei, wie man das heute von Christen erwartet, und schon gar nicht so gewaltfrei, wie es die Christen der ersten Jahrhunderte vorgelebt hatten. Die alte Idee des Augustinus vom gerechten Krieg ging praktisch zunächst einmal wieder unter. Es herrschte weitgehend der »natürliche Krieg«, wie er zwischen den germanischen Völkerschaften sozusagen den Dauerzustand darstellte, oder der ganz unchristliche »heilige Krieg«, der im Namen des eigenen Volks- oder Stammesgotts alle anderen Völkerschaften oder Stämme niederzwang, und dieser Volksgott war nun zufällig der christliche Gott. Man konnte das nicht mehr ganz offen tun, weil die christlichen Schriften, die christlichen Mönche und überhaupt die christliche Kirche eine ganz andere Sprache sprachen. Doch unter einer manchmal äußerst dünnen christlichen Schicht schlummerte noch lange die vulkanische germanische Gewalttätigkeit, die viel später die neuheidnischen Verherrlicher der germanischen Rasse bewunderten und vor der es Heinrich Heine grauste.

4. Karl der Große –
Der Sachsenschlächter als europäisches Vorbild

Es hat für den geschichtsbewussten Europäer schon etwas Komisches, wenn sich Jahr für Jahr in Aachen die kreuzbrave, friedliebende europäische Elite versammelt, um im Gedenken an Karl den Großen (um 747–814) den Karlspreis einem Menschen zu verleihen, der sich dadurch auszeichnen muss, dass er am besten überhaupt nichts mit dem Namensgeber des Preises gemein hat. Karl der Große ist vor allem deswegen groß, weil er lange regiert und in den permanenten grausamen Kriegen, die er führte, meistens gesiegt hat. Immerhin hat er damit als Beute den Kern Europas mit Gewalt zusammengezwungen. Der Historiker Thomas Scharff stellt fest: »Während der Herrschaft Karls des Großen und seiner Nachfolger gab es kaum ein Jahr ohne Krieg. Die Omnipräsenz von Krieg und Gewalt ist in dieser Zeit auch für mittelalterliche Verhältnisse sehr hoch.«

Karl war ein großgewachsener Mann, stolz und machtbewusst, wenn nötig skrupellos in der Durchsetzung seiner Ziele, was möglicherweise seine unmündigen Neffen das Leben kostete. Sein Sexualleben hält jeden Vergleich mit Mick Jagger aus. In einer Mischung aus der alttestamentlichen Idee des auserwählten Volkes – der Franken – und zusätzlich der römischen Imperialität beanspruchte er entschieden und selbstbewusst eine Hegemonie über andere Völker. So hielt er, wie in Religionskriegen der Stammesgesellschaften, nicht nur sein eigenes Reich für das »bessere«, sondern er zerstörte auch die heidnischen Heiligtümer der »anderen Götter«. Seine berüchtigten Sachsenkriege begannen 772 mit der Zerstörung der Irminsul, eines als Weltensäule verehrten heiligen Baumes der Sachsen. Über dreißig Jahre sollten sich die Sachsenkriege hinziehen und sie wurden auf beiden Seiten mit äußerster Brutalität geführt. Als die Sachsen 777 Christlichkeit gelobten und sich in Massen taufen ließen, schien schon erreicht, was später Einhard, der Biograf Karls, als das Ziel angeben sollte, dass die Sachsen nämlich mittels der Sakramente des christlichen Glaubens »mit den Franken sich zu einem Volke verbanden«. Doch als sie schon 782 wortbrüchig wurden und unter der Führung von Widukind ein fränkisches Heer vernichteten, war Karls Antwort unerbittlich. In der den Sachsen aufdiktierten »Capitulatio« drohte er ihnen: »Wer sich fortan vom Stamm der Sachsen ungetauft unter ihnen verbirgt, es verachtet, zur Taufe zu kommen und Heide bleiben will, der soll des Todes sterben«. Das widersprach allen christlichen Prinzipien. Vor allem aber ließ Karl in Verden an der Aller ein Exempel statuieren. Was als Skandal, als »Blutgericht von Verden«, in die Geschichte eingegangen ist, löst heute noch wissenschaftliche Kontroversen aus. 4500 Rädelsführer der Sachsen seien an einem Tag enthauptet worden, heißt es stolz in den karolingischen Reichsannalen. Schrecken zu verbreiten, war damals eine Methode zur Sicherung der Staatsgewalt.

Doch die Forschung neigt heute dazu, diese Zahl für erheblich übertrieben zu halten. Am ausführlichsten hat sich der Mittelalterhistoriker Dieter Hägermann dazu geäußert: An 4500 Verschwörer oder Rädelsführer zu denken, verbiete der gesunde Menschenverstand; anzunehmen sei eine Gruppe wohl nur von wenigen Dutzend, die durch die Sachsen selbst ausgeliefert worden seien; die Hinrichtung von 4500 Menschen setze enorme Truppenkonzentrationen auf beiden Seiten voraus, wo doch die karolingischen Heere 5000 bis vielleicht 10000 Mann zählten, wie auch die Kapazitäten und Fertigkeiten zur Hinrichtung einer so großen Zahl bezweifelbar seien: »Die gewöhnlich gut unterrichteten Annales Petaviani haben die Ereignisse wohl durchaus zutreffend übermittelt, indem sie berichten: ›Es erschlugen die Franken eine Menge Sachsen, und viele besiegte Sachsen führten sie in die Francia‹. Ein sehr kleiner Teil der Aufständischen, die Aufrührer und Anführer, wurde somit hingerichtet, ein sehr viel größerer Teil wurde deportiert und in den fränkischen Landesteilen ausgesetzt. Auch alle anderen Quellen, insbesondere die Briefe aus Karls Umkreis, die wie Alkuins Schreiben gerade die Sachsenmission Karls durchaus kritisch kommentiert haben und diese Blutorgie nicht einfach hingenommen hätten, schweigen. Dieses exemplarische Strafgericht, das sich seither mit dem Ort Verden verbindet, blieb eine Ausnahme und diente ausschließlich zur Abschreckung. Der Erfolg ließ auch insofern nicht auf sich warten, als Widukind, der sächsische Kontrahent schlechthin, sich 785 dem König unterwarf.« So spricht einer der prominentesten deutschen Mittelalterhistoriker, Horst Fuhrmann, dann auch von »der Mär vom Sachsenschlächter«. Dennoch war das Ereignis von Verden für Karl offensichtlich ein Grund zur Reue. Man glaubt, dass er deswegen das Bild seines Vorfahren Arnulf von Metz vom Bischof zum Büßer umändern ließ. Und auch was die heidnische Parole »Taufe oder Tod« betraf, wurde sie bald durch eine mildere Regelung ersetzt. Spätere Quellen zeigen, dass der Druck, sich taufen zu lassen, in der Praxis keineswegs sehr hoch gewesen sein dürfte. Im Übrigen war die Todesstrafe im sächsischen Recht gang und gäbe. Bei den Sachsen stand schon auf Pferdediebstahl und Bienenraub der Tod.

Es wäre allerdings ein Fehler, Karl den Großen nur auf die Politik, vor allem die Militärpolitik, zu reduzieren. Bei allem heutigen Erschrecken über den mitwirkenden Gewaltfaktor ist darum der pure militärgeschichtliche Blickwinkel zu eng, wie der englische Historiker Robert Bartlett bestätigt: »Genauso wichtig ist der mit der reinen Militärgeschichte verwobene kulturelle Wandlungsprozess, der nicht allein eine Funktion der kriegerischen Entwicklung war.« Zwar war die »Schwertmission«, die der Frankenkönig betrieb, unchristlich. Aber Karl hat dann doch vieles unternommen, was zur Zivilisierung und Kultivierung seines Reiches führte. Und er erreichte die Zivilisierung und Kultivierung vor allem durch die kraftvolle Förderung der Christianisierung.

Was Karl initiierte, war nicht weniger als eine Religions- und Kulturrevolution. In den Gebieten am Rhein und jenseits davon entstanden kirchliche Zentren von Kultur und Schreibkunst: im Süden Sankt Gallen und die Reichenau, im Osten Fulda und Corvey. Karls »Kultusminister« Alkuin verordnete die Römische Liturgie für das gesamte Reich, um die Einheit des Reiches zu sichern. Aber Alkuin widersprach auch seinem Herrn, vor allem in der wichtigen Frage der Gewaltmission. Freimütig erklärte er: »Der Glaube nämlich, so sagt Augustinus, ist eine freiwillige Angelegenheit, nicht eine erzwungene. Der Mensch kann wohl zum Glauben erzogen, aber nicht gezwungen werden. Natürlich kann man faktisch zur Taufe zwingen, aber das nützt nichts im Glauben, es sei denn bei Kindern. Ein Mensch erwachsenen Alters muss für sich die Tauffragen beantworten, was er glaubt und ob er es will. Und wenn er in Täuschung den Glauben bekennt, wird er in Wahrheit das Heil nicht erlangen.« Das war alte christliche Auffassung, das ist auch heute christliche Auffassung, aber den germanischen Fürsten des Mittelalters, auch Karl dem Großen, musste das immer wieder von der Kirche gesagt werden.

Später entstanden im 9. Jahrhundert im germanisch sprechenden Bereich endlich auch zwei Bibelübersetzungen, der »Heliand« und der »Christ«. Freilich waren das nicht einfach »Übersetzungen«. Es musste vielmehr, wie schon gesagt, sozusagen eine neue Sprache geschaffen werden, um die Bibel verständlich zu machen. Denn östlich des Rheins war die Sprache immer noch barbarisch, wie der Mittelalterhistoriker Johannes Fried feststellt: »Jeder höhere Gedanke, jede theologische Spekulation, jede Wissenschaft entzog sich noch ihrem Sprachvolumen. Allein die Übernahme des lateinischen Alphabets legte angesichts des anderen Lautsystems die größten Hürden in den

Weg.« Es fehlte den germanischen Sprachen eben an der nötigen religiös-innerlichen Ausdrucksfähigkeit. Allein für die Übersetzung des zentralen christlichen Begriffs Barmherzigkeit machte man nicht weniger als sieben Anläufe.

Wenn auch die Kriege von der unchristlichen Idee des »auserwählten Volkes« der Franken ihren Ausgang nahmen, erreichte Karl der Große die Konsolidierung seiner Herrschaft dann doch durch den christlichen Gedanken der einen Kirche aus allen Völkern. Die karolingischen Reichstheoretiker erweiterten die paulinische Forderung »nicht Juden und nicht Griechen« auf ihre eigene Situation hin: »nicht Aquitanier und Langobarden, Burgunder oder Alemannen«. Und Hrabanus Maurus erklärte programmatisch, es dürfe keinen Unterschied zwischen den verschiedenen Nationen geben, denn die katholische Kirche existiere als Einheit mit Verbreitung über den ganzen Erdkreis. Tatsächlich ist es dem Karlsreich zu verdanken, dass Europa – trotz aller Kriege – dennoch ein gemeinsames Fundament behielt: das Christentum. Der Historiker Hans-Dietrich Kahl bewertet den Austausch von stammesreligiösen gegen die universalreligiösen Grundstrukturen des Christentums als epochale Leistung, die eigentlich erst Europa hervorgebracht habe – ein »Vorgang von wahrhaft weltgeschichtlichem Rang«: Nicht die militärische Imperialität, sondern die Christianisierung sei am wichtigsten gewesen.

Am Weihnachtstag des Jahres 800 ließ sich Karl der Große in Sankt Peter in Rom von Papst Leo III. zum römischen Kaiser krönen. Für viele markiert dieses Ereignis den Beginn des Mittelalters. Die beiden großen Mächte des Mittelalters erscheinen hier für einen Moment vereint. Doch mehr noch als das Kaisertum sollte das Papsttum diese Epoche bestimmen. Es war das Papsttum, das sich in Europa als internationale Kraft des Zusammenhalts erwies und das bis in die entferntesten Regionen hineinzuwirken vermochte. Die organisatorische Zusammen-

fassung der einzelnen Kirchen durch die Päpste sei nur möglich gewesen durch die allgemeine gläubige Verehrung des
Nachfolgers des heiligen Petrus und der Idee des Heiligen Rom,
»ein Ausdruck der Einheit der Kirche auf Erden wie nichts anderes«, betont der Historiker Gerd Tellenbach. Die angelsächsische
Forschung spricht heute von einer »päpstlichen Revolution«
(Karl Leyser), die in Wirklichkeit erst Europa habe entstehen
lassen.

Am Ende muss man feststellen: Für ein säkulares Europa, dessen Verfassung unter anderem daran gescheitert ist, dass viele
jeglichen Bezug auf Gott und das Christentum im Verfassungs-
text unbedingt verhindern wollten, ist Karl der Große die völlig
falsche Bezugsperson – es sei denn, man wollte nach seinem
Vorbild den Austritt aus der europäischen Gemeinschaft künftig
mit ein paar wohldosierten Massakern verhindern, wie Karl sie
an den vertragsbrüchigen Sachsen verübte. Alles, weswegen
man Karl aus heutiger Sicht eigentlich Größe zuschreiben könnte, hat aus Sicht der historischen Forschung mit seinen intensiven und wirklich nachhaltigen Bemühungen um die Christianisierung seines Reiches zu tun, die tatsächlich die europäische
Kultur grundgelegt hat.

Karl der Große ist ein gutes Beispiel für eine bestens funktio-
nierende Gut-Böse-Spaltung, bei der man das Schlimme in der
eigenen Geschichte praktischerweise ans Christentum delegiert,
von dem man sich gleichzeitig distanziert: Karls politische Nachfolger in ganz Europa kämen nie auf den Gedanken, sich für
seine – politischen – Untaten zu entschuldigen. Dagegen wird
der katholischen Kirche nicht etwa die große Leistung der Christianisierung und Humanisierung des Karlsreiches zugutegehal-
ten, sondern sie soll sich immer wieder für seine sogenannte
»Schwertmission« bei den Sachsen rechtfertigen, die in Wahrheit ein brutaler politischer Gewaltakt war. Und wenn die Heiligsprechung Karls des Großen als Skandal beklagt wird, dann

trifft auch das die katholische Kirche nicht. Denn diese Heiligsprechung war ein illegaler Akt, eine absichtliche Provokation
der Kirche durch den Gegenpapst, der von Friedrich Barbarossa
ernannt und vom Kaiser völlig abhängig war. Für eine Entschul-
digung käme also etwa der deutsche Bundespräsident in Frage –
oder sein Kaplan, wenn es den gäbe.

5. Knisternde Stimmung –
Die Päpstin Johanna und das Ende der Welt

Das Zweite Deutsche Fernsehen produziert mitunter ausgezeichnete Dokumentationen, hat aber offenbar ein besonderes
Faible für opulent inszenierte, doch leider falsche Kirchenge-
schichten. Dagegen ist an sich nichts zu sagen, denn auch erfun-
dene Geschichten können sehr unterhaltsam sein. Die meisten
Filme handeln von erfundenen Geschichten. Manchmal aber
bedient eine Fiktion ein falsches Klischee, und dann kann sie
eine ungerechte Wirkung auslösen.

Dass es nie eine Päpstin Johanna gegeben hat, weiß man spätestens seit dem protestantischen Kirchenhistoriker David Blon-
del (1590–1655), und heute ist ihre Nichtexistenz wissenschaftlich zweifelsfrei gesichert. Die Geschichte wurde erst Mitte des
13. Jahrhunderts erfunden und dann ins 9. Jahrhundert verlegt.
Sie war damals schon ziemlich unwahrscheinlich, aber nach dem
alten italienischen Motto »se non è vero è ben trovato« (wenn es
nicht wahr ist, ist es gut erfunden) ist die Vorstellung, dass sich
eine Frau als Päpstin eingeschlichen haben könnte, einfach zu
schön, um nicht erfunden zu werden.

Und damit eine knisternde Stimmung entsteht, muss man
dann wenigstens ein bisschen raunen, dass es vielleicht doch
stimmen könnte. Das tat man dann im ZDF auch. Aber man

raunte nicht nur. Das ZDF erklärte tatsächlich öffentlich, es sei die Geschichte »einer klugen und wissbegierigen Frau, die sich nicht einschüchtern lässt von der Lehre der Kirche, dass Frauen minderbemittelte Geschöpfe seien«. Petra Gerster, als »heute«-Ansagerin geradezu berstend glaubwürdig, erläutert dazu: »Für die Kirche existiert sie nicht, auch wenn 500 Chroniken von ihr erzählen. Viele Spuren wurden aber sicher auch verfälscht oder vernichtet, denn Geschichte wird immer von den Mächtigen geschrieben.« Und am Ende wartet Petra Gerster noch mit der Vermutung auf, dass es unter einer Päpstin auch wohl nicht zu einem Missbrauchsskandal gekommen wäre. Man muss das eigentlich nicht kommentieren, fragt sich nur bedrückt, ob ein öffentlich-rechtlicher Sender sich nicht die Expertise eines einzigen kundigen Historikers leisten konnte, der diesen Punkt für Punkt nachweislich hanebüchenen Unsinn verhindert hätte. Dann hätte man erfahren können, dass es eine solche »Lehre der Kirche« nie gegeben hat, dass die 500 Chroniken fast alle auf eine einzige Quelle zurückgehen, nämlich auf Martin von Troppau, und dass es ausgerechnet damals in Rom in Wirklichkeit überhaupt nicht frauenfeindlich zuging. Die berüchtigte »Senatorin« Marozia soll von 914 bis 932 tatsächlich nicht weniger als vier Päpste tyrannisch beherrscht haben.

Fassen wir zusammen: Den Skandal mit der Päpstin Johanna gab es nie. Stattdessen gibt es das ZDF.

Kurz nachdem die Marozia 932 von ihrem Sohn gefangen genommen wird und aus der Geschichte verschwindet, kommt in Deutschland Otto der Große zur Herrschaft, der dann im Jahre 962 mit seiner Kaiserkrönung in Rom, wo er nebenbei noch die chaotischen Zustände an der römischen Kurie ordnet, in die Fußstapfen Karls des Großen tritt. Allerdings blieb die sogenannte »ottonische Renaissance« weit hinter der karolingischen »Kulturrevolution« zurück. Es war Otto, der die Bischöfe mit weltlicher Herrschaft bedachte, was später dem Mittelalter den schon erwähnten Investiturstreit bescheren sollte. Der amerikanische Historiker Thomas A. Brady nennt die damals grundgelegte fürstbischöfliche Herrschaft »eine beispiellose Anomalie in der katholischen Welt«, die aber dennoch fast tausend Jahre andauern sollte.

Vor allem überrascht aber, dass mit Otto dem Großen ein Angehöriger des Volks der Sachsen zur Königs- und Kaiserwürde aufsteigt, die doch noch von Karl dem Großen so heftig gezüchtigt worden waren. Das spricht für einen gelungenen Integrationsprozess.

Schon in der Antike hatten die linksrheinischen Völkerschaften, sogar überraschend schnell, die Lebensweise, Sprache und Kultur ihrer Eroberer übernommen, und so taten es auch die Sachsen. Sie taten es sogar mit der ihnen eigentlich aufgezwungenen Religion: Sie akzeptierten sie. Mehr noch, unter den Ottonen setzten sie östlich der Elbe genau jene kriegerische Eroberungs- und Christianisierungspolitik fort, die sie selber unter Karl dem Großen so leidvoll hatten erfahren müssen. Die ottonische Expansions- und Missionspolitik betrieb also weiterhin die gewaltsame Ausdehnung des Reiches mit gleichzeitiger Ausbreitung des Christentums, die schon Karl der Große verfolgt hatte. Doch die Identifikation der nationalen Ausdehnung mit der christlichen Mission führte auch zu Problemen. Noch im Spätmittelalter scheiterte der Deutsche Orden bei seinen Bemühungen in slawisch geprägten Gebieten, weil der christliche Gott bei den Slawen als »deutscher Gott« wahrgenommen wurde. War also die gewalttätige Ausdehnung des Christentums nach Norden und Osten ein Irrweg? Christlich jedenfalls kann man eine solche Methode nicht nennen, denn Christentum steht für Gewaltlosigkeit. Allerdings muss mit dem Frankfurter Mittelalterhistoriker Johannes Fried festgehalten werden: »Ohne die römischen Legionen und ohne die christlichen Missionare gäbe es keinen Anschluss an die reiche Tradition und die überlegene

Kultur der mittelmeerischen Welt, keine höhere Zivilisation im werdenden Deutschland.« Und man muss hinzufügen: Es gäbe auch keine höhere Religion, auch nicht die Friedensreligion Christentum.

Im Jahre 1000 kam der junge schwärmerische deutsche Kaiser Otto III., der Enkel Ottos des Großen, nach Rom und wollte hier zusammen mit dem hochgebildeten französischen Papst Silvester II. das für die Jahrtausendwende befürchtete Ende der Welt erwarten. Und wenn das Ende der Welt damals gekommen wäre, müssten wir uns bei der Bilanz des Christentums nicht mit den klassischen Skandalen aufhalten, denn es gab sie nicht. Es gab in den ersten tausend Jahren des Christentums weder Kreuzzüge noch Inquisition oder Hexenverfolgungen, auch keine Pogrome und ebenso wenig eine dauerhafte Kirchenspaltung mit der Ostkirche. Man erwarb sich Verdienste bei der Humanisierung der Barbarei, und am Ende des ersten Jahrtausends war endlich die Sklaverei im christlichen Bereich so gut wie abgeschafft – wie sonst nirgends auf der Welt.

Bei den dann im zweiten Jahrtausend eintretenden Verirrungen bemerkt man die Irrwege und möchte immer wieder zurück zu den guten Ursprüngen. Man nennt das Re-Form. Reformen wollen nicht nur Franz von Assisi, sondern auch Jan Hus, nicht nur Martin Luther, sondern auch das Trienter Konzil, nicht nur die ökumenische Bewegung, sondern auch das II. Vatikanische Konzil.

Doch kann man nicht so einfach zurück in eine vergangene Zeit. Und wenn man es radikal wollte, wäre das Ergebnis eine Leugnung des Wertes der menschlichen Geschichte, und damit ein fundamentalistischer Totalitarismus, vor dem vor allem der deutsch-iranische Friedenspreisträger Navid Kermani warnt. Das zweite Jahrtausend wird vieles nicht mehr können, was im ersten Jahrtausend erfreulicherweise noch möglich war, aber es hat gleichzeitig auch überwunden, was im ersten Jahrtausend belastete. Das zweite Jahrtausend wird neue Chancen und neue Risiken bieten. Wenn das klar ist, dann können Reformen gelingen, die an das erinnern, was ursprünglich gewollt wurde, und es in einer neuen historischen Situation wieder lebendig machen.

III. Das Mittelalter und die Kreuzzüge – Von der Erfindung eines neuen Menschen bis zum Ende einer Missgeburt

1. Wenn frauenlose Männer gebären und männerlose Frauen erfinden – Wie das Abendland entstand

Die Welt ging im Jahr 1000 nach Christus nicht unter. Neue Kirchen entstanden im romanischen Stil. Und bald sollte auch das Papsttum neue Höhen erklimmen. Es hatte im ersten Jahrtausend in den Wirren der Völkerwanderung nicht nur das Christentum, sondern auch römische Gesittung und Kultur mit mehr oder weniger Erfolg in allen Stürmen verteidigt, sich unter Leo dem Großen im 5. Jahrhundert gegen die Hunnen behauptet, unter Gregor dem Großen, um 600, und später immer wieder gegen die Langobarden und konnte sich schließlich mit den Karolingern verbünden, um zusammen mit Pippin, Karl und seinen Nachfolgern die Geschicke Europas zu bestimmen. Mit Erfolg. In seinem 2004 mit dem deutschen Historikerpreis ausgezeichneten Buch »Warum Europa?« preist der Wiener Sozialhistoriker Michael Mitterauer das Papsttum als »religionsgeschichtlich einmaliges Phänomen«, das sich als Amt für alle Völker verstand. Vieles, was Europa ausmache, habe seinen »Ursprung in der Papstkirche«. Unter politischer Herrschaft sei Europa nie eins gewesen, wohl aber als kirchliche Gemeinschaft, und das dank der einmaligen Stellung des Bischofs von Rom. Der Harvard-Historiker Harold J. Berman überschlägt sich geradezu in seinem Urteil: Für viele Jahrhunderte könne man die westliche Christenheit mit dem Papsttum gleichsetzen, nämlich als Gemeinschaft von Völkern »in ihrer gemeinsamen Bindung an eine einzige spirituelle Autorität, die römische Kirche«. Unter den Revolutionen, die die westliche Welt zu verzeichnen habe, sei die päpstliche die erste, in ihrer Wirkung nur einer Atomspaltung vergleichbar: »Der Umsturz des bisherigen *Rechts als Ordnung* wurde gerechtfertigt als die Wiederaufrichtung eines grundlegenderen *Rechts als Gerechtigkeit*«. Die Kirche brachte das erste moderne westliche Regierungs- und Rechtssystem hervor, nämlich eine »Struktur, die von einem einzigen Rechtssystem, dem kanonischen Recht, beherrscht wurde. Als Kirche, die ja die geistliche Sphäre bildete, galt sie als die stärkste Annäherung an das Göttliche, derer die Menschheit in dieser Welt fähig war.«

Ähnlich universalisierend wie das Papsttum wirkten die mittelalterlichen Universitäten, und sie überwanden dabei sowohl Ideologie- als auch Blutschranken. Ausgerechnet nachdem im 11. Jahrhundert, wie der Islamwissenschaftler Frank Griffel feststellt, jegliche von der Offenbarung unabhängige philosophische Wissenschaft in den östlichen islamischen Ländern verschwand und damit die islamische Wissenschaft ihre bislang behauptete Vorrangstellung verlor, erlebte Europa einen geistigen Aufbruch. Im 12. Jahrhundert waren endlich wieder – nach der Antike – die Voraussetzungen dafür gegeben, dass sich argumentierende christliche Theologie entfalten konnte und ein neues Erwachen zu vertiefter Christlichkeit geschah. Von Neuem waren Städte entstanden, die Ökonomie erbrachte genügend Überschuss, um Schulen zu finanzieren und Lehrer wie Schüler zu unterhalten. Die ersten Universitäten entstanden, für Recht in Bologna und für Theologie in Paris. Hiermit bildete sich – wie der Mittelalterhistoriker Michael Borgolte schreibt – eine Institution, »die eine andere Form der Wissenschaft und geradezu einen neuen Menschentyp hervorbrachte: das Studium in der Genossenschaft der Universität sowie den Intellektuellen in seinen beiden Erscheinungsformen innerwie außerhalb der gelehrten Einrichtungen. Im Vergleich mit den Byzantinern, die an ihrem überkommenen Stoffkanon und ihren traditionellen Lehrmethoden festhielten, mit den Muslimen, die die Herausforderung der griechischen Hinterlassenschaft vom Kern ihres Schulwesens fernhielten, und auch mit den Juden, die sich wie eh und je auf die Auslegung von Bibel und Talmud konzentrierten, erscheinen die Innovationen des okzidentalen Bildungswesens geradezu revolutionär. Im hohen Mittelalter gewann das ›Abendland‹ zweifellos den weltgeschichtlich entscheidenden Vorsprung gegenüber den anderen Kulturen. In Byzanz und im Islam waren damals die Versuche gescheitert, den Rationalismus im Kern des Bildungswesens selbst zu verankern.« Explosionsartig vermehrte sich der Kulturapparat. Es gab immer mehr Bücher, erst in Pergament, dann ab dem 13. Jahrhundert in Papier und schließlich ab dem 15. Jahrhundert gedruckt.

Einen neuen erweiterten Sprachschatz, der Geistliches und Seelisches, Gefühlvolles und Innerliches wiederzugeben vermochte, schufen erst die mystischen Frauen des Hochmittelalters im 13. Jahrhundert, die geistliche Erfahrungen höherer Art suchten und beschrieben, aber kein Latein konnten. Insofern kann man sagen, die deutsche Sprache sei wesentlich eine Erfindung frommer Frauen gewesen, ein Produkt von Bibel und Mystik. Diese neue Innerlichkeit zeigte sich auch im Gebet. Während im Frühmittelalter noch lange sozusagen »gezählte Frömmigkeit« praktiziert wurde, ein Mönch mitunter 150 Psalmen täglich beten sollte, unzählige Messen gestiftet wurden, sagt Meister Eckhart (um 1260–1328), ein Ave Maria, in Andacht gebetet, sei besser als tausend nur dahergesagte. Im 14. Jahrhundert kam auch die »Devotio moderna« auf, die in einer breiteren Bewegung diesem innerlichen Frömmigkeitsverlangen Ausdruck verlieh. Im Spätmittelalter bildete sich dann die Passionsfrömmigkeit aus, die in den deutschen Vesperbildern, der Mut-

tergottes mit dem toten Jesus auf dem Schoß, künstlerische Gestalt gewann und die die Gläubigen anhielt, sich in Jesu Leiden
und Sterben seelisch, emotional, vom Herzen her hineinzuver-
setzen, es sozusagen mitzuvollziehen. Auf diese Weise wurde in
der Passionsfrömmigkeit und der damit verbundenen Mystik
letztlich eine besondere Art von innerem Menschen geboren:
der mitfühlende Mensch – eine wichtige Voraussetzung für To-
leranzfähigkeit.

So waren dann endlich um 1500 wieder die Voraussetzungen
dafür geschaffen, dass das Christentum sich voll entfalten konnte, so wie das in der Antike einmal der Fall gewesen war. Das gab
dieser Zeit ihre religiöse Dynamik. Tragisch nur, dass sich genau
in diesem Moment die Christenheit spaltete.

Es ist das Christentum, das die europäische Kultur hervorgebracht hat. Aus der europäischen Geschichte den Religionsfaktor
herausoperieren zu wollen, um zu einer vermeintlich reinen
Kultur zu gelangen, die sich auch ohne Christentum direkt zur
heutigen säkularen Form entwickelt hätte, wäre undurchführ-
bar. Der Historiker Michael Borgolte: »Der Sieg des Monotheismus über Vielgötterei und Mythos war nie vollkommen, doch er
unterschied Europa von der vorchristlichen Antike ebenso wie
von der Pluralität des Fernen Ostens, er hat in diesem Sinne Europa gemacht.«

2. Ein schlauer Fuchs und ein zögernder Hirte –
Der Docht glimmt

Im Jahre 1000 hatte es nicht nur Aufbrüche gegeben. Es kündig-
ten sich auch Probleme an. Bisher hatten die islamischen Herrscher den Christen immer die Wallfahrt zu ihren heiligen Stätten im Heiligen Land ermöglicht. Doch plötzlich radikalisierte

sich der Islam. Schon im Jahre 966 hatte die Jerusalemer muslimische Bevölkerung den christlichen Patriarchen Johannes auf einem Scheiterhaufen verbrannt. Der Fatimiden-Kalif Al Hakim, der von den Drusen bis heute als Gott verehrt wird, begann eine regelrechte Christenverfolgung, ließ Kreuze verbrennen, Kirchen niederreißen, sodass schließlich 30 000 Kirchen geplündert oder eingeäschert waren. Und dann kam es zu einem unerhörten Akt: Im Jahre 1009 ließ er die Grabeskirche in Jerusalem mit hasserfüllter Akribie zerstören, sogar das heilige Grab Jesu abschleifen und damit buchstäblich dem Erdboden gleichmachen, sodass die heute verehrte Auferstehungsstätte Christi mehr oder weniger ein Nachbau aus der Kreuzfahrerzeit ist. Dieses Ereignis erschütterte die ganze Christenheit. Es blieb aber nur hilflose Wut. Denn an Hilfe für die bedrängten Christen im Osten war nicht zu denken: Gerade erst konsolidierten sich mühsam die aus dem karolingischen Großreich entstandenen Teilreiche Frankreich und Deutschland. Gerade erst war die Ungarngefahr vorbei und die Normannen beunruhigten nicht mehr Europas Küsten. Aber an durchsetzungsfähigen, einigenden Strukturen mangelte es.

Andererseits blieb das alte christliche byzantinische Reich im Osten gegenüber der Dauerfehde im neu christianisierten germanischen Westen »ein kriegsunwilliges Reich«, wie der griechische Byzanzforscher Evangelos Chrysos kurz und bündig feststellt. Es war selten hinreichend gerüstet, raffte sich meist erst in letzter Minute zu Kampfanstrengungen auf, erfand keine neuen Waffen, führte nie Angriffskriege, suchte lieber mit diplomatischen Mitteln zu Frieden zu kommen, verfolgte einen defensiven Imperialismus und sah im Krieg »im wesentlichen nur eine ultima ratio«. Das byzantinische Reich hatte sich schon lange mit den Fatimiden arrangiert, war dann in nicht enden wollende innere Streitigkeiten verwickelt und dachte auch in dieser Situation nicht an Kampf. Byzanz war kontinuierlich jahrhundertelang ein christliches Reich geblieben, Konstantinopel war die bei Weitem größte Stadt Europas und erstrahlte noch in ihrer alten Pracht, denn es war nie von den barbarischen Germanen überrannt worden, die dem Westen ihre wilden Vorstellungen von Kampf und Ehre gebracht hatten. Basilios der Große, maßgeblicher Kirchenvater des Ostens, hatte Soldaten, die im Kriege getötet hatten, sogar für drei Jahre vom Kommunionempfang ausgeschlossen. So war der Soldatenberuf nicht sehr anerkannt, das Sterben auf dem Schlachtfeld galt nicht als ruhmreich und der Tod im Kampf gegen die Ungläubigen nicht als Martyrium. Man tat in Byzanz lieber alles, um unbedingt Blutvergießen zu vermeiden. Dieses uralte Reich war damit den christlichen Ursprüngen erheblich näher als der wilde Westen der Christenheit. Steven Runciman schreibt in seinem Standardwerk »Die Geschichte der Kreuzzüge«: »Die Prinzessin Anna Komnene, eine der typischsten Vertreterinnen der byzantinischen Geisteshaltung, gibt in ihrem Geschichtswerk klar zu verstehen, dass sie den Krieg für etwas durchaus Schändliches hielt, für ein letztes Auskunftsmittel, wenn alles andere versagte, ja an sich bereits für ein Eingeständnis solchen Versagens.« Dagegen plagte sich die Kirche im Westen damit herum, den germanischen Recken die Friedensliebe des Christentums erst noch richtig beizubringen.

Die Christen des Ostens waren hochkultiviert, und sie fühlten sich in den ebenso kultivierten Städten Bagdad und Damaskus eher heimisch als in Goslar oder Worms. Zumeist lebte man im Frieden mit den muslimischen Nachbarn und trieb Handel mit ihnen. Der Islam beunruhigte daher im Grunde den Westen viel mehr als den Osten, weil überall an den Küsten des westlichen Mittelmeers Muslime schon raubend und mordend gelandet waren. Doch dann traten an der östlichen Grenze des byzantinischen Reiches plötzlich die türkischen Seldschuken auf und die Lage änderte sich grundlegend. Denn im Jahre 1071 schlugen sie das Heer des byzantinischen Kaisers vernichtend und eroberten später sogar Jerusalem. Durch diese Ereignisse wurde die christliche Wallfahrt ins Heilige Land erheblich erschwert oder sogar ganz unterbunden.

In dieser Lage richtete der byzantinische Kaiser Alexios (1048–1118), der Vater jener hochgebildeten Prinzessin Anna, einen dramatischen Hilferuf an die westliche Christenheit. Doch wer konnte da antworten? Der umstrittene deutsche Kaiser Heinrich IV. stand in dauernden Auseinandersetzungen mit den Fürsten seines Reiches, hatte sich außerdem mit der Kirche verkämpft und war im Kirchenbann. Auch sonst war niemand in der Lage, Autorität über den Westen auszuüben – außer einer einzigen Person: dem Papst. So erschienen auf der Synode von Piacenza 1095 byzantinische Gesandte und baten Papst Urban II. und die anwesenden Bischöfe händeringend um Hilfe. Sie übertrieben wohl zu diesem Zwecke ein wenig, schilderten die Bedrängnis der Christen im Heiligen Land in den düstersten Farben und appellierten an christliche Solidarität. Das war zugleich ein Friedensangebot im innerkirchlichen Streit zwischen Ost und West, der die beiden christlichen Weltgegenden seit 1054 gegeneinander aufgebracht hatte. Der byzantinische Kaiser hoffte dabei auf einige westliche Söldner, von denen ohnehin schon manche unter seinen Fahnen kämpften – mehr nicht.

Alexios war ein typisch byzantinischer Diplomat und er war ein schlauer Fuchs. An seinem Hof ertrug er alle möglichen Widersacher, andere ehemals kaiserliche Familien, sogar die Familien von abgesetzten Gegenkaisern, und irgendwie gelang es ihm, mit viel Geschick bei den allfälligen Intrigen nicht den Überblick zu verlieren. Außenpolitisch wurde er von allen Seiten bedrängt und ging deswegen abenteuerliche Koalitionen ein, einmal bat er sogar die türkischen Seldschuken gegen die angreifenden wilden katholischen Normannen um Hilfe. Alexios wollte keinen Kreuzzug. Er wollte Hilfe, Hilfe unter seiner Kontrolle.

Auch Papst Urban II. (um 1035–1099) wollte Kontrolle. Eine Kontrolle der Gewalt, die in Westeuropa gang und gäbe war. Seit fast 200 Jahren mühte sich die Kirche, die Gewalttätigkeit vor allem des niederen Adels in einer »Gottesfriedensbewegung« im Zaume zu halten. Es wurden Zeiten festgelegt, in denen keine militärische Gewalt ausgeübt werden durfte. Das klingt in unseren Ohren merkwürdig, war aber für damalige Menschen, die dauernd von Gewalt bedroht waren, ein wahrer Segen. Es gab kirchliche Friedensmilizen, die diesen Frieden sicherten, Raubüberfälle verhinderten oder ahndeten, doch ein durchschlagender Erfolg war dieser Bewegung nicht beschieden. Da gab eine Hilfsexpedition ins Heilige Land die Möglichkeit, die ungebärdigen Kräfte der stets bewaffneten Ritterschaft auf »höhere« Ziele zu lenken als den Erwerb von Raub und Ehre. Für Christus zu kämpfen, die Heilige Stadt, das Heilige Land von den zerstörerischen Ungläubigen zu befreien, dieser »hehre Zweck« ließ die eigennützigen Ziele ritterlicher Raubzüge weit hinter sich. Ohnehin war die Zeit religiös aufgewühlt, das baldige Ende der Welt stand den Menschen weit mehr vor Augen als uns Heutigen, die es nun mal besser wissen. Man strömte in Massen in die Orden, die ein gottgefälliges Leben verhießen. Aber nun sollte es auch für Laien eine Möglichkeit geben, sich mit außerordentlichen Taten fürs ewige Leben zu qualifizieren.

Schon als die Muslime Spaniens die kleinen christlichen Reiche im Norden der iberischen Halbinsel in ihrer Existenz bedrohten, war kurz nach dem Jahr 1000 der Papst der einzige allgemein akzeptierte Repräsentant des westlichen Europas, dem man zutraute, den Widerstand zu organisieren, und er tat es auch – erfolgreich. Zwar hatte der Papst den zu Hilfe eilenden Kriegern nicht die Schuld, die sie in ihrem Leben auf sich geladen hatten, vergeben – das konnte nur nach ehrlichem Sündenbekenntnis in der Beichte durch die Gnade Gottes erfolgen, und auch nur dann, wenn ehrliche Reue und der ernste Vorsatz, die

Sünde nicht mehr zu begehen, vorlagen. Aber er hatte anstelle zum Beispiel von Wallfahrten zum Abbüßen der Schuld auch den Kriegszug zur Verteidigung der spanischen Christen erlaubt.

Nun aber ging es um noch mehr. Ein Zug zur Befreiung der heiligen Stätten in Jerusalem war zugleich auch Wallfahrt und es war natürlich ein ungleich riskanteres Unternehmen. Wer sich dazu entschloss, musste mit seinem bisherigen Leben abschließen, Frau und Kinder für unabsehbare Zeit verlassen und sich für Gotteslohn in Todesgefahr begeben. Das ging wohl nur mit einer religiösen Motivation. Aber der Papst zögerte. Erst zog er von Piacenza nach Frankreich, beriet sich unter anderem mit dem Bischof von Le Puy, der schon eine Wallfahrt nach Jerusalem hinter sich hatte und aus eigener Anschauung die Situation kannte. Dann erst zog Urban II. nach Clermont, wohin er eine Bischofsversammlung einberufen hatte.

3. Kontrollverlust: Judenmorde und ein Blutbad – Wollte Gott das wirklich?

Offensichtlich gab es Gerüchte, dass etwas ganz Außergewöhnliches bevorstand. Tausende Menschen hatten sich eingefunden, die Kathedrale konnte die Massen nicht mehr fassen. Daher wurde der Thron des Papstes vor dem Osttor der Stadt auf einem Podium platziert. Und was dort dann am 27. November 1095 geschehen sollte, wurde ein weltgeschichtliches Ereignis. Papst Urban II. war Franzose und, wie Steven Runciman schreibt, »ein eindrucksvoller Mann, hochgewachsen, ansprechenden bärtigen Antlitzes, mit höflichen Umgangsformen und überzeugender Redegabe. Er konnte streng und unnachgiebig sein, gab aber freundlicher Sanftmut den Vorzug. Er zog es allzeit vor, Meinungsverschiedenheiten zu vermeiden, die geeignet waren, Zank und Verbitterung heraufzubeschwören.« Und seine Rednergabe kam ihm nun vor den Tausenden erwartungsvollen Menschen zustatten, die sich vor seinem Thron am Osttor von Clermont drängten. Urban II. begann seine Rede damit, es sei notwendig, den christlichen Brüdern im Osten zu helfen. Sie würden von den Türken bedrängt, die ins Herz der christlichen Länder eingedrungen seien, ihre Bewohner misshandelt hätten und ihre heiligen Stätten entweiht. Dann aber betonte er nachdrücklich die Heiligkeit Jerusalems und die vielfältigen Leiden der Pilger, die dorthin reisten. Schließlich kam der große Moment: Papst Urban II. rief die anwesende Menge, ja er rief die ganze Christenheit dazu auf, den Osten zu retten. Reich und arm solle sich gleicherweise auf den Weg machen. Sie sollten davon ablassen, sich gegenseitig zu erschlagen, und stattdessen einen gerechten Krieg führen. Damit täten sie Gottes Werk und Gott werde sie dabei anführen. Der Papst hatte eindrucksvoll und mit Begeisterung gesprochen und die Antwort des Volkes war überschwänglicher, als er erwartet hatte. »Deus le volt« – Gott will es – scholl es ihm entgegen.

Unmittelbar nach dieser Rede erklärten viele auf der Stelle, sie würden sich verpflichten, nach Jerusalem zu ziehen. Dass nun auch durch den ritterlichen Kampf auf dem Kreuzzug wirksame Buße abgeleistet werden konnte, war, wie der Kreuzzugs-Historiker Riley-Smith sagt, »wirklich revolutionär. Für die Vergebung ihrer Sünden zu kämpfen, war für die Gläubigen eine völlig neue Art der Kriegsführung.« Man bezog sich dabei auf die letzten beiden Bücher des Alten Testaments, wo erzählt wird, wie die Makkabäer-Brüder für die Befreiung und Heiligung der heiligen Stätten Jerusalems kämpfen. Hierauf beriefen sich die Päpste, hierfür begeisterten sich die Laien, und der Religionswissenschaftler Christoph Auffarth stellt fest: »Man muss die Wahl der Makkabäer zum Vorbild der Kreuzfahrer als eine von Laien durchgesetzte, von ihrem religiösen Bedürfnis geforderte Wendung zu einem auch für Laien erreichbaren Heilsweg verstehen.« Allerdings gab es für diesen neuen Weg nur einen Bezug aus dem Alten Testament. Das Neue Testament schwieg.

Die Begeisterung der Laien löste eine unvorhergesehene Dynamik aus. Für die Theologen konnte, wie der israelische Historiker Benjamin Z. Kedar feststellt, der Kreuzzug nur ein Verteidigungskrieg sein, ein gerechter Krieg im Sinne des heiligen Augustinus zur Hilfe für die bedrängten Christen des Ostens und eben nicht ein »heiliger Krieg«. Denn wird der gerechte Krieg schon dadurch religiös, dass ihn Gebete und Riten begleiten? Oder dadurch, dass ihn ein Papst oder Bischof, ja Gott selbst anordnet? Natürlich nicht, denn solange ein Krieg nichts anderes als die Gerechtigkeit zum Ziel hat, bleibt er ein säkular-gerechter Krieg, mögen noch so viele religiöse Momente dabei mitspielen.

Doch die Laien, die Ritter und die anderen Kämpfer waren eher von ihren Emotionen fortgerissen. Da ging es dann um die Rückgewinnung des christlichen Erbes und da gab es auch Ideen von Rache und Vergeltung, die in den Lehren des Christentums keinen Rückhalt finden konnten. Die Theologie widersprach, zum Teil sogar vehement. Der vielseitig gebildete Engländer Radolphus Niger (1146–um 1200) schrieb einen ganzen Anti-Kreuzzugs-Traktat: Gott bedürfe nicht einer von Menschen ausgeführten Rache. Wenn er eine solche wirklich wolle, könne er zwölf Legionen Engel schicken. Wenn der Papst als Stellvertreter Gottes zur Sündentilgung die Pilgerfahrt nach Jerusalem empfehle, müssten gleichwohl Besonnenheit und Billigkeit gewahrt bleiben, dass nämlich Gott solches Bußwerk nur annehme, wenn zuvor die Sünden bereut und gebüßt seien. Denn kein irgendwie geartetes Blutvergießen stelle eine Genugtuung dar: »Ich weiß nicht, mit welchem Recht man die Waffen ergreifen kann, um Muslime zu töten.« Solche Kritik musste die Kreuzfahrer-Mentalität im Kern treffen. Und diese Kritik klingt noch 1217 im »Willehalm« des Wolfram von Eschenbach nach, wo es heißt: »Wenn Menschen nichts vom Christentum erfuhren, ist das Sünde? Dass man sie wie Vieh erschlug, das nenn ich Sünde. Alle sind von Gottes Hand gemacht.«

Wenn vor allem religiöse Motive artikuliert wurden, hieß das aber nicht, dass nicht auch sozioökonomische Gründe mitgespielt hätten. Es waren viele unversorgte jüngere Söhne, die hinauszogen, weil sie in manchen Gegenden, zum Beispiel Nordfrankreichs, nichts erben konnten. Außerdem gab es nun endlich die Möglichkeit, sich Stiftungen an Klöster als Buße zu sparen, da man ja nun selbst durch den Kreuzzug als Laie eigene Bußleistungen erbringen konnte.

Nach dem Willen des Papstes sollte das Ganze in geordneten Bahnen erfolgen. Man traf genaue Regelungen über den Schutz des Besitzes der bewaffneten Wallfahrer. Jeder Kreuzfahrer sollte vorher mit seinem Seelsorger besprechen, ob er auch aus lauteren Motiven loszog. Ausdrücklich sollte kein Eroberungskrieg geführt werden. In allen Städten, die man den Ungläubigen entriss, sollten den Kirchen des Ostens ihre Rechte und Besitztümer zurückgegeben werden.

Doch was nun folgte, war auch für den Papst völlig unerwartet. Urban II. hatte wohl nur mit der Aufstellung eines Ritterheeres von vielleicht einigen hundert oder ein paar tausend Mann gerechnet. Doch massenhaft und ungeordnet strömten die Menschen zusammen. Jonathan Riley-Smith geht von etwa 120 000 aus, darunter allerdings nur weniger als zehn Prozent militärische Profis, das heißt Adlige oder Ritter, von denen am Ende nur etwa 5000 im Heiligen Land angekommen sein dürften. Ein gewisser Peter der Einsiedler, eine eifernde skurrile Gestalt, zog Tausende magisch an und motivierte sie, zum Teil mit Frauen und Kindern, den vom Papst gesetzten Termin, den 15. August 1096, nicht abzuwarten und sofort loszuziehen.

Eine Untergruppe dieses sogenannten Volkskreuzzugs unter Führung des notorischen Raubritters Emich von Leiningen richtete schon am Rhein schreckliche Gräuel unter den Juden an, die zwar von den Bischöfen geschützt wurden, welche ihnen überall die Bischofspaläste öffneten, aber dennoch vom Pöbel in Scharen hingemetzelt wurden. Der Historiker Friedrich Lotter hat in einer Spezialuntersuchung beschrieben, wie die Bischöfe von Trier, Köln, Mainz, Worms und Speyer ihre Judenschaften zu schützen versuchten, einige Bischöfe sogar unter Einsatz ihres Lebens und doch nur mit begrenztem Erfolg. Denn die gewalttätige Masse war außer Rand und Band. Abgesehen von einer Episode unter den Westgoten in Spanien waren es die ersten europäischen Judenpogrome, und das widersprach allem, was im ersten Jahrtausend zwischen Juden und Christen üblich gewesen war und was auch weiterhin kirchliche Haltung blieb.

Dem Mittelalter-Historiker Rudolf Hiestand zufolge hielt das Papsttum während des ganzen 12. Jahrhunderts entschlossen an den beiden zentralen Grundsätzen des kirchlichen Judenrechts fest, sowohl am Verbot der Tötung der Juden wie am Verbot ihrer Zwangstaufe: »Die einheitliche Haltung des Papsttums und des Episkopats belegt, dass eine theologisch oder kirchenrechtlich abgestützte Wendung gegen die Juden mit dem Ziel ihrer physischen Vernichtung nicht vorlag. Die antijüdische Propaganda und die Alternative Taufe oder Tod gingen nicht von der Hochkirche aus, weder gab der Papst der Kreuzzugspredigt einen solchen Inhalt, noch erhielten die Bischöfe einen solchen Auftrag, noch waren sie an der Entstehung der antijüdischen Pogrome beteiligt.« Und der amerikanische Judaist Robert Chazan stellt heraus: »Das Papsttum eliminierte nahezu alle größere antijüdische Gewalt in den nachfolgenden großen Kreuzzügen.« So sei bei den späteren Kreuzzügen antijüdische Gewalt von vornherein unterbunden worden. Der Ausbruch antijüdischer Gewalt zu Beginn des ersten Kreuzzugs sei »ganz begrenzt« gewesen. Während Friedrich Barbarossas Kreuzzug erhielten die Juden vom Reich perfekten Schutz.

Aber zurück zum »Volkskreuzzug«: Auf dem Weg der verschiedenen chaotischen Heerhaufen durch den Balkan kam es immer wieder zu Zwischenfällen. Als man am 1. August 1096 in Konstantinopel ankam, war der feinsinnige Kaiser Alexios entsetzt und beeilte sich, diese chaotischen Barbaren schnell nach Asien überzusetzen, wo die kriegsungeübten Scharen schon bald von der ersten türkischen Armee niedergemacht wurden. »Den meisten guten Christen«, schreibt Steven Runciman, »erschien es als eine Strafe, welche der Allerhöchste den Mördern der Juden zuteil werden ließ.«

Der »Volkskreuzzug« war eigentlich gar kein Kreuzzug, den hatte der Papst ja erst für den 15. August 1096 ausgerufen. So handelte es sich bei Peter und den Seinen eher um einen wandernden Volkstumult, aber es war auch ein Wetterleuchten, das Schlimmes ahnen ließ. Denn schon hier zeigte sich, dass die in Bewegung geratenen Massen nicht wirklich zu kontrollieren waren. Hätte man damit rechnen können? Der Papst jedenfalls hatte nicht damit gerechnet. Er hatte ein hochherziges Unternehmen im Sinn gehabt, keine chaotische Massenbewegung und vor allem keine marodierende Soldateska. Und Kaiser Alexios hatte überhaupt keinen Kreuzzug gewollt, sondern nur ein paar kriegstüchtige Söldner.

Der Rest ist schnell erzählt. Zwar war das dann am 23. Dezember 1096 in Konstantinopel ankommende Ritterheer disziplinierter, doch Kaiser Alexios nahm diesen ungebärdigen Leuten erst mal den Lehnseid ab, um sicher zu gehen und setzte sie danach erst über den Bosporus. In Anatolien wurden die türkischen Seldschuken geschlagen und man eroberte nach langer Belagerung Antiochia. Dort starb der päpstliche Legat, der immer noch mildernd auf die Kreuzfahrer einwirken konnte. Jetzt gab es keine wirkliche Leitung mehr, denn die mitreisenden Adligen rivalisierten untereinander. So wurde dann die Eroberung Jerusalems am 15. Juli 1099 ein Fiasko, ein Blutbad, das dem Ruf der Christen in der ganzen islamischen Welt schadete. Schon der zweite Kreuzzug 1148 stand de facto unter der Leitung des deutschen und französischen Königs und scheiterte komplett. Auch der dritte Kreuzzug 1187, der nach der Rückeroberung Jerusalems durch die Muslime zustande kam, war vor allem ein Unternehmen der weltlichen europäischen Mächte. Kaiser Friedrich Barbarossa führte ihn an, starb aber auf dem Weg nach Jerusalem unerwartet in Kleinasien. Ihm folgten als Anführer der englische König Richard Löwenherz und der französische König Phillip II. August. Der vierte Kreuzzug wurde von den Venezianern aus eigennützigen Gründen nach Konstantinopel umgeleitet, das 1204 erobert und geplündert wurde. Die Verbitterung über diese Ruchlosigkeit der »Lateiner« hält bei manchen griechisch-orthodoxen Christen noch heute fast unvermindert an. Das Ende kam dann mit der Eroberung der letzten Kreuzfahrerfestung Akko durch die Muslime im Jahre 1291.

Anders als in der Christenheit waren die Kreuzzüge in der damaligen islamischen Welt überhaupt kein Aufreger. Sie waren eine eher periphere Erscheinung und es gab, wie der Islamwissenschaftler Albrecht Noth feststellt, »ein weitgehendes Desinteresse an einer Auseinandersetzung« mit diesem Thema. Der amerikanisch-britische Historiker Bernard Lewis weist darauf hin, dass die Wörter Kreuzzug und Kreuzfahrer in der reichen arabischen Geschichtsschreibung noch nicht einmal vorkommen. Demgegenüber seien die Kreuzzüge für die christliche Seite »eine langwierige, sehr begrenzte und schließlich erfolglose Antwort auf den Dschihad« – mit über 300-jähriger Verspätung. Das Wort Kreuzzug wurde freilich auch außerhalb der Züge ins Heilige Land verwandt, für kirchliche und weltliche Aktivitäten, zum Beispiel gegen Ketzer oder für die Sklavenbefreiung.

Das dunkelste Kapitel der Kreuzzüge ist die Eroberung Jerusalems 1099. Nur noch 5000 Mann zählten die Kreuzritter, als sie unter den Mauern von Jerusalem ankamen, über 100 000 von ihnen waren niedergemetzelt, verhungert, an Seuchen gestorben. Und jetzt traf der ausgemergelte Rest auf eine Stadt, in deren Umfeld die Jerusalemer Besatzung die Wasserstellen unbrauchbar gemacht, alles Essbare vernichtet und die Bäume abgeholzt hatte. Es herrschte sengende Sommerhitze, und als die Kreuzritter in einer Prozession um die Mauern zogen, wurden sie von den Verteidigern der Stadt auch noch verspottet. Die Lage war verzweifelt, viele verhungerten und verdursteten. Doch dann endlich gelang es, von weiter her Holz heranzuschaffen und Belagerungstürme zu bauen, die es schließlich erlaubten, die Stadt zu stürmen. Die Berichte überschlagen sich in der Schilderung des Massakers, das die Kreuzritter anrichteten. Zu Tausenden seien nicht nur Muslime, sondern auch Christen und Juden niedergemetzelt worden. Kein einziger habe überlebt. Jerusalem hatte schon viele schreckliche Blutbäder erlebt, so, als die schiitischen Fatimiden es 979 erobert und nicht nur Christen und Juden, sondern auch sunnitische Muslime niedergemacht hatten, dann erneut 1076, als die Seldschuken nun unter den Schiiten wüteten und 3000 von ihnen töteten. Dennoch ist das Kreuzfahrer-Massaker legendär, denn es waren Christen, die das taten, Wallfahrer, und sie taten es an ihren heiligsten Stätten.

Allerdings ist die wissenschaftliche Debatte über dieses Ereignis bis heute nicht verstummt, denn die uns erhaltenen Berichte sind durch Propaganda und Gegenpropaganda entstellt. Der britische Kreuzzugshistoriker John France stellt fest: »Trotz aller Schrecklichkeit des Massakers von Jerusalem ging es nicht weit hinaus über das, was damals allgemeine Praxis war.« Keineswegs seien alle getötet worden, weder alle Muslime noch alle Juden, hätten doch die Kreuzritter Überlebende schon tags darauf zur Leichenbestattung herangezogen und Gefangene für Lösegeld freigegeben. Die jüdische Gemeinde sei schon stark vermindert gewesen, auch hätten jüdischen Quellen zufolge die Kreuzfahrer, anders als die Muslime, keine Frauen und Kinder gefangen genommen, vor allem lasse sich jüdischerseits kein Opfergedenken feststellen.

Literarisch gesehen werde die Eroberung von 1099, nicht anders als sonst in Kriegsberichten, »mit den Bildern und Worten beschrieben, die ihnen die literarische Tradition zur Verfügung stellte.« Weil die Reinigung des Heiligen Landes von heidnischer Besudelung hervorgehoben werden sollte, brauchte es die besondere »Blutsprache«. Eine neue französische Untersuchung interpretiert die Eroberung Jerusalems – ohne den Blutrausch beschönigen zu wollen – »im Sinne einer Rückgewinnung und einer Reinigung der Heiligen Stätten«. Wenn von den christlichen Chronisten, so gleichfalls der deutsche Historiker Ernst-Dieter Hehl, keiner das Massaker zu vertuschen gesucht habe, dann um alttestamentliche Parallelen der Makkabäer-Kriege zu beschwören, ja noch zu übertreffen. Judas Makkabäus etwa erschlug die »gesamte männliche Bevölkerung mit scharfem Schwert, zerstörte die Stadt völlig und ließ sie plündern. Dann marschierte er über die Leichen der Erschlagenen hinweg durch die Stadt.« (1 Makk 5,51) oder »Sie richteten in ihr ein unbeschreibliches Blutbad an, sodass ein zwei Stadien breiter See, der neben der Stadt lag, von dem Blut, das in ihn geflossen war, angefüllt zu sein schien.« (2 Makk 12,16) Die Berichte über die Eroberung Jerusalems durch die Kreuzfahrer wiederholen diese Texte zum Teil wörtlich. Tatsächlich dürften urtümliche Reinigungsvorstellungen bestimmend gewesen sein: Jerusalem als verunreinigte Braut Christi, die durch das gerächte Blut zu entsühnen war. Gerade auch ein Wilhelm von Tyrus bestätigt das: »Mit Bestimmtheit ist das nach gerechtem Urteil Gottes geschehen, dass diejenigen, die mit abergläubischen Riten das Heiligtum des Herrn entweiht und den gläubigen Völkern entfremdet haben, dies mit der Vergießung ihres eigenen Blutes reinigten und mit dem Tod ihre strafwürdigen Schandtaten sühnten.« Schon zu Beginn des Kreuzzugs hatte man die Makkabäer, die heldenhaften jüdischen Freiheitskämpfer gegen die übermächtigen Heiden, als Vorbild beschworen, und so wurde auch das Ende in Jerusalem mit Worten des Alten Testaments erzählt. Bezeichnend allerdings, dass man zur Begründung der Kreuzzüge kein Wort aus dem Neuen Testament gefunden hatte, und auch für den Kriegsaufruf »Gott will es« konnte sich niemand auf Jesus von Nazareth berufen.

Was die islamischen Quellen betrifft, können die dort genannten gewaltigen Opferzahlen nicht stimmen, da Jerusalem damals gar nicht so viele Einwohner hatte. Außerdem waren fast alle Christen vor der Belagerung aus der Stadt gewiesen worden, da man ihnen nicht traute, und dass in Damaskus Unterkünfte für überlebende Muslime aus Jerusalem eingerichtet wurden, spricht gegen die Vernichtung aller Muslime.

4. Bilanz – Was die europäische Kommission mit den Kreuzzügen zu tun hat und warum die Türken zu lieben sind

Die Kreuzzüge werfen ernste Fragen auf. Tausend Jahre lang war das Christentum als Friedensreligion hervorgetreten. Wo es Kriege nicht verhindern konnte, hatte es sich bemüht, sie zu vermindern und kriegerische Mentalitäten zu dämpfen. Das byzantinische Reich tat das immer noch. Doch nun rief der oberste Repräsentant der westlichen Christenheit zu den Waffen. So stellt sich also erstens die Frage nach dem Heiligen Krieg. Waren die Kreuzzüge Heilige Kriege, wie der Prophet Mohammed sie den Muslimen geboten hatte? Das wäre tatsächlich ein Skandal.

Der Islamwissenschaftler Tilman Nagel erklärt, der Heilige Krieg sei im Islam dazu da, »damit man dem Ziel aller Menschheitsgeschichte, der Ausdehnung des Gebietes des Islams über die gesamte bewohnbare Welt näher komme«. Es sei zunächst ein innerer Kampf, um den es dabei gehe, dann aber zusätzlich auch die »begeisterte Beteiligung an Feldzügen gegen die Andersgläubigen.« Der britisch-amerikanische Historiker Bernard Lewis sieht seit der Zeit des Propheten den Begriff Dschihad allerdings vorwiegend im militärischen Sinn verwendet. Hans Küng erklärt, der Islam habe »vom Ursprung einen militanten, gotteskämpferischen Charakter – in dieser Hinsicht dem frühen Judentum und seinen ›Jahwe-Kriegen‹ näher als dem frühen Christentum«. Der Islam wusste sich zum Kampf verpflichtet. Selbst die großen intellektuellen Wortführer des mittelalterlichen Islam wie Farabi, Avicenna und Averroes befürworteten den Krieg »noch radikaler als die gewöhnliche, unphilosophische islamische Praxis.« Eine Kritik am »Heiligen Krieg« durch muslimische Theologen entsprechend dem »Deus non vult« (Gott will es nicht) vieler christlicher Kreuzzugskritiker gab es nicht.

Dagegen war das Christentum immer eine Friedensreligion gewesen, die keinen Heiligen Krieg kennt. Und so fand der Kreuzzugsaufruf auch christliche Kritiker, vor allem bei den Kirchenrechtlern, wo die Ansicht vertreten wurde, »dass, wenn die Sarazenen mit den Christen in Frieden leben, sie nicht angegriffen oder getötet werden dürfen«. Daher betont der israelische Historiker Benjamin Z. Kedar, man dürfe der Christenseite nicht einen generellen Hass gegen den Islam unterstellen. Es war vor allem die Kirche, die Kriegen feindselig gegenüberstand. Das II. Laterankonzil von 1139 hatte »die todbringende und gottverhasste Kriegstechnik der Armbrust- und Bogenschützen« verurteilt. Erasmus von Rotterdam äußerte später pures Entsetzen über die vernichtenden Feuerwaffen mit ihren 20 000 Toten in der Schlacht bei Marignano (1515), Höllenmaschinen seien das, raffinierter und schrecklicher noch als alles von Barbaren und Heiden jemals Ersonnene. Krieg sei seiner Meinung nach ohnehin ein »Ozean allen Unheils«, und er forderte einen christlichen Pazifismus: »Wer immer Christus verkündet, verkündet den Frieden, denn kannst du mit dem Munde den gemeinsamen Vater anrufen, wenn du das Schwert in das Herz deines Bruders stößt?« Noch Luther zufolge wäre Adam – hätte er die neuen Geschütze sehen können – »für Leide gestorben«.

Allerdings lebten Christen damals nicht in einem luftleeren Raum, es gab noch kein modernes Völkerrecht. Man musste sein Recht verteidigen können, auch die Kirche, auch der Papst musste das. Papst Leo der Große hatte im 5. Jahrhundert die Hunnen zurückgewiesen, Papst Gregor der Große musste sich 150 Jahre später der kriegerischen Langobarden erwehren. Zwar hatte dann die Pippinische Schenkung dem Papsttum mehr Unabhängigkeit von weltlichen Mächten ermöglicht, weil es nun mehr oder weniger über ein eigenes Territorium verfügte, aber in der Praxis war der Repräsentant der Friedensreligion Christentum nun darauf angewiesen, sich kriegerischen Auseinandersetzungen zu stellen. Als 846 die Araber vom Meer her kamen, Rom verwüsteten und den Petersdom plünderten, konnte schließlich Papst Leo IV. nur mit äußerster Anstrengung die Feinde zurückweisen. Mit militärischer Anstrengung natürlich. Das war in diesen Zeiten der unvermeidliche Preis der Freiheit, selbst für den Papst.

Die Friedensliebe der Christen war nicht nur ihr Auftrag von Jesus Christus her, sondern entsprang auch ihrer positiven Sicht der Natur des Menschen. So mahnte der schon genannte Engländer Radolphus Niger (vor 1146 – um 1200) angesichts des Dritten Kreuzzugs, die Muslime seien »von derselben Naturbeschaffenheit wie wir«, wie überhaupt die Heiden »Menschen sind, wenn auch ungläubige«. Der Kanzler des Königreichs Jerusalem, Wilhelm von Tyrus (um 1130 – 1186), erklärte: »Auch die Muslime befinden sich im Vollbesitz des Menschenrechts«, und er begründete das mit der gemeinsamen »Verehrung des einen und identischen Gottes, des Gottes Abrahams, Isaaks und Jakobs.«

Der Gedanke, dass sich aus der Natur des Menschen Rechte ergeben, fehlte dem Islam, der bloß ein Gottesrecht kannte. Nur so ist zu erklären, dass sich der türkische Sultan Mehmed IV. (1642–1693), der sich als Kalif gleichzeitig als geistlicher Führer der Muslime verstand, bei der Belagerung Wiens 1683 öffentlich mit den Worten an den Kaiser wandte: »Wir werden Dein Ländchen mit diesem Heer ohne Gnade und Barmherzigkeit mit Hufeisen zertreten und dem Feuer und Schwert überliefern. Vor allem befehlen wir Dir, uns in Deiner Residenzstadt Wien zu erwarten, damit wir Dich köpfen können. Wir werden Dich sowie alle Deine Anhänger vertilgen und das allerletzte Geschöpf Gottes, wie es nur ein Ungläubiger ist, von der Erde verschwinden lassen. Wir werden groß und klein zuerst den grausamsten Qualen aussetzen und dann dem schändlichsten Tod übergeben. Dein kleines Reich will ich Dir nehmen und dessen gesamte Bevölkerung von der Erde fegen.«

Eine weitere Frage ist, ob die Kreuzzüge den christlichen Glauben mit Gewalt verbreiten wollten. Auch das wäre ein Skandal. Und da überrascht, dass der Missionsgedanke bei den Kreuzzügen vollständig fehlte. Von den mehrfach erhaltenen Berichten über Urbans Aufruf behauptet keiner, der Papst habe zur Bekehrung der Muslime aufgerufen, und auch spätere Aufrufe von Kirchenleuten fordern nie die Bekehrung der Ungläubigen, wie der israelische Historiker Benjamin Z. Kedar in einer Spezialuntersuchung herausgefunden hat.

Das entsprach ganz dem grundsätzlichen Umgang der Christen mit der Mission. Während noch Bernhard von Clairvaux, allerdings als einziger bedeutender Theologe, mitunter Gewalt bei der Mission für vertretbar hielt, erklärte das maßgebliche Dekret Gratians 1140 mit Augustinus: »Zum Glauben ist niemand zu zwingen.« Thomas von Aquin übernahm von Augustinus die Lehre vom gerechten Krieg. Kriege seien nur erlaubt, wenn sie »die Armen und den ganzen Staat vor den Anschlägen der Feinde schützen«. Und er hatte darüber hinaus von Aristoteles gelernt, dass auch eine heidnische Staatsordnung, die der Natur des Menschen gemäß eingerichtet sei, zu respektieren sei. Daher dürfe gegen Heiden nicht wegen purer Nichtchristlichkeit Krieg geführt werden. Auch er unterstrich, dass die Bekehrung freiwillig geschehen müsse. Das bekräftigte ebenfalls Papst Innozenz IV. (1195–1254): Anzuerkennen sei jede der Natur des Menschen gemäße Herrschaft, auch die heidnische, die trotz Nichtchristlichkeit eigene Rechtlichkeit besitze und darum nicht einfach angegriffen werden dürfe, schon gar nicht für eine gewaltsame Taufe. Jonathan Riley-Smith betont, dass Heiden- und Missionskrieg nie maßgebliches Denken des Mittelalters gewesen sei: »Dass die bloße Ablehnung des christlichen Glaubens oder die Weigerung, sich christlicher Herrschaft zu unterwerfen, wie auch die Möglichkeit, mit Gewalt eine Bekehrung zum Christentum zu erzwingen, hinreichende Gründe seien, um einen Krieg zu rechtfertigen, war eine Ansicht, die immer nur innerhalb bestimmter Minderheiten verbreitet war und nie von den maßgeblichen christlichen Denkern geteilt wurde. Letztere stimmten generell darin überein, dass man Nicht-Christen nicht dazu nötigen könne, die Taufe zu empfangen.« Es gab auch de facto keine nennenswerten Übertritte vom Islam zum Christentum. Der einzige, der ganz aus dem christlichen Geist der Gewaltlosigkeit einen relevanten Missionsversuch unternahm, war Franz von Assisi. Im Jahre 1219 zog er mit den Kreuzfahrern nach Ägypten, um dann dort vor dem Sultan Al-Kamil zu predigen. Der Sultan soll beeindruckt gewesen sein, mehr aber auch nicht. Franz von Assisi zeigte sich mit dieser Gewaltlosigkeit als würdiger Repräsentant des Christentums.

So schreibt denn auch der Religionshistoriker Carsten Colpe: »Das Leben im Orient zur Zeit der Kreuzzüge, also von 1098–

1291, darf man sich nicht als einen permanenten Kriegszustand vorstellen. Die fränkischen Kolonisten schon der zweiten Generation betrachteten den Krieg meist nur als notwendiges Übel. Und die Frankenfürsten in Syrien verfolgten oft eine außerordentlich verständnisvolle und liberale Politik. Der Normalzustand bei den Kreuzzügen und Gegenkreuzzügen war der Waffenstillstand, der fast immer auf beiden Seiten durch stillschweigendes Einvernehmen verlängert wurde. Zwischen den fränkischen Baronen und den benachbarten arabischen Emiren wurden von Schloss zu Schloss Beziehungen von hoher Ritterlichkeit unterhalten, von denen sowohl die westlichen Chronisten als auch die arabischen Annalisten manches Zeugnis hinterlassen haben.« Auch das Kirchenrecht hatte solche friedvollen Zustände gefördert. Eine um 1160 entstandene Rechtssammlung stellt bündig fest: »Ob nun Muslime oder Juden, solange sie aufrührerisch sind, müssen wir sie verfolgen. Nachdem wir sie aber unterworfen haben, dürfen sie nicht getötet oder zur Taufe gezwungen werden.« Und die Historikerin Marie-Luise Favreau-Lilie bestätigt: »Die Franken dachten weder an Ausrottung noch an Gewaltmission.«

Zusammenfassend stellt der Historiker Ernst-Dieter Hehl fest, im Heiligen Land »konnten sich so Lebensumstände entfalten, die dem landläufigen Bild eines prinzipiellen Gegensatzes zwischen Christen und Muslimen völlig widersprechen.« Als frappierendes Beispiel zitiert er den Bericht eines muslimischen Fürsten, dem sogar Angehörige des Templerordens die Möglichkeit verschaffen, in der zu einer Kirche umgewandelten Al-Aqscha-Moschee auf seine muslimische Weise zu beten. Besonders eindrucksvoll ist, was Wilhelm von Tyrus (1130–1186) schreibt, und Wilhelm ist nicht irgendwer. Er wurde im Heiligen Land geboren, studierte 20 Jahre lang in Paris und Bologna, war dann führender Politiker und Jurist am Hof des christlichen Königs von Jerusalem, zuletzt Erzbischof von Tyrus und als solcher Teil-

nehmer des III. Laterankonzils. Dieser theologisch hochgebildete
Mann setzte um, was er an den bedeutendsten Universitäten des
Abendlands gelernt hatte: Muslime seien wie Christen gleichermaßen Menschen, denn sie hätten denselben Schöpfergott, auch
unter ihnen gebe es Gottesfürchtige und Gerechte. Da aber vor
Gott genehm sei, wer ihm in Ehrfurcht und Gerechtigkeit diene,
seien die Muslime dem Christusglauben benachbart und dem
Heil nahe. Das alles gebiete die Humanität. Und nicht nur Einzelne verdienten ihm zufolge Anerkennung, sondern ebenso die
islamischen Staaten, sowohl ihre Herrscher wie ihre Menschen:
Islamische Fürsten führten gerechte Kriege, gegebenenfalls auch
gegen Christen. Des Weiteren seien die mit ihnen geschlossenen
Verträge einzuhalten, dürften nie – auch nicht wegen ihres vor-
geblichen Heidentums – willkürlich gebrochen werden. Dieses
Programm des Kanzlers des Königreichs Jerusalem ist nicht
ohne Wirkung geblieben.

Heute sind es nicht Kirchenleute, die um Verständnis für die
damaligen Menschen werben, sondern Historiker. Einer der besten Kenner, der schon mehrmals zitierte Jonathan Riley-Smith,
plädiert am Ende seines Forscherlebens dafür, die üblichen Vorurteile über die Kreuzzüge aufzugeben, »um der Objektivität
willen und auch aus Empathie – um wirklich mit den Menschen
der damaligen Zeit mitempfinden zu können. Wenn wir das
nicht tun, werden wir niemals eine Bewegung verstehen, die das
Leben der Vorfahren jedes einzelnen von uns, sofern er europä-
ischer Herkunft ist, tangierte.« Und auf das Schuldbekenntnis
Papst Johannes Pauls II. im Jahre 2000 geht der britische Historiker Norman Housley ein: »War die Kreuzzugsbewegung also
prinzipiell unchristlich? Aus Sicht der heutigen Kirche zweifellos, doch eine Bewegung, die für Grausamkeiten verantwortlich
war, kann nicht von einer der bedeutendsten spirituellen Erneu-
erungen der christlichen Vergangenheit getrennt werden. Für
den Katholiken, der auf die päpstliche Forderung nach ›Reini-

gung des Gedächtnisses‹ positiv reagieren möchte, und für den Nichtkatholiken, der sich eine ethische Sicht auf das Kreuzzugserlebnis verschaffen möchte, muss die Antwort zweifellos in der Genauigkeit liegen: Ablehnung der Massaker bei gleichzeitiger Würdigung der menschlichen Leistungen auf allen Ebenen, die aus dieser Bewegung hervorgegangen sind.«

Die Kreuzzüge waren keine Heiligen Kriege wie im Islam der Dschihad, der im Namen Allahs das Territorium des Islam über die ganze Welt erweitern sollte. Sie waren auch keine Mission mit Feuer und Schwert. Sie verstanden sich nicht als Angriffskriege, sondern als Verteidigungskriege zum Schutz der Christen im Heiligen Land. Vor allem aber waren die Kreuzzüge etwas ganz Eigenartiges, sie waren bewaffnete Wallfahrten mit ursprünglich religiöser Motivation. Die Päpste hatten sie zwar nicht geführt, sondern die vereinigten europäischen Mächte, die Vorgänger der heutigen Europäischen Union, aber die Päpste hatten sie ausgelöst und unterstützt. Dennoch, sie widersprachen allem, was die frühen Christen vertraten, sie waren eine Missgeburt aus gewalttätigem Germanentum und friedliebendem Christentum.

Aber vielleicht ist dieses Urteil auch zu streng. Der Historiker Egon Flaig schreibt: »Wäre Konstantinopel schon 1100 gefallen, dann hätte die enorme militärische Kraft der türkischen Heere Mitteleuropa vierhundert Jahre früher heimgesucht, dann wäre die vielfältige europäische Kultur wahrscheinlich nicht entstanden, keine freien städtischen Verfassungen, keine Verfassungsdebatten, keine Kathedralen, keine Renaissance, kein Aufschwung der Wissenschaften. Denn im islamischen Raum entschwand das freie – griechische! – Denken eben in jener Epoche. Jacob Burckhardts Urteil – ›Ein Glück, dass Europa sich im Ganzen des Islams erwehrte‹ – heißt eben auch, dass wir den Kreuzzügen ähnlich viel verdanken wie den griechischen Abwehrsiegen gegen die Perser.«

Am Ende des Kreuzzugszeitalters steht der Spanier Juan Luis Vives (1493–1540). Damals galten die Türken als eine Geißel Gottes, sie hatten 1453 mit unbeschreiblicher Grausamkeit Konstantinopel blutig erobert und standen 1529 bedrohlich vor Wien. Dennoch schreibt Vives: »Die Türken sind zu lieben, da sie ja Menschen sind, zu lieben von denen, die jener Weisung folgen wollen: ›Liebet eure Feinde‹. Wir werden ihnen, was Zeichen der wahren Liebe ist, Gutes wünschen, und zwar für sie das einzige und wahre Gut wünschen, nämlich die Erkenntnis der Wahrheit, was wir aber niemals mit Schmähungen und Verwünschungen erreichen, sondern nur auf jene Weise, wie wir selbst sie durch die Hilfe und Wohltat der Apostel erlangten: nämlich in Übereinstimmung mit den natürlichen und menschlichen Einsichten durch reine Lebensführung mit Bescheidenheit, Mäßigung, Unbescholtenheit und untadeliger Lebensführung, damit wir zuerst durch die Tat erweisen, was wir glauben und zu glauben heißen, so dass die Türken nicht unser so abweichendes Leben davon abhält, unseren Worten Glauben zu schenken.«

IV. Sündenfälle –
Mittelalterliche Ketzerverfolgung
und am Ende die Borgias

Doch kehren wir noch einmal ins Jahr 1000 zurück. Wie war die geistige Lage des Christentums zu dieser Zeit? Eintausend Jahre lang hatte man diskutiert, hatte öffentliche Kontroversen ausgetragen, hatte auch zuweilen aus der kirchlichen Gemeinschaft ausgeschlossen. Aber um 1000 geriet die Christenheit in eine Krise. Zum Jahr 1000 nach Christi Geburt hatten ja viele, nicht nur Kaiser Otto III. und Papst Silvester II., mit dem Untergang der Welt gerechnet. Die Kirchen waren deswegen nicht mehr renoviert worden und es entstand eine angespannte Atmosphäre, die voller apokalyptischer Vorahnungen war. Das Papsttum war schwach. Im 10. Jahrhundert war es in die Hand sich wild befehdender stadtrömischer Adelsfamilien geraten und nur der deutsche König Otto der Große konnte die skandalösen Zustände beseitigen. Aber schon Mitte des 11. Jahrhunderts ging es in Rom wieder drunter und drüber. Es gab drei konkurrierende Päpste und Kaiser Heinrich III. setzte während und nach der Synode von Sutri 1046 in einem spektakulären Schritt de facto alle drei ab und machte einen Deutschen zum Papst. Dass sich auf diese Weise umständehalber das Papsttum unter den Kaiser beugen musste, ließ viele Verteidiger der Freiheit der Kirche nicht ruhen. Und so kam es zur gregorianischen Reform, die Papst Gregor VII. ins Werk setzte und die zum langwierigen Investiturstreit zwischen Kaiser und Papst führte.

Im Jahre 1054 brach zu allem Überfluss die Christenheit in Ost und West auseinander und am Horizont zeichnete sich schon der kommende Konflikt im Heiligen Land ab. Mit anderen

Worten: Das 11. Jahrhundert war eine Zeit voller Unruhe. Für die anwachsende Bevölkerung entstanden wieder Städte, die ein regeres geistiges Leben zuließen. So kam es, dass das Ringen um grundsätzliche Fragen nie heftiger war als im 11. und 12. Jahrhundert. Noch ging man mit abweichenden theologischen Meinungen glimpflich um. Ganz gemäß dem Unkraut-Weizen-Gleichnis befasste man sich auf mehreren Bischofsversammlungen zum Beispiel mit der Lehre des Berengar von Tours, der behauptet hatte, die Wandlung in der Heiligen Messe betreffe nicht die Substanz von Brot und Wein, sondern sei nur geistig-spirituell zu verstehen. Mehrfach verurteilte man ihn als Irrlehrer, aber dennoch hatte er für seine Person nichts zu befürchten und starb hochbetagt 1088 im Alter von fast 90 Jahren.

1. Unter Druck – Ein König lässt Menschen verbrennen

Doch da erschienen plötzlich an verschiedenen Orten Europas Menschen, die eine merkwürdige Lehre vertraten. Während das Christentum an einen einzigen allmächtigen Gott glaubte, der in Jesus Christus Fleisch angenommen hatte und im Heiligen Geist in der Kirche sichtbar in den Sakramenten anwesend blieb, glaubten diese Leute, dass es de facto zwei gleichmächtige Prinzipien, ein gutes und ein böses gebe, zwischen denen ein ewiger Kampf herrsche. Deswegen spricht man von Dualismus. Sogar an zwei Götter glaubten einige, den bösen, der die sinnliche Welt geschaffen habe, und den guten, der das Reich reinen Geistes beherrsche. Die Konsequenz dieser dualistischen Position war bei ihren Anhängern überall leicht unterschiedlich, aber sie lief zumeist auf strikte Leibfeindlichkeit hinaus, auf Ablehnung von Ehe und Sexualität, Verachtung von Frauen, zum Teil Ablehnung der Kinderzeugung, Verdammung von Fleischgenuss, Ablehnung der sichtbaren Kirche, also auf einen rein geistigen Glauben, dem sie fanatisch anhingen. Unnötig zu erwähnen, dass sie damit die bestehende Gesellschaftsordnung umzustürzen drohten. Die Kirche zeigte sich diesem Phänomen kaum gewachsen. Sie war unmittelbar nach der Jahrtausendwende selbst noch schwach, und so waren es die weltlichen Herrscher, die in den Häretikern Gottesfrevler zu vernichten trachteten, angetrieben vom Volk, das den Gotteszorn fürchtete und in tumultuarischen Zusammenrottungen die Gottesfeinde zu lynchen versuchte. Dass die weltlichen Herrscher Gottesfrevler zur Rechenschaft zogen, um den Gotteszorn von Staat und Gesellschaft fern zu halten, das war bekanntlich schon in vorchristlicher Zeit üblich.

Und so geschah im Jahre 1022 das Unfassbare. Was das Christentum 1000 Jahre lang als zutiefst unchristlich konsequent abgelehnt hatte, das passierte in Orleans. Auf Befehl des französischen Königs Robert, der zu diesem Anlass ein paar Bischöfe zusammengerufen hatte, wurden die Priester des Domkapitels der Stadt, die angeblich jener dualistischen Lehre überführt worden waren und sich weigerten, dieser Lehre abzuschwören, als Häretiker verbrannt. Es heißt, dass es eine allgemeine Volkserregung gewesen sei, die den König dazu gedrängt habe.

Orleans war ein Dammbruch. In Deutschland wurden bei einem Aufenthalt Kaiser Heinrichs III. in Goslar durch Herzog Gottfried von Lothringen ebenfalls Ketzer ergriffen und gehängt. Doch noch Bischof Wazo von Lüttich (985–1048) warnte leidenschaftlich mit urchristlichen Argumenten vor den um sich greifenden Ketzertötungen. Im Gleichnis vom Weizen und Unkraut habe der Herr Geduld gepredigt; es könnten doch die heute Irrenden morgen wieder bekehrt sein; eine Scheidung dürfe nicht vorzeitig erfolgen, denn Gott wolle nicht den Tod des Sünders. Bischöfe sollten sich daran erinnern, dass sie nicht das Schwert weltlicher Ordnung erhalten hätten und daher nicht zum Töten, sondern zur Lebenserweckung berufen seien. Erschreckenderweise fänden sich unter den früheren Opfern gewiss manche aufrichtige Katholiken. Darum zuletzt Wazos Aufschrei: Menschen-Urteil habe zurückzuweichen, solle aufhören und müsse abtreten, zu warten sei auf das Gericht Gottes am Ende der Zeit!

Systematisch schien das Auftreten der Ketzer. Sie tauchten an unterschiedlichen Orten überall in Europa auf, aber ihre Lehren waren ähnlich. Damit stellte sich ein ganz neues Problem: Wie konnte man feststellen, ob etwas eine Häresie sei, und wer hatte das Recht zur Verurteilung oder gar zur Hinrichtung? Lange Zeit war man hier schlicht ratlos. Statt eines kirchenrechtlich geregelten Verfahrens erfolgte oft das Gottesurteil durch Wasser- oder Feuerprobe. Bei der Wasserprobe war entscheidend, ob das Wasser den Eingetauchten als schuldlos annahm oder aber als bösartig abstieß. Bei der Feuerprobe kam es darauf an, ob und wie schnell die mit einem glühenden Eisen zugefügte Brandwunde heilte oder ob sie länger schwärte. Nicht selten kam es zur Lynchjustiz, denn oft genug »schleppte die Volkswut Ketzer bereits zum Scheiterhaufen, während Bischöfe und Synoden noch berieten«. In England ergriff der König die Initiative. Heinrich II. (1133–1189) erließ die erste Verfügung eines weltlichen Gesetzgebers im Kampf gegen die Häresie seit der Antike. Der Grund dafür lag wieder in der althergebrachten Angst, Gottesfeindschaft sei eine Gefahr fürs Allgemeinwohl, und genau das trieb ja das Volk immer wieder an, auf die Häretiker loszugehen. Im Jahre 1184 einigten sich die Großmächte Kaisertum und Papsttum auf eine Verfahrensordnung. In einem mit Kaiser Friedrich Barbarossa abgestimmten Dekret Papst Lucius' III. werden beiden Mächten jeweils spezielle Zuständigkeiten im Umgang mit der Ketzerei zugewiesen: kirchlicherseits das Aufspüren und Verurteilen, herrscherlicherseits gegebenenfalls die Hinrichtung. Nicht nur Landesherrscher, sondern sogar Städte in Deutschland und Italien stellten sich gegen die Gottesfeinde. Dieses System wird vom IV. Laterankonzil unter Papst Innozenz III. (um 1160–1216) ausdrücklich bestätigt. Die Kirche verurteilte den Ketzer und übergab ihn dann gegebenenfalls an den sogenannten »Weltlichen Arm« zur Bestrafung. Allerdings mahnte Innozenz III. noch größte Behutsamkeit an: Der erfahrene Bauer wie der kundige Winzer wüssten Mittel zu finden, dass kein Weizen mit Unkraut ausgerissen und kein Weinberg bei Beseitigung von Schädlingen geschädigt werde: »Nicht darf der Unschuldige verdammt und der Schuldige freigesprochen werden.« Der »Sachsenspiegel« von 1230 beschreibt im Übrigen grundlegend das Verhältnis von weltlicher und kirchlicher Herrschaft: »Alles, was dem Papst Widerstand leistet und was er mit geistlichem Recht nicht zwingen kann, das soll der Kaiser mit weltlichem Recht zwingen. Auf gleiche Weise soll die geistliche Gewalt dem weltlichen Gericht helfen.«

So war Häresie im Mittelalter »Sache der hohen Politik und der kleinen Leute, war Massenbewegung und auch auf bloß esoterische Zirkel beschränkt, war Gegenstand ökumenischer Konzilien und lokal begrenzter Lynchjustiz, beschäftigte die Phantasie von Dichtern wie von Notaren, von Predigern wie von Rechtsgelehrten«, wie der Historiker Alexander Patschkovsky schreibt.

Über Ketzerei zu befinden, war von alters her Aufgabe der Bischöfe, die dazu oft eine kleine Bischofsversammlung, eine MetropolitanSynode, zusammenriefen. Später waren es Expertenkreise von sachverständigen Theologen, die die Bischöfe zu Rate zogen. Seit der gregorianischen Kirchenreform Mitte des 11. Jahrhunderts beanspruchte der Papst die Entscheidung in allen wichtigen Angelegenheiten für sich. Diese unterschiedlichen zuständigen Instanzen lieferten sich dann aber nicht selten ein Kompetenzgerangel. Am Ende stand ein bischöfliches oder päpstliches Urteil und der Beschuldigte hatte den verurteilten

Irrtümern abzuschwören, zuweilen demonstrativ im öffentlichen Gottesdienst der Kathedrale bei Anwesenheit von Klerus und Volk.

Vor allem musste geklärt werden, bei welchem Grad dogmatischer Abweichung und böswilliger Hartnäckigkeit wirklich schuldhafter Falschglaube vorlag. Es war gar nicht so einfach, jemanden zum Häretiker zu erklären, wie der Mittelalterspezialist Heinrich Fichtenau zeigt: »Ein Häretiker im kirchenrechtlichen engeren Sinn des Wortes konnte nur genannt werden, wer nach Anzeige, einem Gerichtsverfahren und der Ermahnung zur rechten Lehre bei seinen Irrtümern verblieb.« Wer abschwor, war prinzipiell außer Gefahr. Dabei ging es übrigens mehr um christliches Leben als um theologische Fragen. Allerdings war das nicht immer scharf zu trennen, und oft lagen dabei Rechtgläubigkeit und Häresie nah beieinander. Da gab es zum Beispiel die Armutsfrage, die das ganze Mittelalter aufwühlte und die Umberto Eco in seinem Roman »Der Name der Rose« eindrücklich dramatisiert hat. Franz von Assisi (um 1181–1226) wurde schon zwei Jahre nach seinem Tod heiliggesprochen und galt daher natürlich als leuchtendes Beispiel der Rechtgläubigkeit. Schaut man genauer hin, vertritt er keineswegs durchweg gängige Lehren. Wie sein Biograf, der Historiker Helmut Feld, feststellt, deckt sich sein radikales Armutsideal »nur teilweise mit den entsprechenden biblischen Begriffen«. Geld nannte er in geradezu dualistischer Verunglimpfung »Scheißdreck«, er verbot seinen Mitbrüdern sogar, es auch nur anzufassen. Auch Franziskus wollte, wie ebenso viele Ketzer, eine reine Kirche. Er wollte die Kirchenoberen bekehren, aber kein einziges Mitglied des hohen Klerus schloss sich seiner Bewegung an. Dennoch, Franz von Assisi und seine Lehren waren durch seine Heiligsprechung von der Kirche offiziell akzeptiert. Aber wo hörte die Toleranz auf und wo begann die Ketzerei?

Die im 12. Jahrhundert aufkommenden Universitäten erforderten, wie der Soziologe Walter Rüegg schreibt, »die Anerkennung der wissenschaftlichen Leistungen Andersdenkender, Andersgläubiger, gesellschaftlich Tiefstehender und die Bereitschaft, die eigenen Irrtümer durch überzeugende Erkenntnisse welcher Herkunft auch immer korrigieren zu lassen.« Das führte geradezu zu einer Explosion an äußerst geistreichen und höchst kontroversen Diskussionen an den neuen Universitäten. Der selber atheistische Atheismus-Experte Georges Minois betont: »Entgegen der allzu lange herrschenden Meinung schwärmen die Intellektuellen des Mittelalters für die Vernunft.« Extremste Positionen wurden mit argumentativer Brillanz vertreten und mit ebenso argumentativer Brillanz widerlegt. Die Disputationskultur war vorbildlich. Bevor man eine Position kritisieren durfte, musste man sie erst auf eine so überzeugende Weise selbst darstellen, dass der andere sich in dieser Darstellung auch wiederfand. Und dann erst kam der intellektuelle Gegenangriff. Allerdings gab es dabei auch »Fouls«. Man konnte den Versuch machen, einen Gegner der Häresie zu verdächtigen und entsprechend anzuklagen. Es lassen sich allerdings im ganzen Mittelalter nur etwa 50 solche Häresieverfahren gegen Professoren ausmachen, von denen freilich die meisten im Sande verlaufen sind. Bernhard von Clairvaux (1090–1153) strengte Prozesse gegen gleich zwei Theologen an, gegen den Startheologen der Pariser Universität Petrus Abaelard (1079–1142) und später gegen Bischof Gilbert von Poitiers (um 1080–1154). Doch musste er vor beider intellektueller Agilität kapitulieren. Abaelard appellierte sofort an den Papst, einige seiner Lehren wurden zwar in Rom für häretisch erklärt und seine Bücher wurden ins Feuer geworfen, mehr aber passierte nicht, ja er fand wohlwollende Aufnahme im berühmtesten Kloster des Abendlandes, in Cluny, und konnte zuletzt mit Bernhard wie auch mit dem Papst versöhnt werden. Gilbert von Poitiers musste ebenso eine Bücherverbrennung hinnehmen, konnte jedoch in allen Ehren auf seinen Bischofsstuhl in Poitiers zurückkehren. Beider Schriften kursierten weiter, und Gilbert erhielt sogar von einem Mitbruder Bernhards ein für seine Person höchst positives Zeugnis ausgestellt.

Überhaupt erinnerte sich das Mittelalter an den alten christlichen Grundsatz, zwar die ketzerische Meinung zu verurteilen, nicht aber den Ketzer persönlich zu belangen. Das Paradebeispiel dafür ist der berühmte Abt Joachim von Fiore (ca. 1130–1202), von dem sogar ein Konzil, das IV. Laterankonzil, einzelne Lehräußerungen verurteilte, der aber deswegen nie von der Kirche als Häretiker angesehen wurde. Das bedeutete eine klare Unterscheidung zwischen Person und Lehre. So kam im 13. Jahrhundert die Zensurierung auf. Hierbei wurden zwar einzelne Sätze als »häretisch«, »gefährlich«, »dumm«, oder als »für fromme Ohren anstößig« bezeichnet, ohne aber den jeweiligen Autor selbst zu verurteilen. Verlangt wurde in allen diesen Fällen lediglich ein Widerruf bestimmter Sätze, ohne dass der Autor persönlich weiter belastet wurde. Solche Verurteilungen geschahen nur nach der Einholung von fachtheologischen Gutachten, und es ging dabei oft nicht einmal darum, eine Häresie festzustellen; man bezog sich auf das, was ein Hörer oder Leser da an Falschem heraushören könnte. Wer als Beklagter die missverständliche Verstehensmöglichkeit seiner Aussagen oder Schriften akzeptierte, blieb weiter in Amt und Ehren, galt nicht als verurteilt und musste sich für seine Person nicht gebrandmarkt sehen.

Wer diese wichtige Unterscheidung nicht beachtet, gelangt zu irreführenden Schlussfolgerungen. Wenn etwa der Philosophiehistoriker Kurt Flasch behauptet, die Kirche habe damals Meister Eckhart (um 1260–1328) verurteilt, so ist dies falsch. Eckhart appellierte bei dem von seinen eigenen Ordensmitbrüdern vor dem Kölner Erzbischof angestrengten Häresie-Prozess an den Papst. Das Ergebnis bezeichnet der Rechtshistoriker Winfried Trusen als typisch für die neue Zensurierung: Sechsundzwanzig

Aussagen von Eckhart wurden zensuriert, das heißt als »übel-klingend«, »gewagt« oder »der Häresie verdächtig« bezeichnet. Aber nicht seine Person wurde verurteilt, ja nicht einmal seine Lehre. Winfried Trusen: »Verurteilt wurde eigentlich nicht das, was Meister Eckhart wirklich gesagt hat, vielmehr das, was die Verurteilenden, und mit ihnen viele andere, sich dabei gedacht und was sie verstanden« haben, also »keinesfalls die Person Eck-harts«. Übrigens hat der evangelische Kirchenhistoriker Martin Brecht darauf hingewiesen, dass später auch bei Luther die päpstliche Kommission zunächst an einem Dekret gegen Luthers Schriften unter Schonung seiner Person gearbeitet hat. Der amerikanische Historiker William Courtenay fasst seine For-schung über die mittelalterlichen Theologen-Prozesse in drei Punkten zusammen:

»Erstens, die Universitätsgemeinschaft erlaubte ein beträcht-liches Maß an debattierbaren Positionen, selbst auch solche, die auf den ersten Blick blasphemisch oder häretisch erscheinen mochten. Zweitens, die Zensur hatte kaum ernsthafte Auswir-kung für die weitere Karriere, selbst bei Widerspenstigen. Drit-tens, das Recht der Theologie-Magister, die Meinungen der Uni-versitätsmitglieder zu bewerten und zu zensieren, war letztlich dauerhafter als alle bischöfliche oder päpstliche Kontrolle.« Al-lerdings sind nicht alle Häretiker-Prozesse glimpflich abgelau-fen. Bei William Ockham (um 1288–1347) wurde in dem ent-sprechenden Verfahren zeitweilig Haft angeordnet, aber nie eine Verurteilung ausgesprochen. Und bei John Wyclif (um 1330–1384), der übrigens selbst erklärt hatte, ein wirklicher Häretiker müsse mit dem Tode bestraft werden, wurden nach der posthu-men Verurteilung die Gebeine verbrannt. Ein großes Unrecht und darüber hinaus ein kirchliches und politisches Desaster war die Verbrennung von Jan Hus (1370–1415) auf dem Konzil in Konstanz nach einem Wortbruch von Kaiser Sigismund.

Jahrhundertelang hatte das Unkraut-Weizen-Gleichnis die

Christen zur Geduld mit Abweichlern gemahnt. Der Sündenfall der stolzen mittelalterlichen Theologie war dann aber, dass sie sich anmaßte, über die intellektuellen Mittel zu verfügen, präzise das Unkraut vom Weizen zu unterscheiden, sodass man das Unkraut doch vorzeitig ausmerzen könne. Dennoch wirkte die alte christliche Forderung nach Gewaltlosigkeit immer noch hemmend auf diese Entwicklung ein. Prominentester Vertreter einer solchen Theologie war Thomas von Aquin (um 1225– 1274). Vier Gründe führt er für Toleranz an: Die Guten würden durch Schlechte bestärkt; auch werde die Theologie besser geklärt, außerdem könnte der heute Schlechte morgen wie Paulus bekehrt sein; nicht zuletzt drohe bei Ausschluss von ketzerischen Machthabern aus der Kirche eine Gefahr für deren gutgläubige Anhänger. Aber der sonst so friedliebende Dominikanermönch Thomas ist es dann auch, der – allerdings post factum, also 50 Jahre nach den Massakern an den Katharern in Südfrankreich – bei hartnäckigen Ketzern sogar Gewalt befürwortet. Dazu nimmt er das »compelle intrare – nötigt sie einzutreten!« des Augustinus in Anspruch, das 800 Jahre lang keineswegs so interpretiert wurde, dass am Ende auch die Todesstrafe zu rechtfertigen sei. Augustinus selbst hatte dem ausdrücklich widersprochen. Doch Thomas argumentiert, wenn schon Münzfälscher staatlicherseits den Tod erführen, so könnten umso mehr auch die Häretiker, die ja die für alle heilbringende Wahrheit verfälschten, rechtens getötet werden. So ein Standpunkt wirkte damals weltoffen, fortschrittlich. Doch damit kehrte die Theologie des Hochmittelalters in Wirklichkeit zu dem zurück, was die beiden anderen Monotheismen, nämlich Judentum wie Islam, schon immer für selbstverständlich gehalten hatten: den Beitritt zu vollziehen aus begründeter Zustimmung und aus freiem Entscheid, den Abfall aber zu ahnden mit Ausschluss oder gar Vernichtung. Demgegenüber hatte der frühchristliche Entscheid »tolerant« gelautet: Die Vernichtung der Abweichler dürfe niemals eine menschlich-physische sein, sondern bleibe göttliches Vorrecht am Ende der Zeiten. Und an diese tolerante Sicht des Unkraut-Weizen-Gleichnisses als die eigentlich christliche Sicht wird auch im Mittelalter immer wieder erinnert.

Wenn es nun in der Folge um bestimmte Aspekte der damaligen kirchlichen Gerichtsbarkeit gehen wird, so ist es unabdingbar, sich die Realität der gleichzeitigen weltlichen Gerichts- und Strafprozeduren vor Augen zu führen. Und was sich da zeigt und zum Teil noch bis ins 19. Jahrhundert üblich war, erfüllt uns heute mit Schaudern. Der Bielefelder Rechtshistoriker Wolfgang Schild spricht von einer kaum mehr vorstellbaren Grausamkeit: »Da wurden Menschen ganz einfach in der Art des Metzgerhandwerks abgeschlachtet und zerstückelt, ihre Reste auf Galgen gehängt oder angenagelt, verbrannt oder gesotten; sie wurden bei lebendem Leibe von Tieren zerrissen oder mit glühenden Zangen zu Tode gezwickt. Beim Rädern wurden ihre Knochen in brutaler Weise zerschlagen. Wie konnte man nur in der lustvollen Erregung eines Volksfestes zusehen, wie Menschen verbrannt wurden und halbverkohlt an den Pfählen hingen!« Auf Hängen und Enthaupten folgte als häufigste Strafe das noch bis ins 19. Jahrhundert vollzogene »Rädern«, das rechtsgeschichtlich von manchen als urtümliches Opfer an den Sonnengott gedeutet wird, jedenfalls schon bei den frühen mittelalterlichen Franken in Anwendung war. Die Schockwirkung klingt heute noch in der Redewendung »wie gerädert sein« nach, was aber die einstige Tortur auch nicht entfernt erahnen lässt. In seiner bebilderten Rechtsgeschichte liefert Wolfgang Schild die Anschauung: Der zu Boden geworfene oder auf mit spitzen Höckern versehenen Balken festgebundene Delinquent wurde mit einem Rad überfahren und es wurden ihm so die Knochen zermalmt, nötigenfalls wurde er noch »windelweich« geschlagen, um zuletzt dann in die Speichen des Rades geflochten zu werden, wo manche noch Tage überlebten. In seinem »Theater des

Schreckens« bestätigt, ja verstärkt noch der Saarbrücker Neuzeithistoriker Richard van Dülmen dieses Bild: Rädern, Verbrennen, Köpfen, Hängen, Lebendigbegraben waren selbstverständliche Praxis und sie besaßen obendrein eine solche Attraktivität,
dass sie nicht nur viel Volk anlockten, sondern von den Obrigkeiten jeweils zu Volksfesten mit oft Zehntausenden inszeniert
wurden, in Wien zum letzten Mal 1868 mit »Galgenbier« und
»Armesünderwürstel«. Zudem sei es »eine für unsere Vorstellung unglaublich hohe Anzahl von Hinrichtungen« gewesen,
vollstreckt für sozialschädigende Vergehen wie Mord, Diebstahl
oder Brandstiftung, nicht zuletzt für sittlich-moralische Verbrechen wie Ehebruch, Unzucht und Blutschande, also Inzest. Speziell zur Folter heißt es: Sie »war ein von allen öffentlichen Institutionen anerkanntes Mittel zur Wahrheitsfindung«. Bei alle-
dem sei nicht Besserung des Delinquenten angestrebt worden,
wie auch »Freiheitsstrafen unbekannt waren«. Wegen fehlender
Gefängnisse praktizierte man lange noch Leibesstrafen in Form
von Verstümmelung: Hand- oder Fingerabschlagen bei Meineid
oder Diebstahl, öffentlich auf einer Fleischerbank vollzogen;
häufig auch das Ohrabschneiden, zumal bei Frauen – daher der
Ausdruck »Schlitzohr« – weiter das Zungeabschneiden oder wenigstens deren Aufschlitzen, endlich noch das Naseabschneiden.
Zur Strafe gehörte immer wesentlich »die Verletzung und Zerstörung der Ehre«, darum Schandmaske, Pranger-Stehen, Stäu-
pen, das heißt am Pranger öffentlich verprügelt werden, und
öffentliche Verspottung: »Der Pranger schonte zwar das physische Leben des Verurteilten, dafür vernichtete er dessen soziales
Leben«. In diesem grauenhaften, kaum »christianisierten« Umfeld befand sich eine Kirche, die der Überzeugung war, dass viel
wichtiger als diesseitige Gerechtigkeit die Erreichung des ewigen Seelenheils für möglichst viele war. Das war ein Dilemma.

2. Eine verhängnisvolle Justizreform – Dichtung und Wahrheit über die mittelalterliche Inquisition

»Kurzgefasste Verteidigung der Heiligen Inquisition« nannte der frühere Stern-Journalist Hans Conrad Zander ein kleines unterhaltsames Büchlein, wo er Erstaunliches zutage förderte, was der gängigen Vorstellung von dieser Behörde diametral widersprach. Hans Conrad Zander hatte einfach nur gründlich recherchiert. Das war Aufklärung im besten Sinne.

Es gibt kaum eine Institution, die so sehr in Verruf geraten ist wie die Inquisition. Schauderhafte Geschichten, grauenvolle Zahlen, menschenverachtende Praktiken, jeder hat da schon einmal irgendetwas gehört. Die Inquisition – ein einziger Skandal. Was also stimmt und was stimmt nicht? Neuere wissenschaftliche Ergebnisse auf der Grundlage jüngst erschlossenen Quellenmaterials lassen überraschend klare Antworten zu.

Inquisition, das war zunächst einmal eine Justizreform, und zwar eine gute. Der Rechtshistoriker Winfried Trusen stellt fest, dass »der Inquisitionsprozess mit seiner Ermittlung der Wahrheit ein großer Fortschritt« war. Gemeint ist zunächst das rein juristische Verfahren einer amtlichen Untersuchung. Dass dieses Verfahren von Papst Innozenz III. eingeführt wurde, ändert nichts an seinem juristisch-weltlichen Charakter: Es ging um Tatsachenfeststellung, und eben das meinte die Inquisitio, »die Untersuchung«. Eingeführt wurde die Inquisition nicht eigentlich zur Ketzerbeurteilung, sondern zur Ahndung innerkirchlicher Vergehen, etwa bei Bischöfen, die als oberste Gerichtsherren ihrer Bistümer bei gegen sie selbst vorliegenden Verdachtsmomenten einfach die Prozesseröffnung verweigerten. Deswegen erhielt die Untersuchung noch ein zweites Instrument beigefügt. Es sollten Amtspersonen bestellt werden, die bei gravierenden Verdachtsmomenten von Amts wegen eine Untersuchung vorzunehmen und gegebenenfalls Anklage zu erheben hatten, also die Aufgabe moderner Staatsanwälte übernahmen. Der Fortschritt dieser Inquisition bestand darin, dass sich damit die vorrationalen Mittel wie Wasser- oder Feuerprobe erledigten, die nun kirchlicherseits ausdrücklich verboten wurden. Die amtliche Untersuchung sollte so weit vordringen, dass die Anklage durch ein Geständnis oder durch übereinstimmende Zeugen oder evidente Umstände entweder bestätigt oder umgekehrt widerlegt war. Besonders sollten die Belange der Beschuldigten gesichert werden. Denn, so Winfried Trusen, »der Beschuldigte, gegen den inquiriert wurde, musste zur Gültigkeit des Verfahrens anwesend sein. Ihm müssen die capitula vorgelegt werden, über die die Inquisitio erfolgen soll, damit er die Möglichkeit besitzt, sich zu verteidigen. Es müssen ihm auch die Namen der Zeugen und das ›was‹ und ›von wem‹ genannt werden.« Am Ende sollte »eine Verurteilung nur bei vollem Beweis, in der Regel durch Geständnis oder wenigstens zwei übereinstimmende Zeugenaussagen, möglich sein.« Mit ihrer Tatsachenerhebung und Anklage von Amts wegen wurde die Inquisition alsbald auch vom weltlichen Recht übernommen, weil sie ein viel zu offensichtlicher Fortschritt war. Während Frankreich das Amt des öffentlich bestellten Anklägers schon im Mittelalter übernahm und weiterentwickelte, blieb Deutschland hier zurück. Die Einführung einer wirklich unabhängigen Anklagebehörde geschah erst nach der Revolution von 1848.

Aber dieser rein formale Aspekt ist natürlich nicht alles. Um zu verstehen, was nun folgte, müssen wir zunächst ein unheimliches Phänomen kennenlernen: die Katharer, griechisch: die Katharoi. Der Name sagt an sich noch nicht viel, er heißt auf griechisch: die Reinen. Das deutsche Wort Ketzer wurde später daraus abgeleitet. Wer aber waren die Katharer? Man weiß es nicht ganz genau. Im Grunde vertraten sie offenbar die dualistische Lehre der Ketzer des 11. Jahrhunderts, die vielleicht sogar schon erste Katharer waren. Was aber die Katharerbewegung des 12. und 13. Jahrhunderts auszeichnete, war ihr massenhaftes Auftreten. So etwas hatte es noch nicht gegeben. Rasend schnell breitete sich diese Lehre aus. Sie erfasste die Niederlande, Deutschland, England, Italien, vor allem aber machtvoll Südfrankreich. Hatte man es vorher mit einzelnen Häretikern zu tun oder mit abweichenden theologischen Meinungen, stand hier plötzlich eine massiv um sich greifende, radikale Bewegung im Begriff, die bestehende Ordnung zu vernichten. Die Katharer kritisierten den Reichtum und den Luxus der Herrschenden, vor allem auch des hohen Klerus – das machte sie populär –, und persönlich lebten sie offenbar radikal bedürfnislos – das machte sie attraktiv und verehrungswürdig. Das war aber nur die Fassade, und wer nicht genauer hin schaut, der könnte heute denken, da wäre eine sozialrevolutionäre linke Basisbewegung von der um ihre Macht fürchtenden Kirche bekämpft, da wären liberale Christen unter die strenge Fuchtel der Amtskirche gezwungen worden. Neuere wissenschaftliche Erkenntnisse über die Katharer sprechen aber eine ganz andere Sprache: Die Katharer kamen aus allen gesellschaftlichen Schichten, und was sie glaubten, variierte offensichtlich etwas. Aber im Kern waren sie Dualisten, die an einen guten geistigen Gott und an einen bösen Erschaffer der schrecklichen Welt glaubten. Die Konsequenzen waren furchtbar. Die Katharer lehnten Sexualität strikt ab, Frauen verachtete man, sie wurden »als das schlechthin Böse ängstlich gemieden«, wie der namhafte Mittelalter-Historiker Arno Borst berichtet, Fortpflanzung war Teufelswerk, starb eine schwangere Frau, glaubten sie, dass diese Frau direkt in die Hölle fahre, die Ehe galt als Hurerei, manche aßen nichts, was aus Zeugung hervorgegangen war, und am Ende des Lebens ließen sich die sogenannten »Perfecti«, die Elite-Katharer, eine Art Geisttaufe geben, das »Consolamentum«. Danach durften sie keine Nahrung mehr zu sich nehmen und hungerten sich zu Tode. Wie Gerhard Rottenwöhrer in einer Spezialuntersuchung feststellt, verübten sie zudem Morde an Gegnern und verketzerten und verdammten sich auch untereinander heftig. Die Katharer waren also eine düstere, lebensfeindliche Sekte, deren Anhänger fanatisch an ihrer Lehre und Lebensform festhielten. Aber, und das machte sie so gefährlich: Sie waren perfekt organisiert. Sie besaßen eine schlagfertige Machtstruktur mit Bischöfen an der Spitze, waren insbesondere mit den weltlichen Herrschern in Südfrankreich, die mithilfe der Katharer ihre Unabhängigkeit von der französischen Krone wahren wollten, bestens vernetzt und hatten sogar im Jahre 1167 dort ein Konzil abgehalten.

Bestände eine solche Gruppierung heute, würde sie sicher nicht als links oder liberal wahrgenommen. Tatsächlich zeigten die Katharer eher manche Ähnlichkeiten mit Scientology oder anderen Sekten, bei denen die Mitglieder bereit sind, ihre ganze Vitalität der elitären Gruppe zu opfern, manchmal bis in den Tod. Im Übrigen könnte man sagen, dass auf die Katharer ungefähr das zutrifft, was man heute gerne fälschlicherweise von der katholischen Kirche behauptet: Sie waren frauenfeindlich, leibfeindlich, weltfremd, fanatisch, elitär, teufelsgläubig, angstgetrieben. Alles in allem: abschreckend. Ausgerechnet dagegen hatte die Kirche nun anzutreten.

Und wie reagierte sie? Hilflos. Aber wir sollten nicht so tun, als sei uns heute eine solche Hilflosigkeit angesichts fanatischer religiöser Bewegungen völlig fremd. Die Bischöfe waren schwach, die Priester lebten nicht selten in anstößigen Verhältnissen, waren vielfach ungebildet und ohne spirituellen Tiefgang. Die Orden, die vielleicht durch ihr geistliches Vorbild eine Hilfe hätten sein können, waren an ihr Kloster gebunden, während die Katharer predigend über Land zogen und so Anhänger sammelten.

Was war da zu tun? Theologisch wurde die Güte der Welt hervorgehoben und zu eben dieser Zeit die Ehe zu den Sakramenten gezählt, also zum Mittel der Heilserlangung erklärt. Das war wichtig, aber wie konnte man das den Menschen vermitteln, die fasziniert waren von der neuen radikalen Bewegung der selbst ernannten »Perfekten«? Papst Innozenz III. setzte vor allem auf Bekehrung der Ketzer durch fundierte Predigt und überzeugendes Vorbild. Daher förderte er besonders die neuen Orden: die Franziskaner, die begeisternd das Armutsideal vorlebten, und die theologisch hochgebildeten Dominikaner, die nun ähnlich wie die Katharer als Prediger umherreisen konnten, weil sie nicht mehr an ein Kloster gebunden waren. Der Gründer der Dominikaner, Domingo de Guzmán Garcés (1170–1221), lateinisch Dominikus, war Spanier, hatte bei einer Reise durch Südfrankreich die von den Katharern hervorgerufene verzweifelte Lage erlebt und daraufhin den Predigerorden gegründet, der sich vor allem der intellektuellen Debatte stellte, aber gleichzeitig durch einen bedürfnislosen Lebensstil überzeugte. Und was die Franziskaner betraf, tat Innozenz III. den klugen und mutigen Schritt der offiziellen Anerkennung der radikalen Armutsbewegung des Franz von Assisi, die er so vom Geruch der Ketzerei befreite. So konnte er sie für die Kirchenreform einsetzen, die er nun ins Werk setzte und deren Höhepunkt das von ihm im Jahre 1215 einberufene IV. Laterankonzil war.

Aber all das reichte nicht. Die kirchliche Gegenwehr gegen die Katharer versuchte es mit Predigt und scheiterte. Schon dem heiligen Augustinus, der so sehr für Toleranz plädiert hatte, waren bei der massenhaft um sich greifenden Bewegung der Donatisten fast die Nerven durchgegangen. Und auch die Katharer waren ohne jeden Zweifel ein Massenphänomen von beispielloser Dynamik. Bisher hatte man sich mal hier, mal da mit Ketzerbekämpfung befasst. Doch nun entschied der Papst, die neu entwickelte Inquisition generell auf die Ketzer anzuwenden. Dabei sollte der nun auch auf Ketzer ausgedehnte Inquisitionsprozess immer noch ein »wissenschaftlich betriebenes Verfahren« bleiben, wie der Rechtshistoriker Hans Hattenhauer betont. Aber nicht nur das. Innozenz III. ging noch einen problematischen Schritt weiter. Er entschied, auf Häresie das antike Kaiserrecht anzuwenden, da sich die Häresie gegen die göttliche Majestät richte. Das war ursprünglich eine Art Schnellverfahren für Revolten gegen den Herrscher, das grundsätzlich harte Bestrafung vorsah. Dabei dachte Innozenz aber nicht an die Todesstrafe. Es war dann erst Papst Gregor IX. (1167–1241), der den Dominikanern das Recht zur selbstständigen Gerichtsausübung verlieh, und damit konnte es auch zu Todesstrafen kommen. Das war der verhängnisvolle Übergang von der seelsorglichen Bemühung zur Justiz, wobei die dominikanischen Inquisitoren zugleich als Untersucher, Ankläger und Richter fungierten. Das Ziel solcher Verfahren war und blieb das Geständnis. Das war eigentlich löblich. Dazu stellte die Synode von Narbonne 1245 fest: »Schreitet zu niemandes Verurteilung ohne durchschaubare und offenbare Erweise oder ohne persönliches Geständnis.« Klingt gut, das Bestehen auf einem Geständnis hatte aber eine entsetzliche Folge: die Folter. Zur Erlangung eines Geständnisses hatte schon das antike Recht die Tortur angewandt. Das setzte sich im weltlichen Recht auch im Frühmittelalter fort, und noch die aufblühenden Städte des 12. Jahrhunderts benutzten völlig selbstverständlich dieses Instrument. Allein das kirchliche Recht hatte die Folter immer abgelehnt. Doch im Jahre 1252 erließ Papst Innozenz IV. ein Dekret, das erstmals in den Ketzerprozessen die Folter zuließ, allerdings mit gewissen Einschränkungen: Folter nur einmal und mit Einhalt vor Verstümmelung und Todesfolge und keine Durchführung durch Kleriker. Allerdings gibt das an sich reiche Quellenmaterial, das der französische Historiker Emmanuel Le Roy Ladurie auswerten konnte, über den tatsächlichen Einsatz der Folter merkwürdigerweise kaum etwas her. Ja, es ist sogar zum wissenschaftlichen Streit darüber gekommen, ob die Folter wirklich eingesetzt worden ist, denn es lässt sich kein direkter Beleg für ihre tatsächliche Anwendung beibringen.

Dennoch, da war ein Damm gebrochen, und schon die Androhung der Folter dürfte torturierend gewirkt haben.

Freilich standen Folter und Todesurteil keineswegs im Mittelpunkt der Inquisitionsverfahren: Begonnen wurde mit Predigten, die zur Umkehr und zum freiwilligen Bekenntnis innerhalb einer bestimmten »Gnadenzeit« aufriefen, wobei die geheime und nach hergebrachten Regeln abgelegte Beichte einen Freispruch vermittelte, der endgültig war. Wenn jemand dazu nicht bereit war, aber innerhalb von 30 Tagen ein freiwilliges Geständnis erfolgte, gab es nur eine milde Buße. Bei Weigerung stand am Ende das letztgültige Ketzer-Urteil in feierlicher Form als actus fidei generalis, woraus sich das spanische Autodafé (auto de fe) herleitet. Es folgte die Überstellung an den Weltlichen Arm, worin das alte Gebot, dass die Kirche keine Blutgerichtsbarkeit ausübe, weiterwirkte. Diese Überstellung aber war – jedenfalls gemessen an altkirchlichen Vorstellungen – sogar direkt unchristlich.

3. Faktencheck zum »Namen der Rose« – Der Sieg von Herz und Verstand

Systematisch begann die Ketzer-Inquisition nach 1240 in Südfrankreich. Da die erstzuständigen Bischöfe weithin versagten, wurden päpstliche Beauftragte, zumeist Dominikaner, als Inquisitoren geschickt, um von Amts wegen Ketzer aufzuspüren und gegebenenfalls auch zu verurteilen. Insgesamt lassen die tatsächlich ermittelten Befunde kaum ein System erkennen. Bei Haftstrafen gab es sowohl Brutalität wie Laxheit und auch Korruption bei den Wärtern. Bischöfe wiederum milderten oft die Inquisitionsstrafen ab, hoben zum Beispiel die Konfiskationen, die Enteignung und Beschlagnahmung von Gütern, auf. Über die abgelaufenen Prozesse ist keine definitive Gesamtdarstellung möglich, nur Beispiele können informieren. Da gab es den Inquisitor Petrus Seila, der 1241 und 1242 an neun Orten 650 Personen verurteilte, dabei jedoch weder ein Todesurteil aussprach noch Gefängnis oder Konfiskation verhängte, vielmehr verurteilte er zu Wallfahrten nach Konstantinopel, zum Kriegsdienst im Heiligen Land oder zum Tragen eines auf der Kleidung aufgenähten Kreuzes. Im Ganzen »war es mehr eine Art Beichte, die Seila abnahm«, wie der Mittelalterhistoriker Lothar Kolmer in seiner grundlegenden Untersuchung resümiert. Für die anschließenden Jahre 1245–1256 liegen partiell erhaltene Inquisitionsregister vor. Allein für 1245/1246 sind es die Aussagen von 5605 Zeugen. Es war eine so nie dagewesene Befragung, zu der ganze Einwohnerschaften heranzitiert und alles protokolliert wurde. Im Sommer 1246 verhängte der Inquisitor Bernhard von Caux 207 Urteile: 23 zum Gefängnis und 184 zum Kreuztragen, aber kein einziges zum Scheiterhaufen. Für die Jahre 1249–1257 zählt eine Liste 306 Verurteilungen auf, dabei 239 Gefängnis- und 21 Todesstrafen. Als ergiebigste Quelle gilt das Register des Bernhard Gui (um 1261–1331), der auch in Umberto Ecos Roman »Der Name der Rose« eine Rolle spielt. Für die Jahre vom 3. März 1308 bis zum 19. Juni 1323 zählt die Liste insgesamt 907 »Vorgänge« mit 633 Strafen, davon 2,7 Prozent Verurteilungen zu einer Bußwallfahrt, 21,5 Prozent zum Tragen eines oder mehrerer aufgenähter gelber Stoffkreuze, 48,7 Prozent zu Gefängnis, 6,5 Prozent zum Tod durch Verbrennung und 14,1 Prozent Verurteilung von Toten. Insgesamt stellt der französische Historiker und Inquisitionsexperte Yves Dossat fest: »Die Inquisitoren haben nicht schematisch blind alle Schuldigen bestraft, und nichts beweist, dass sie ihre Vollmachten missbraucht haben. Bernhard von Caux hat Gefängnishaft nur in einem von neun Fällen verhängt, seine Nachfolger haben auch nur in einem von hundert Fällen einen Schuldigen auf den Scheiterhaufen geschickt.« Diese Zahl von einem Prozent wird immer wieder erwähnt, führt aber zu keiner verlässlichen Gesamtzahl.

Unter den durch Papst Johannes Paul II. zum Heiligen Jahr 2000 angeregten Untersuchungen zu den Sündenfällen der Kirche sind auch für die Inquisition im Languedoc neue Zahlen vorgelegt worden. Die Bewegung der Katharer wird auf 5 bis 8 Prozent geschätzt, in Albi erhielten zwischen 1286 und 1329, also während 43 Jahren, von 250 bekannt gewordenen Katharern 58 eine Strafe auferlegt – angesichts einer Einwohnerzahl von 8000 bis 10 000 etwa 0,7 Prozent. Insgesamt stellt der französische Mittelalterspezialist Jean-Louis Biget fest: »Die Inquisition ist weit davon entfernt, massenhafte Verfolgungen ausgeübt zu haben. Möglicherweise sind in einem Jahrhundert 15 000 bis 20 000 Personen Objekte einer besonderen Aufmerksamkeit der Inquisition geworden, das repräsentiert nicht mehr als 1,5 Prozent der Gesamtbevölkerung des Languedoc.« Am Ende bleibt aber auch das festzuhalten, dass der schärfste Kritiker der Inquisition aus deren eigenen Reihen erstand, nämlich der Franziskaner Bernhard Délicieux (um 1265–1320). Mit den Bürgern von Carcassonne entfachte er einen Aufstand gegen die Inquisition, suchte die Unterstützung des französischen und aragonesischen Königs zu gewinnen, kam vors päpstliche Gericht und endete in verschärfter Haft.

Und dann gab es da noch den Katharer-Kreuzzug. Papst Innozenz III. hatte sich irgendwann keinen Rat mehr gewusst, als die Meldungen von der ungebremsten Ausbreitung der Katharer fast täglich eintrafen, und im Jahre 1209 als letztes Mittel einen Kreuzzug gegen die Katharer ausgerufen. Ein schwerer Fehler. Denn prompt passierte dasselbe wie beim ersten Kreuzzug: Eine außer Rand und Band geratene Soldateska wütete beutehungrig in den eroberten Katharer-Festungen, metzelte dabei Tausende nieder, und die Erzählungen von den Gräueln wurden noch mit Exzessen angereichert, deren Wahrheitsgehalt die neuere Forschung zum Teil bezweifelt. Höhepunkt des Grauens war das Blutbad von Béziers, wo gleich am Anfang unterschiedslos unzählige Katharer und Katholiken niedergemacht wurden. Von Anfang an wurde dieser Kreuzzug von politischen Interessen dominiert. Dem französischen König war es ganz recht, dass er auf diese Weise unter einem frommen Mäntelchen seine knallharten Machtinteressen verwirklichen konnte. Am Ende des Katharerkreuzzugs waren seine sämtlichen Widersacher in Südfrankreich vernichtet, die französische Krone hatte sich alle Gebiete bis zum Mittelmeer unterworfen. Der Katharerkreuzzug war eine Verzweiflungstat, aber auch eine schreckliche Verirrung. Sein Ziel, die Vernichtung der Katharer-Bewegung, hat er nach 20-jähriger Dauer nicht erreicht. Die Überwindung der Katharer gelang nicht mit Gewalt, sondern letztlich erst den überzeugenden neuen Ordensgemeinschaften der Franziskaner und Dominikaner, die als Bettelmönche ein vorbildliches Leben führten und den Menschen den christlichen Glauben wieder mit Herz und Verstand vermittelten. Der große Mittelalterhistoriker Arno Borst urteilt: »Dieser neuen Kampfesweise von theoretischer Widerlegung und praktischem Vorbild haben die Katharer nichts entgegenzusetzen als die Nachahmung und sie besiegelt ihre Niederlage.« Die letzte bekannte Verhaftung eines Katharers ist für 1342 in Florenz dokumentiert.

In der Folgezeit entwickelte sich die Inquisition immer mehr zur Staatsangelegenheit. Dabei übernahmen weltlich-staatliche Gerichte nicht nur das an sich fortschrittliche Inquisitionsverfahren, sondern dehnten zugleich ihre Kompetenz auf Religionsdinge aus. Das zeigte sich schon im Verfahren gegen die Templer, in dem der französische König rücksichtslos seine Interessen durchzusetzen versuchte. Die kirchliche Inquisition blieb wirkungslos und war nicht mehr zu erwecken. Die Zukunft gehörte der Universität Paris, deren Gutachtertätigkeit bei Entscheidungen über Häresien bald unanfechtbare Autorität zugeschrieben wurde. Es obsiegte das Verfahren, das wir schon kennengelernt haben: die wissenschaftliche Beurteilung und gegebenenfalls Verurteilung gewisser theologischer Positionen, aber nicht sofort verbunden mit der Auslieferung an den Weltlichen Arm.

Die Bilanz ist dennoch erschütternd. Zum ersten Mal in der Christentumsgeschichte wurden Ketzer hingerichtet. Das geschah zwar nicht willkürlich, sondern nach einer »Inquisition«, endete aber doch mit Gewalt.

Was uns Heutige besonders abschreckt, ist, dass die Inquisition behauptete, zum Heil der Menschen ihre Freiheit einschränken zu müssen. Freilich ist uns das auch nicht ganz fremd. Unser Rechtssystem kennt einen Tatbestand, bei dem die Freiheit der Bürger zu ihrem Wohl eingeschränkt wird und wo sie, wenn sie sich dennoch schädigen wollen, sogar bestraft werden. Es geht um Drogenkonsum. Eigentlich ist es erstaunlich, dass der liberale Rechtsstaat hier ausnahmsweise freie erwachsene Bürger unter Strafandrohung daran hindert, sich selber freiwillig zu schaden. Dabei wird eben – zu Recht – davon ausgegangen, dass Drogenkonsum den Menschen auf Dauer die Freiheit nimmt. In bestimmten Staaten Südostasiens steht auf Drogenkonsum sogar die Todesstrafe. Auch bei verfassungsfeindlichen Gruppen und ebenfalls bei gewissen Sekten sind viele der Auffassung, dass die wehrhafte Demokratie verhindern sollte, dass hier Menschen mit ihren radikalen verfassungsfeindlichen Thesen die Allgemeinheit schädigen oder andere Menschen in Abhängigkeit bringen. Erst wenn man das versteht, kann man nachvollziehen, warum am Ende sogar ausgerechnet der scharf antikatholische Inquisitionshistoriker Henry Charles Lea der Inquisition als ewiges Verdienst anrechnet, die gefährlichen Lehren der Katharer unterdrückt zu haben. Bei der Bekämpfung der Katharer ging es nämlich nicht um die Unterdrückung irgendwelcher liberaler Kräfte, sondern um die verzweifelte Abwehr von um sich greifendem Fanatismus – allerdings mit verhängnisvollen Mitteln.

Deutschland war von alldem weit weniger betroffen. Für den ersten Inquisitionsfall, das Verfahren gegen Friedrich Minneke, den Propst von Neuwerk bei Halle, hebt der Berliner Mittelalterhistoriker Dietrich Kurze »die Gründlichkeit, die Instanzenvielfalt und die formale Fairness« hervor. Der Ruin der Inquisition trat dann schon kurz nach ihrer Einführung ein. Der brutale Inquisitor Konrad von Marburg (um 1185–1233) wütete eigenmächtig gegen Ketzer, stieß auf die geschlossene Gegenwehr der Bischöfe und machte sich so rasch verhasst, dass er schließlich ermordet wurde, wobei manche noch den Toten verbrennen wollten. Papst Gregor IX. drückte zwar sein Entsetzen über den Mord aus, aber auch über das ihm berichtete Vorgehen des Ermordeten. Die Opferzahl kann bei derzeitigem Forschungsstand nicht einmal gemutmaßt werden.

Nach diesem Desaster konnten mehrmalige Aktivierungsversuche der Inquisition nicht mehr aufhelfen. Nach 1300 kam es noch zu einigen Verfahren gegen Beginen, und auch Kaiser Karl IV. bemühte sich um ihre Wiederbelebung. Aber ohne Erfolg, weil »die Bischöfe, wie gewöhnlich, nichts damit zu tun haben wollten«, wie Henry Charles Lea betont. Später agierte die Inquisition noch in Österreich und Böhmen gegen die eigensinnige Buß- und Armutsbewegung der Waldenser, wobei sich für die Jahre 1335 bis 1350 insgesamt 4400 belangte Personen errechnen lassen, wovon 5 Prozent den Feuertod starben. Ende des Jahrhunderts kam es noch einmal zu einer Waldenserverfolgung in Deutschland, wobei 1399 ein Massenprozess in Freiburg ergebnislos endete und es bei weiteren Einzelprozessen nach 1430 zu keinen Verurteilungen mehr gekommen ist. Im Spätmittelalter waren schließlich die Ketzergruppen in Deutschland bedeutungslos geworden, der Ausdruck Ketzer war da bloß noch ein innerkirchlicher Kampfbegriff, wie der mit zahlreichen Arbeiten zur mittelalterlichen Ketzerei hervorgetretene Alexander Patschovsky anmerkt.

Wie in Frankreich geht die Überprüfung der Rechtgläubigkeit jetzt de facto an die theologischen Fakultäten über, wobei besonders die Universitäten Wien und Köln zu erwähnen sind, und ebenso wie in Frankreich nehmen die weltlichen Herrscher der Kirche die Verfolgung der Gottesfeinde aus der Hand mit der alten Begründung, es sei die Aufgabe des Staates, den Gotteszorn abzuwenden. Schon bei der großen Pest 1348 wurden offenbar die kirchlich empfohlenen Formen zur Besänftigung des Gotteszornes als unzureichend empfunden, und es gab zunehmend Versuche von Laien, außerhalb der offiziellen Formen eigene Wege zu suchen.

Nun sind es also weltliche Gerichte, die sich mit Religionsvergehen befassen. Zuerst erließen die Städte seit dem 14. Jahrhundert spezielle Verbote gegen Gotteslästerung und wurden damit zu »Vorreitern der Kriminalisierung«, wie der Kriminalitätshistoriker Gerd Schwerhoff feststellt. Die Zahlen sind, wenn auch im Gesamt der Ratsurteile prozentual gering, dennoch nicht unbeträchtlich: in Basel von 1376 bis 1455 ganze 99, in Konstanz von 1430 bis 1460 immerhin 57. Die Strafen waren zumeist Zunge-Abschneiden, Pranger-Stehen, Stadtverweis oder eine Geldbuße, gelegentlich aber auch Tötung. Zugleich nahm im Spätmittelalter die Reichsgesetzgebung einen neuen Anlauf. Unter Kaiser Maximilian (1459–1519) erfolgte gegen Gotteslästerung ein spezielles Gesetz.

Man hat viel über die Kreativität der Ketzerei gesagt und geschrieben. Sicher sind manche Informationen durch die Verfolgungen verloren gegangen, aber nicht alles Ketzerische war kreativ, manches war auch bloß anarchisch oder sogar gewalttätig. Alexander Patschovsky resümiert: »Den Beitrag der Ketzer zur mittelalterlichen Gesellschaft wird man außerordentlich niedrig ansetzen müssen, fragt man einmal, was sie konkret verändert,

was sie Neues geschaffen haben. Sieht man von den Arbeiterge-
nossenschaften der oberitalienischen Humiliaten und Waldenser ab sowie den Böhmischen Brüdern, ja generell der böhmischen Kirche der nachhussitischen Zeit, so kann man nicht erkennen, dass Ketzer besondere Sozialformen entwickelt oder der
Gesellschaft ihren besonderen Stempel aufgedrückt hätten.«
Am Ende des Mittelalters muss jedenfalls festgehalten werden,
dass diese Zeit keine Epoche fortwährender Ketzerbekriegung
war. Jahrhundertelang gab es keine auffälligen Häresien, und
ganze Länder wie beispielsweise England und Skandinavien
blieben ganz oder wenigstens bis zum Spätmittelalter frei davon.

4. Papst Alexander VI. Borgia und das ZDF –
Wie Deutschland Spanien besiegte

Im Jahre 1864 fand der deutsche Diplomat Kurd von Schlözer in
einer Abstellkammer bei der Kirche Santa Maria in Monserrato
in Rom eine Kiste mit einem gruseligen Inhalt. Es waren die
Gebeine von zwei Menschen. Und ein kleiner alter Zettel lag
dabei, der verriet, wem diese sterblichen Überreste gehörten. Es
waren zwei Päpste, die in dieser Abstellkammer auf die Auferstehung warteten: Calixt III. und Alexander VI. Aber wie in aller
Welt kamen die Knochen zweier Diener der Diener Christi,
zweier Nachfolger des Apostels Petrus, zweier Stellvertreter
Christi auf Erden in diese schäbige Abstellkammer? Das ist
schnell erzählt. Beide Borgia-Päpste waren eigentlich, wie so
viele andere Päpste, im Petersdom begraben. Als aber beim Neubau der Peterskirche Platz geschaffen werden sollte, da mussten
einige Papstgräber weichen. Die Inhalte dieser Gräber barg man
und setzte sie dann wieder dort bei. Bei den berüchtigten Bor-
gia-Päpsten allerdings nutzte man die Gunst der Stunde und

entsorgte sie heimlich. Mit der Auslöschung der Erinnerung hatten schon die alten Römer ihre Erfahrungen und niemand legte Wert darauf, die Erinnerung an die Pontifikate Calixts III. und Alexanders VI. lebendig zu erhalten. So landeten die alten Knochen am Ende in der Abstellkammer der spanischen Nationalkirche Santa Maria in Monserrato an der Via Giulia in Rom.

Im Jahre 2011 strahlte das Zweite Deutsche Fernsehen einen Sechsteiler über »die Borgias« aus, bei dem fast alles falsch und unhistorisch, aber alles schön lüstern, grausam und blutig zuging. Eine Skandalgeschichte vom Feinsten, wie es der Kommentator der »Welt« plastisch ausdrückte: »Ungehemmt fließen darin Blut, Gift und Sperma«. Man rechnete mit hohen Einschaltquoten und das führte zur Produktion weiterer »Staffeln«, was ja umso leichter fällt, je weniger man sich um die historische Wahrheit kümmern muss und je mehr man seiner Fantasie freien Lauf lässt. Außerdem gibt es wohl über kaum einen Papst mehr pikante Gerüchte und düstere Legenden als über Papst Alexander VI. In 40 Ländern wurde die Serie ausgestrahlt. Ein gefundenes Fressen also für den Unterhaltungschef des ZDF. Allerdings mutmaßlich nur unter einer Bedingung: dass er den Leiter der Wissenschaftsredaktion verlässlich aus dem Weg räumt – nach Borgia-Art am besten.

Doch was steckt hinter diesem Skandal? Warum ist die Geschichtsfälschung hier so hemmungslos? Warum war dieser Papst auch seinen Nachfolgern nur peinlich? Warum haben sogar Verteidiger der katholischen Kirche bei Alexander VI. die Hände in den Schoß gelegt? Warum also haben sich die Vorstellungen vom unsittlichen Papsthof ausschließlich auf Papst Alexander VI. konzentriert? Gewiss, er hatte Kinder und das war nicht in Ordnung, jedenfalls nicht in der kirchlichen Ordnung. Doch warum weiß niemand, dass sein Vorgänger Innozenz VIII. Cibo womöglich mehr Kinder hatte als er und seinem Sohn Franceschetto Cibo eine prachtvolle Hochzeit im Vatikan ausrichten ließ? Warum wird sein Nachfolger Julius II. von allen Reiseführern in Rom noch immer als Mäzen Michelangelos hochgerühmt, obwohl er ebenfalls Kinder hatte, Michelangelo in Wahrheit fast nur Ärger bereitete und am laufenden Band höchstpersönlich Krieg führte?

Die Antwort ist klar und einfach: Papst Alexander VI. Borgia war Spanier! Tatsächlich waren sein Onkel, Papst Calixt III., und er die ersten Nichtitaliener auf dem Papstthron seit dem bedrückenden Exil der Päpste in Avignon, an das sich niemand mehr gerne erinnerte. Seitdem war ein neues Italien entstanden mit italienischer Kultur und italienischem Nationalbewusstsein. Mit Francesco Petrarca und anderen hatte sich die italienische Sprache zur Kultursprache entwickelt, die neue Kunst, das, was man später Renaissance nennen sollte, war von vielen genialen Italienern heraufgeführt worden, die Italiener waren nicht zu Unrecht stolz, an der Spitze der neuen Zeit zu stehen. Gerade war Rom dabei, zum neben Florenz prachtvollsten Kunstzentrum des Landes zu werden. Das Papsttum hatte sich nach den Schrecken der großen abendländischen Kirchenspaltung langsam wieder emporgearbeitet, hatte Rom wieder in Besitz genommen, Schritt für Schritt die Kirchen und die ganze Stadt instand gesetzt und nun auch große Künstler in die Ewige Stadt gelockt. Man strebte hoch hinaus, der Neubau des Petersdoms stand an, aber dennoch blieben die Päpste von der täglichen Politik ihres mittelitalienischen Kleinstaats gefesselt. Sie mussten nicht nur fromm, sondern auch klug und möglichst politisch versiert sein, am besten gut vernetzt mit den anderen Playern in diesem Italien der Renaissance, rücksichtslosen, mit allen Wassern gewaschenen Machtmenschen zumeist. So wählte man zwar auch große Humanisten zu Päpsten wie Nikolaus V. und Pius II., aber auch trickreiche Politiker wie Sixtus IV. und Innozenz VIII., allesamt Italiener natürlich. Doch das Papsttum ist eigentlich eine weltweite Institution und durfte sich nicht nur in italienische

Wirren verstricken. 1453 kam es zur grausamen Eroberung Konstantinopels durch die Türken, aber auch die weit ausgreifenden Seeabenteuer der Großmächte Spanien und Portugal forderten die Aufmerksamkeit der einzig akzeptierten übernationalen Institution der Christenheit. Wie man dann auf die Reformation sofort mit der Wahl eines deutschen Papstes, Hadrians VI. von Utrecht, reagieren sollte, so war auch die Wahl der spanischen Päpste gewiss nicht zuletzt eine Reaktion auf die Weltsituation. Zwei Jahre nach der Eroberung Konstantinopels wählte man Calixt III. und im Jahre der Entdeckung Amerikas 1492 seinen Neffen Rodrigo Borgia, der den Namen Alexander VI. annahm. Doch wie auch später bei Hadrian VI.: Die nationalstolzen Italiener mochten die Ausländer nicht und damit begann das Problem.

Calixt III. war ein frommer, kluger und weltläufiger Mann. Es gibt wohl wenige Menschen, die in ihrem Leben so viele bedeutende Friedensschlüsse erreicht haben wie dieser Alonso Borja. Er war es, der noch als Domkapitular von Valencia und Vizekanzler des Königs von Aragon das große abendländische Schisma endgültig zum Abschluss brachte. Denn es ist nicht ganz richtig, dass auf dem Konzil von Konstanz mit der Wahl von Papst Martin V. 1417 die desaströse geistliche Spaltung des Abendlands vorbei war. In Peniscola, einer wildromantischen Felsenburg an der spanischen Mittelmeerküste, trotzte der machtbewusste Gegenpapst Pedro de Luna als Benedikt XIII. mit einem gespenstischen Hofstaat selbst ernannter Kardinäle fast der gesamten Christenheit. Nach seinem Tod 1423 wählten diese Kardinäle im unterirdischen Konklavesaal sogar noch einen Nachfolger, Clemens VIII. Ganz Europa atmete auf, als es Alonso Borja in einem kühnen Unternehmen überraschend gelang, dass Clemens VIII. am 26. Juli 1429 in seiner Gegenwart auf Peniscola feierlich abdankte. Schon 1419 hatte Alonso einen wichtigen Friedensvertrag zwischen den spanischen Königreichen Aragon,

Kastilien und Navarra ausgehandelt, dessen Erneuerung er 1436 ebenfalls vermittelte. Als er während seiner Friedensverhandlungen zwischen König Alfons von Aragon und Papst Eugen IV. vom Papst den Kardinalshut angeboten bekam, lehnte er ab und akzeptierte die Ernennung erst, als er 1442 den Frieden von Terracina zustande gebracht hatte, der unter anderem dem Papst die Rückkehr nach Rom ermöglichte.

Calixt III. versuchte in seinem nur dreijährigen Pontifikat, die Christen des Westens zur Rettung der von den Türken grausam verfolgten Christen des Ostens noch einmal zu einem Kreuzzug zu bewegen. Ohne Erfolg. Noch heute werfen die griechisch Orthodoxen den Katholiken vor, damals keinen Kreuzzug zustande gebracht zu haben, weil den westlichen Christen die guten Wirtschaftsbeziehungen zu den Türken wichtiger waren als ein verlustreicher Krieg gegen einen brutalen Gegner. Das besiegelte das Schicksal der Griechen, die nun fast 400 Jahre lang ihrer Freiheit beraubt blieben. Immerhin gelang es dem Papst aber durch unermüdliche Anstrengungen, die angesichts der Notlage unglaublichen Egoismen der europäischen Mächte zu überwinden und die Türken von einem weiteren Vordringen nach Mitteleuropa abzuhalten. Calixt III. war sittenrein, äußerst bescheiden und untadelig. Als er seinen Neffen Rodrigo Borgia zum Kardinal machte und auch anderen Familienangehörigen in Rom Ämter verschaffte, um in dem vom Parteienstreit zerklüfteten italienischen Umfeld vertraute Stützen seiner Regierung zu haben, tat er etwas, was damals auch bei den italienischen Päpsten spätestens seit dem 13. Jahrhundert gang und gäbe war, er zeigte sich »familienfreundlich«. Ein Papst, der so etwas nicht tat, wie später Hadrian VI., galt den Italienern buchstäblich als »asozial«.

Dieser junge Neffe Rodrigo Borgia bewährte sich tatsächlich. 35 Jahre lang diente er nicht nur seinem Onkel, sondern anschließend noch weiteren vier Päpsten als Vizekanzler. Das war noch nie vorgekommen und galt allein schon als Kunststück, das nur durch herausragende Fähigkeiten zu erklären war. »Hochbegabt« nennt ihn der berühmte Schweizer Kulturhistoriker Jacob Burckhardt. Rodrigo war ungemein fleißig und machte seine Sache so gut, dass er immer weiter aufstieg. Bei einer äußerst heiklen diplomatischen Mission in Spanien gelang auch ihm die Befriedung dieser unruhigen Weltgegend. Er war es, der die Ehe zwischen Isabella von Kastilien und Ferdinand von Aragon legitimieren ließ und der einen zehnjährigen Kampf um Barcelona beendete. So einte Rodrigo Borgia Spanien. Der hemmungslose Lüstling des ZDF hätte so etwas nie zustande gebracht.

Freilich pflegten die modernen Herrscher Italiens, die Renaissance-Fürsten, eine eher laxe Moral. Sie hatten gewöhnlich Konkubinen und zahlreiche illegitime Kinder, sogenannte »Bastarde«. Man wusste, dass das nicht in Ordnung war, aber man störte sich nicht sonderlich daran. Kardinäle und Päpste waren auch RenaissanceFürsten, aber wegen des Zölibats nicht verheiratet. Und so nahmen sie sich ebenfalls einen Lebenswandel heraus, den damals alle Welt für modern hielt. Sie taten das nicht verkniffen, sondern offen, und zeigten dabei durchaus Verantwortung und Familiensinn. Der Kardinal Rodrigo Borgia war seiner Geliebten Vannozza de Cattaneis lange Jahre treu, hatte mit ihr vier Kinder, für deren sorgfältige Erziehung er sorgte. Als er dann Papst wurde, war seine Wahl von mehr oder weniger denselben Intrigen und Absprachen geprägt, wie sie schon bei seinen italienischen Vorgängern eingerissen waren und wie sie sich auch nach seinem Tod bei seinen italienischen Nachfolgern zum Ärger der Kirchenreformer fortsetzten.

Sein Pontifikat von 1492 bis 1503 unterschied sich von Vorgängern und Nachfolgern vor allem dadurch, dass er sich nicht bloß in italienische Angelegenheiten verrannte, sondern weltpolitische Perspektiven zeigte. Papst Alexander VI. vermittelte den berühmten Vertrag von Tordesillas, der 1494 die Welt nach Entscheidung des Papstes zwischen den Seemächten Spanien und Portugal aufteilte. Ohne hier auf die umstrittenen Einzelheiten dieses Vertrags eingehen zu können, kann kaum bezweifelt werden, dass es sich dabei um einen der großen Friedensverträge der Menschheitsgeschichte handelt, der nicht einen Krieg beendet, sondern einen womöglich 100-jährigen Krieg zwischen den damals größten Seemächten von vornherein verhindert hat. Dem Baskenland brachte Alexander durch geschickte Politik den Frieden, der bis zu seinem Tod andauerte. Außerdem gelang es ihm, der massiven militärischen Aggression des französischen Königs standzuhalten, wozu er sich in höchster Not in der Engelsburg verteidigen musste.

In seiner Zeit begann die Hochrenaissance in Rom. Bramante, der große Architekt, schuf mit dem Tempietto bei San Pietro in Montorio sein erstes Werk in Rom und der junge Michelangelo die Pietà für Sankt Peter. Unter Alexander herrschte eine durch und durch liberale Stimmung in Rom, der junge Kopernikus trat in der Universität auf, der Papst lud Menschen zu Gast, die ihn zuvor aufs Derbste geschmäht hatten. Er plädierte für geradezu schrankenlose Meinungsfreiheit. In der Auseinandersetzung um den fanatischen Dominikanermönch Savonarola in Florenz, der in dieser Stadt ein hypermoralisches Terrorregime errichtet hatte und von der Kanzel aus die Menschen aufforderte, seinen Gegnern den Kopf abzuschlagen, plädierte Alexander lange Zeit für Milde, bis am Ende die Stadt Florenz selbst sich des tyrannischen Eiferers entledigen wollte. Ein Heiliger war dieser Papst sicher nicht. Wohl aber war er tieffromm. Auf Papst Alexander VI. wird die Ave-Maria-Bitte »Heilige Maria, Mutter Gottes, bitte für uns Sünder, jetzt und in der Stunde unseres Todes« zurückgeführt, die den Christen an die beiden wichtigsten Momente des Lebens erinnert. Das Heilige Jahr 1500 feierte er würdig und erst nach seinem Tod begann unter Papst Julius II. der verhängnisvolle Ablasshandel. Gegen den heftigen Widerstand des spanischen Königs nahm er im Kirchenstaat die aus Spanien vertriebenen Juden und Mauren auf. Außerdem internationalisierte er das Kardinalskollegium. Allerdings war er von einer inneren Zerrissenheit, die nach Johan Huizinga im »Herbst des Mittelalters« viele Menschen kennzeichnete, wie zum Beispiel Philipp den Guten von Burgund oder später auch Martin Luther. Er konnte bei aller tiefen Frömmigkeit von einem auf den anderen Moment auch heftig und ungerecht reagieren. Dabei war er sich seiner Sündhaftigkeit durchaus bewusst und versank dann nicht selten in Selbstzweifel. Nach der brutalen Ermordung seines Sohnes Juan durch Unbekannte war er zerknirscht, versprach Besserung, berief eine Kardinalskommission ein, die Reformvorschläge für die Kirche ausarbeiten sollte. Schon bald aber versandeten diese Bemühungen wieder.

Vor allem war es wohl die große Liebe zu seinen Kindern, die einen Schatten auf sein Pontifikat wirft. Allerdings mag auch dieser Vorwurf, der alle historischen Berichte über ihn durchzieht und für viele Kritiker der Schlüssel seines Pontifikats ist, voreilig sein. Die Lage des Kirchenstaats war damals äußerst prekär. In Italien herrschte skrupellose Machtpolitik, die Koalitionen wechselten in schneller Folge, im Handumdrehen war der Verbündete von gestern der Todfeind von morgen. Niemand kümmerte sich darum, dass der französische König auf dem besten Weg war, Italien zu unterwerfen, und außer dem direkt angegriffenen Venedig interessierte es keinen, dass die Türken im Norden bereits italienischen Boden betreten hatten. Nur Alexander war unermüdlich tätig, die Franzosen aus Italien herauszuhalten und eine Koalition gegen die Türken zustande zu bringen. Mit mäßigem Erfolg. Denn ausgerechnet der Spanier Rodrigo Borgia schien der Einzige, der für die Freiheit Italiens kämpfen wollte. Immer wieder beschwor er die Gesandten der italienischen Mächte in diesem Sinne, was die aber nur mit eher zynischem Lächeln quittierten. Das Motto Alexanders »Italien den Italienern« interessierte die Italiener selber einfach nicht. Schließlich musste der Papst hilflos zusehen, wie der von Italienern gerufene französische König Karl VIII. Rom besetzte und ihm Zugeständnisse abpresste, wobei er der wichtigsten Forderung des Königs nach Belehnung mit dem Königreich Neapel tapfer widerstand. In diesen ununterbrochenen politischen Wirren musste der Papst erleben, dass auf seine eigenen Vasallen, die ungebärdigen Barone des Kirchenstaats, keinerlei Verlass war, ja dass sie selber sich immer wieder gegen ihn verschworen. Auch die Kardinäle waren keine Hilfe. Kardinal Giuliano della Rovere, der spätere Papst Julius II., war der erbittertste Feind des Papstes, wollte ihn absetzen lassen, ein Konzil gegen ihn anrufen, und er war es, der den französischen König nach Italien gelockt hatte. Der »Römische König« Maximilian von Österreich schließlich war weit weg und mit anderem beschäftigt als mit dem ihm eigentlich obliegenden Schutz des Patrimonium Petri. Der Papst war allein.

So waren es einzig seine Verwandten, auf die sich Alexander wirklich verlassen konnte. Und als das deutlich wurde, traf die ganze spanische Familie der ungehemmte Hass der Italiener, die bisher die Machtkämpfe unter sich ausgemacht hatten. Ein Sohn des Papstes, Juan, wurde ermordet, an seinem Sohn Cesare und an seiner Tochter Lukrezia beging man Rufmord. Kaum ein seriöser Historiker glaubt heute noch, was damals in aller Munde war, dass nämlich Cesare seinen eigenen Bruder ermordet und dass Lukrezia mit ihrem Vater Blutschande getrieben habe. Doch den Verleumdern war buchstäblich keine Idee pervers genug. Alexander hatte Cesare zum Kardinal gemacht – wie das damals auch die italienischen Päpste mit Verwandten taten. Doch in Wahrheit war er für einen geistlichen Beruf denkbar ungeeignet. So legte er bald das Kardinalat nieder und bewährte sich als durchsetzungsfähiger Machtmensch, den Machiavelli bewunderte, dem Leonardo da Vinci bereitwillig diente und den das

Volk liebte und fürchtete. Glanzvoll trat er auf und gewiss konnte er auch brutal und verschlagen sein, nicht anders als die anderen Renaissance-Herrscher seiner Zeit. Tatsächlich versuchte er, sich in der Romagna, die Teil des Kirchenstaats war, ein Herzogtum zu schaffen. Doch das sollte dann Papst Julius II. für seine Familie in Urbino ganz genauso tun. Dabei wäre für den Heiligen Stuhl eine befriedete Romagna allemal besser gewesen als eine unübersehbare Ansammlung von Städten, in denen jede ihren kleinen Tyrannen hatte, der sich mit seinen »Kollegen« vor allem in einem einig war: die Oberhoheit des Papstes nicht anzuerkennen. Am Ende hatte Alexander das Unmögliche geschafft: Die Tyrannen waren vertrieben, die Barone gezähmt, Frankreich aus Italien herausgehalten. Dass Spanien sich in Neapel festgesetzt hatte, war ohne hinreichende Machtmittel nicht zu verhindern gewesen. Auf dieser Leistung konnte Papst Julius II. dann aufbauen, als er den Kirchenstaat konsolidierte.

All das erfährt man selbst in Werken der katholischen Kirchengeschichte des 19. Jahrhunderts allenfalls in Anmerkungen. Denn Alexander hatte einerseits das Pech, dass er sich nie um üble Nachrede kümmerte und deswegen dem fantasievollen Hass seiner italienischen Zeitgenossen ausgeliefert war, was von seinem tatkräftigen Nachfolger Julius II. in Schauprozessen nach seinem Ende eifrig ausgenutzt wurde. Und andererseits unterlag die Geschichtsschreibung des 19. Jahrhunderts so sehr den sexuellen Obsessionen dieser Zeit, dass allein die sexuelle Freizügigkeit des Borgia-Papstes ausreichte, um ein gerechtes Urteil der führenden Historiker schwer zu machen. Heute wissen wir, dass Alexanders Tochter Lukrezia nichts von dem hatte, was man ihr an Üblem nachsagte. Sie war hochgescheit, umfassend gebildet und endete, vom Volk geliebt, als wohltätige Herzogin von Ferrara. Die seriöse Forschung ist sich einig, dass nichts dafür spricht, dass sie das ihr nachgesagte inzestuöse Verhältnis mit ihrem Vater gehabt hätte. Und auch das berüchtigte

Borgia-Gift, das angeblich noch Tage nach der Einnahme wirken konnte, gab es nie. Denn pharmakologisch ist so etwas nicht möglich.

Und damit sind wir bei den Erfindern des Borgia-Mythos. Zugegeben, es war nicht das ZDF. Die meisten, die das Skript für das ZDF-Märchen geschrieben haben, sind längst tot. Es waren die italienischen Gegner des spanischen Papstes, aber es war auch ein Deutscher, der mutmaßlich von diesen Italienern bestochen wurde: Johannes Burckard aus Straßburg. Noch heute heißt in Rom der »Largo Argentina« nach seinem Wohnhaus, das dort stand. Argentina heißt Straßburg. Dieser Mann, der wegen Urkundenfälschung aus Straßburg hatte fliehen müssen, war Zeremoniär des Papstes, pingelig, wie Zeremoniäre manchmal sein können, und kleingeistig obendrein. Für so jemanden musste der vitale und spontane Alexander sicher ohnehin ein Albtraum sein. Außerdem wirkte der Papst für einen solchen Menschen schlicht zu modern. Johannes Burckard dagegen glaubte felsenfest an Hexen und er kolportierte in seinem Tagebuch, das zwar erst vor etwa hundert Jahren veröffentlicht wurde, dessen Geschichten er aber gewiss schon damals unters Volk brachte, plastisch und lustvoll, doch natürlich voller Abscheu, wie der Heilige Vater mit Hexen verkehrte, sich mit seiner Tochter bei sexuellen Orgien vergnügte und überhaupt auch sonst ganz schrecklich unordentlich gewesen sei. Was dieser prüde Mann da an sexueller Fantasie zustande brachte, ist aus psychologischer Sicht schon beachtlich. Und es wurde beachtet. Das Tagebuch des Johannes Burchard entspricht in etwa der Yellow-Press unserer Tage. Denn genau das wollte man ja hören. Ein Monster musste dieser Spanier gewesen sein, ein Unhold, mit dem Teufel im Bunde, ein allzeit bereiter gieriger Lüstling, der selbst vor Sex mit seiner eigenen Tochter nicht zurückschreckte. Normalerweise kämen jedem sofort Zweifel, wenn er eine solche Horrorstory hörte. Aber die Storys des bigotten deutschen Klerikers und anderer kamen den Gegnern der Spanier gerade recht. Und so gelang es einem unbedeutenden kleinen deutschen Schreibtischtäter und vielen anderen, einen zwar nicht heiligen, aber doch wohl nicht ganz unbedeutenden Papst mithilfe des Spanienhasses vieler Italiener zu vernichten und sogar seine Knochen bis in jene Abstellkammer bei der Kirche Santa Maria in Monserrato zu verfolgen. Nie mehr wurde ein Spanier Papst, und selbst die größten Verteidiger der katholischen Kirche im 19. und noch im 20. Jahrhundert fanden die Borgias einfach nur peinlich. Erst als sich die neuere historische Forschung der Borgias annahm, änderte sich die Situation. Die Historikerin Susanne Schüller-Piroli beispielsweise veröffentlichte 1979 ihr ausführliches Werk über die Borgia-Päpste, das den gängigen Mythen entgegentrat, und auch in der Folgezeit ergaben Studien ein neues, differenzierteres Bild.

Als man im Jahre 1864 erkannte, dass das wirklich die Gebeine der Borgia-Päpste waren, siegte am Ende doch die Pietät und man bestattete sie in Santa Maria in Monserrato in der ersten Seitenkapelle rechts. Doch selbst da noch wollte es der Teufel, dass man die beiden verwechselte, sodass über dem Namen des bescheidenen Calixt ein Porträt seines prachtliebenden Neffen Alexander prangte und über Alexanders Namen sein gutherziger Onkel erschien.

V. Die Neuzeit –
Alte Probleme, neue Lösungen

1. Welttheater – Martin Luther und der Ablass

Vierzehn Jahre nach dem Tod Papst Alexanders VI. kam die Reformation. Wie schon um das Jahr 1000 war auch die Zeit um 1500 religiös aufgewühlt. Die neue Spiritualität der »devotio moderna« hatte viele Menschen in der Seele bewegt und eine tiefe persönliche Frömmigkeit bewirkt. Der Buchdruck ermöglichte die Verbreitung geistlicher Literatur und die Kunst lieferte sinnlich berührende Andachtsbilder. Die Angst vor dem angeblich bevorstehenden Ende der Welt kam aber auch unseriösen Geschäftemachern zustatten, die damit das schnelle Geld machen wollten. Der berühmteste von ihnen sollte der Dominikaner Johann Tetzel werden.

Johann Tetzel war wohl eine zwielichtige Gestalt. Dass Kurfürst Friedrich von Sachsen, der spätere Fürsprecher Luthers, ihn schon einmal habe auslösen müssen, als er in Innsbruck wegen Ehebruchs und Spielbetrugs zum Tode durch Ertränken verurteilt worden war, war allerdings bloß ein Gerücht, das Luther selber erzählte. Dieser Mann jedenfalls begann seit 1504 einen schwungvollen Ablasshandel zu betreiben, für den er mit Thesen warb, die schon damals der Lehre der Kirche widersprachen. So vor allem der bekannte Spruch, der auf seinen Geldsammelkisten zu lesen war: »Sobald das Geld im Kasten klingt, die Seele in den Himmel springt.« Tetzel behauptete also, man könne durch Geld dafür sorgen, dass Verstorbene aus der Hölle in den Himmel aufsteigen. Das war kompletter, für ihn freilich lukrativer Unsinn. Zu Recht, so sieht es heute auch die katholische Kirche, protestierte der Augustinermönch Martin Luther dagegen. Für ihn war es empörend, dass sich zwischen die Christen und Gott noch eine andere Instanz schieben sollte. Gott gebe seine Gnade ganz unverdient, und das mache den Menschen frei und heil. Das war allerdings damals schon katholische Auffassung. Dennoch wurde durch Missverständnisse, politische Intrigen und tragische Ereignisse dieser Ablassstreit zum Ausgangspunkt für die Spaltung der abendländischen Christenheit.

Ist aber nicht der Ablass an sich schon ein Skandal? Was war der Ablass wirklich? Er hatte nichts mit Sündenvergebung zu tun, denn Sünden vergeben konnte auch nach damaliger kirchlicher Auffassung nur Gott, wenn man beichtete, dabei seine Sünden bekannte, bereute und den Vorsatz hatte, sie nicht wieder zu begehen. Sündenvergebung war reine Gnade Gottes, das sah auch Luther so. Allerdings sind Sünden nie etwas bloß Individuelles und also auch nicht bloß etwas zwischen Gott und einem einzelnen Menschen, Sünden betreffen immer auch die Gemeinschaft. Und daher sollte man das Leid, das man angerichtet hatte, auch abbüßen, nicht bloß später nach dem Tod im läuternden Fegefeuer, sondern auch im Diesseits schon, indem man bedürftigen Menschen half oder zum Beispiel eine mühsame Wallfahrt machte. Nur um diese Buße ging es, die die Kirche mit der ihr von Christus verliehenen Vollmacht abmilderte, wenn bestimmte Bedingungen erfüllt wurden, und diese Abmilderung nannte man Ablass. Der zu Luthers Zeiten dann aufgekommene Ablasshandel war ein Missbrauch, den das Konzil von Trient schließlich ausdrücklich verbot und den Papst Pius V. 1570 sogar mit der Exkommunikation belegte.

Doch da war schon alles zu spät. 1517 hatte Martin Luther seine 95 Thesen veröffentlicht und damit einen Sturm ausgelöst. Längst geht es dabei nicht mehr nur um den Ablass. Martin Luther will zwar keine neue Kirche, aber er will ganz entschieden eine Reform der alten. Vor allem gegen Missbräuche in der

Kirche, nicht zuletzt in Rom, zieht der temperamentvolle Mann zu Felde. Völlig zu Recht, wie sich herausstellen sollte. Denn bereits sechs Jahre später stimmt der Papst selbst Luther weitgehend zu. Es ist nicht mehr Papst Leo X., der kunstsinnige Medici-Papst, der Luther exkommuniziert hatte, ohne die Lage in Deutschland wirklich zu kennen, und das Ganze als »Mönchsgezänk« abgetan hatte.

Es war jetzt ein Deutscher, ein in Utrecht, also im damaligen Heiligen Römischen Reich deutscher Nation, geborener hochgebildeter Humanist, Adriaan Floriszoon. Der ehemalige Lehrer Kaiser Karls V. war soeben zum Papst gewählt worden und hatte sich bei den Römern schon allein dadurch unbeliebt gemacht, dass er keinen Nepotismus duldete und das unterhaltsame Hofleben ablehnte. Er hatte sich den Namen Hadrian VI. gegeben und ließ auf dem Reichstag zu Nürnberg im Jahre 1523 einen päpstlichen Legaten feierlich den folgenden Text verlesen: »Wir wissen, dass es an diesem Heiligen Stuhl schon seit einigen Jahren viele gräuliche Missbräuche in geistlichen Dingen und Vergehen gegen die göttlichen Gebote gegeben hat, ja, dass eigentlich alles pervertiert worden ist. So ist es kein Wunder, wenn sich die Krankheit vom Haupt auf die Glieder, das heißt von den Päpsten auf die unteren Kirchenführer ausgebreitet hat. Wir alle, das heißt wir Kirchenführer und Priester sind abgewichen; ein jeder sah auf seinen Weg (vgl. Jes 53,6) und da ist schon lange keiner mehr, der Gutes tut, auch nicht einer (vgl. Ps 14,3). Deshalb müssen wir alle Gott die Ehre geben und uns vor ihm demütigen; ein jeder von uns muss seinen Fall erkennen und sich selbst richten, bevor er von Gott mit der Rute seines Zorns gerichtet wird (vgl. 1 Kor 11,31). Soweit wir selbst betroffen sind, darfst du versprechen, dass wir jede Anstrengung unternehmen werden, dass als erstes diese Kurie, von der wohl das ganze Übel ausgegangen ist, reformiert wird, so dass sie in der gleichen Weise wie sie zum Verderben aller Untergebenen Anlass gegeben hat, nun auch ihre Genesung und Reform bewirkt. Dazu fühlen wir uns um so mehr verpflichtet, als wir sehen, dass die ganze Welt eine solche Reform sehnlichst begehrt.«

Doch Luther reagierte nicht. Eine verpasste Chance. Ohnehin brachte Luther, anders als Melanchthon, wie der evangelische Kirchenhistoriker Martin Brecht meint, in die Auseinandersetzung »eine persönliche Emotionalität mit hinein, die nicht immer angemessen und hilfreich war«. Papst Hadrian VI. starb bald. Er wurde in der deutschen Nationalkirche Santa Maria dell' Anima in Rom begraben und man gab ihm die bittere Grabinschrift: »Ach, wie viel hängt doch davon ab, in welche Zeit auch des besten Mannes Wirken fällt.« Sein Nachfolger war wieder ein Medici. Unter ihm kam es auch zum Zerwürfnis mit König Heinrich VIII. von England. Und der nächste Papst, Paul III., konnte dann zwar mit der Einberufung des Konzils von Trient die katholische Reform kräftig vorantreiben, aber der alte Luther war auf seinem eigenen Weg schon zu weit weg von der alten Kirche, die Hoffnung auf Einheit zerschlug sich.

2. Wie wirklich ist die Wirklichkeit? – Die schwarze Legende und die Wahrheit über die Spanische Inquisition (1484–1834)

Wenn von den Schreckenstaten der Inquisition die Rede ist, dann ist damit zumeist die Spanische Inquisition gemeint. Hunderttausende, ja Millionen Opfer soll diese grausame Behörde in den Weiten des spanischen Weltreichs auf dem Gewissen gehabt haben. Ein einziger Skandal! Doch auf kaum einem anderen Feld ist es der neueren Forschung gelungen, durch Erschließung von reichhaltigem Quellenmaterial einen Geschichtsmythos so gründlich aufzuklären wie hier.

Woran liegen die grotesken Verzerrungen dieser spanischen Institution? An dieser Stelle muss von der berühmten »Legenda nera«, der »schwarzen Legende«, die Rede sein. Das altehrwürdige spanische Weltreich wurde von den aufstrebenden protestantischen Mächten England und den Niederlanden nicht nur militärisch jahrhundertelang befehdet und am Ende besiegt, es erlitt auch eine vernichtende und nachhaltige mediale Niederlage. Seinen publizistisch übermächtigen Gegnern ist es durch das, was man heute Fake News zu nennen gewohnt ist, aber auch durch maßlose Verzerrungen gelungen, ein groteskes Horrorbild Spaniens in der Geschichte populär zu machen, das noch heute weitgehend unwidersprochen in der Öffentlichkeit nachwirkt. Und wie die kleinen wendigen Boote der Engländer die majestätischen spanischen Galeassen 1588 in der Schlacht gegen die Armada besiegten, blickten die Spanier stolz und traurig auf die enormen Erfolge vieler flinker Federn, die eifrig »alternative Fakten« schufen. Dass der puritanische Engländer Oliver Cromwell (1599–1658) Blutbäder unter irischen Katholiken anrichten ließ, dass die Bevölkerung Nordamerikas bald zu guten Teilen aus Menschen bestand, die vor der englischen Religionsrepression geflohen waren, ist weitgehend unbekannt. Doch dass die Spanische Inquisition angeblich eine brutale Verbrecherinstitution war, gehört heute immer noch sozusagen zum Allgemeinwissen. Was aber sagt die neuere Forschung dazu?

Am 18. April 1482 gründete Papst Sixtus IV. die Spanische Inquisition mit einer feierlichen Erklärung: Gegen Häretiker dürfe nur reiner Eifer für den Glauben obwalten, niemals Geldgier. Aufgrund der Aussagen von Sklaven, Feinden oder befangenen Zeugen könne kein gläubiger Christ ohne rechtskräftige Beweise ins Gefängnis geworfen, dort gefoltert, als Ketzer verurteilt und mit Vermögenseinziehung dem Weltlichen Arm überwiesen werden. Vielmehr sollten die bischöflichen Vertreter mit den Inquisitoren zusammenwirken. Den Angeklagten seien

Namen wie Aussagen von Zeugen mitzuteilen, auch Verteidiger und Entlastungszeugen seien zuzulassen, wie zudem die Gefangenen nur in bischöflichen Kerkern inhaftiert werden dürften. Jeglicher Verfahrensverstoß eröffne das Recht zur Berufung an den Papst, bei Unterbrechung des angestrengten Verfahrens. Überhaupt, wer immer sich der Ketzerei schuldig fühle, könne durch Ablegung der Beichte bei einem Inquisitor oder bischöflichen Beamten sowohl vor dem Gericht wie vor seinem Gewissen frei werden, ohne noch weiter abzuschwören, bei Annahme allein einer geheimen Buße. Über die Lossprechung sei eine Bescheinigung auszustellen, welche die Art der gebeichteten Sünde nicht erwähne und die vor jeder weiteren Behelligung für Vergangenes schütze. Das alleinige Ziel war also, wie der international bekannte britische Inquisitionshistoriker Henry Kamen feststellt, »von den Gefangenen ein Schuldbekenntnis und eine Bereitschaft zur Buße zu erhalten«. Damit hatte Sixtus die Lehren aus Missbräuchen ziehen wollen.

Doch was jetzt passierte, zeigt das Grundproblem der Spanischen Inquisition: Der mächtige spanische König zwang den Papst, seine Erklärung bald wieder außer Kraft zu setzen. Und so entwickelte sich die Spanische Inquisition mit der Zeit zu einer Art spanischem Verfassungsschutz, nicht mit wirklich religiöser Motivation, sondern als Instrument der spanischen Staatsräson, die ganz von der fixen Idee beherrscht war, dass die nach vielen Kämpfen endlich erreichte Einheit des Staates nur bei Einheit des religiösen Bekenntnisses Bestand haben könne.

Das hatte damit zu tun, dass sich die Königreiche der iberischen Halbinsel jahrhundertelang im Krieg mit den muslimischen Herren des spanischen Südens befunden hatten. In der letzten Phase der Rückeroberung kamen dann zahlreiche Muslime unter spanische Herrschaft. Manche wurden getauft, aber man hegte Misstrauen, ob sie nicht doch staatsgefährdende Umtriebe im Sinne hätten. Dieses Misstrauen galt auch gegenüber den Juden. Vor allem aber misstraute man dann später den Menschen, die im Verdacht standen, Protestanten zu sein, denn man hielt sie für Parteigänger der ewigen spanischen Gegner, des protestantischen England und des ebenso protestantischen Holland. Es entwickelte sich eine geradezu obsessive Angst, unterwandert zu sein. Daher sahen die spanischen Könige es als ihre vordringliche Aufgabe an, die Einheit und Sicherheit des Staates zu verteidigen. Zu diesem Zwecke brachten sie die Inquisition de facto unter ihre Kontrolle, und so sollte es dann über 300 Jahre lang bleiben. Die Päpste machten immer wieder Anstalten, mildernd einzugreifen, aber sie waren in Spanien machtlos. Immer wieder wurde sogar die Veröffentlichung päpstlicher Erlasse in Spanien vom König untersagt.

Die Spanische Inquisition war also eine Zwitter-Institution: päpstlich legitimiert, aber in Wirklichkeit von staatlich ernannten, sowohl geistlichen wie laikalen Inquisitoren betrieben. Und die Verfahren waren gegenüber den ersten päpstlichen Absichten erheblich restriktiver. Die Inquisition stützte sich auf eigene Zeugen. Die blieben für die Angeklagten geheim, angeblich aus Angst vor möglicher Belästigung oder gar Ermordung. Auch die Verteidigung war eingeschränkt. Alles drehte sich darum, ein persönliches Geständnis und zusätzlich noch die Bezichtigung anderer zu erlangen. Dafür wurde auch die Folter eingesetzt. Allerdings blieb die Tortur Ausnahme und sollte Henry Kamen zufolge tunlichst gemieden werden. Sie sollte nur zum Geständnis und nie zur Strafe verwendet werden und wurde deswegen vergleichsweise »milde« angewandt. Ebenso beurteilt Edward Peters in seiner Spezialuntersuchung zur Folter den Grad der Tortur als unterhalb des sonst Üblichen verbleibend, was auch der jüdische amerikanische Historiker Stephen Haliczer bestätigt. Schon früher hatte der Inquisitionskritiker Henry Charles Lea korrigiert: »Die geläufige Ansicht, dass die Folterkammer der Inquisition der Schauplatz einer besonders ausgesuchten

Grausamkeit, besonders fein ersonnener Quälmittel gewesen, und dass man besonders hartnäckig in der Erpressung von Geständnissen gewesen sei, ist ein Irrtum, der auf das Konto von Sensations-Schriftstellern geht, welche die Leichtgläubigkeit der Leute ausgenutzt haben.« Der amerikanische Historiker William Monter billigt der Inquisition darüber hinaus zu, gerade nicht willkürlich mit Angeklagten verfahren zu sein. Es hätte präzise Unterscheidungen gegeben, auch zum Beispiel, ob jemand nicht vielleicht verrückt sei. Bei der Wahrheitsfindung hätten die Inquisitoren ihr Zutrauen weniger auf die Folter als vielmehr auf das Kreuzverhör gesetzt, oft mit beträchtlicher psychologischer Finesse: »Meist verhängten diese Inquisitoren nur Strafen von unterschiedlicher Dauer und Intensität. Ihr Anliegen war eher eine Kultur der Beschämung denn der Gewalt.« So ist zu erklären, dass Stephen Haliczer resümiert, die Spanische Inquisition sei zwar noch kein moderner Gerichtshof, aber doch willens gewesen, »im formal-juristischen Schutz der Angeklagten weiter zu gehen als die französischen oder englischen Kriminalgerichte.

Die Urteilsverkündigung schließlich geschah öffentlich, war ein beliebtes Schauspiel mit Präsenz aller Honoratioren und großem Volksauflauf, dazu oft gekoppelt mit Feuerwerk, Stierkampf und Belustigungen, insofern durchaus populär. Die Schuldiggesprochenen mussten sich öffentlich mit dem Ketzerhut zeigen und feierlich ihr Bekenntnis des Glaubens, ihr Autodafé, ablegen oder sie blieben bei ihrer Weigerung und wurden dann als hartnäckige Ketzer an den Weltlichen Arm überstellt. Die Hinrichtung geschah vor der Stadt, meist mit Strangulierung noch vor dem Verbrennen, um dem Verurteilten die Flammenpein zu ersparen. Bei in Abwesenheit zum Tode Verurteilten wurde ihr Bild verbrannt. Wenn eine Gefängnisstrafe verhängt wurde, war sie anders als die Inhaftierung vor dem Urteil von »moderatem Komfort«, wie Henry Kamen berichtet, jedenfalls im Vergleich zur weltlichen »weniger brutal und humaner«, oft mit freiem Ausgang und baldiger Beendigung. Selbst der unermüdliche Henry Charles Lea, der sich sein ganzes Leben lang kritisch mit der Geschichte der Inquisition befasst hat, beschreibt den Schrecken der Gefängnisse »verhältnismäßig geringer als bei anderen Gerichtsbarkeiten«.

Auf die Forschungslage haben am stärksten die inzwischen berechneten Zahlen eingewirkt. Für den Gesamtverlauf ist eine »wilde« Phase bis 1530 und von da an eine »gemäßigte« festzustellen. Für die vergleichsweise kurze »wilde« Phase wird nach dem umfangreichen Quellenmaterial mit etwa 5000 Opfern gerechnet. Für die gemäßigte Phase hat der dänische Sozialwissenschaftler Gustav Henningsen genaue Untersuchungen vorgenommen und kommt für die 160 Jahre von 1540 bis 1700 bei fast komplett vorliegenden Quellen für das gesamte spanische Weltreich auf insgesamt 826 Todesurteile, das sind 1,8 Prozent aller Urteile, von denen allerdings nicht mehr alle exekutiert wurden.

Das erlaubt dem amerikanischen Rechtshistoriker Edward M. Peters die Feststellung einer viel größeren Zurückhaltung der Inquisition mit der Todesstrafe als bei weltlichen Gerichten. Der britische Inquisitionshistoriker Henry Kamen spricht von einer »verhältnismäßig geringen Zahl«, die gegen die »Legende eines blutrünstigen Tribunals« spreche. Außerhalb Spaniens habe religiöser Fanatismus »in einer einzigen Nacht mehr Menschenopfer gefordert als die spanische Inquisition während der ganzen Zeit ihres Bestehens«, wobei die Bartholomäusnacht von der französischen Königin in Wahrheit aus politischen Gründen ausgelöst wurde und tatsächlich in der Nacht des 23. August 1572 und in den folgenden Tagen, wie man heute annimmt, 5000 bis 15 000 Tote forderte. Aber schon die französischen Königsgerichte hatten vorher in den Jahren bis 1560 an die 500 Protestanten hinrichten lassen. Das allein sind ungefähr so viele Häretiker-Hinrichtungen wie im ganzen spanischen Weltreich zusammen in 160 Jahren.

Ein Großteil der Urteile der Spanischen Inquisition betraf nämlich gar keine Glaubensabweichler. Vielfach war die Inquisition ein Sittengericht für Ehebruch und andere entsprechende Delikte, wie es in anderen europäischen Ländern auch bestand, sodass von den 826 Todesurteilen wahrscheinlich nur etwa 570 als Religionstötungen anzusehen sind.

Im Verlauf des 17. Jahrhunderts dann verlor die Spanische Inquisition ihre Effektivität, die Hinrichtungen minimierten sich und die Folter war, wie Kamen und andere bestätigen, längst schon außer Betrieb, als Papst Pius VII. die Spanische Inquisition 1816 verbot. Die Folter- und Hinrichtungsszenen, die Francisco Goya zu Beginn des 19. Jahrhunderts geschaffen hat, entnahm er also nicht der Realität. Es waren fantastische Rückprojektionen und Teil einer Polemik, die andauerte, bis die neuere Forschung für Aufklärung sorgte.

3. Giordano Bruno und Galileo Galilei –
Die Römische Inquisition (1542–1816) und ihre Opfer

Die Römische Inquisition wurde von Papst Paul III. im Jahre 1542 gegründet. Anlass war, dass der Protestantismus in viele Städte Italiens eingedrungen und die Lage unübersichtlich geworden war. Zwar waren inzwischen zahlreiche Reformorden zur geistlichen Erneuerung der Kirche ins Leben gerufen worden, nicht zuletzt mit päpstlicher Approbation im Jahre 1540 der Jesuitenorden, der die Reform der katholischen Kirche wesentlich bestimmen sollte. Aber dann war aus kirchlicher Sicht im Jahre 1542 eine Katastrophe eingetreten. Ausgerechnet der General des neu gegründeten Kapuzinerordens, Bernardino Ochino, war Protestant geworden, und tatsächlich war für viele der Unterschied zwischen den neuen katholischen Reformbemühungen und dem Protestantismus nicht mehr ganz klar. Da sollte die Inquisition nach dem Willen des Papstes helfen.

Paul III. war eine bemerkenswerte Gestalt. Ursprünglich als Kardinal ganz dem weltlichen Leben eines Renaissancefürsten ergeben, hatte er eine innere Wandlung durchgemacht und wurde zum Reformpapst, der glaubwürdige Persönlichkeiten zu Kardinälen machte und das Konzil von Trient einberief, bei dem es ihm ursprünglich darum ging, die Einheit des Glaubens wiederherzustellen. Deswegen war Trient gewählt worden, weil es für die deutschen Protestanten leichter zu erreichen gewesen wäre.

Für diesen Papst sollte die Römische Inquisition eher ein defensives Instrument zur Abwehr von Glaubensirrtümern sein. So waren ihre Strafen denn auch im Vergleich zu allen anderen Inquisitionen verhältnismäßig moderat. Das Vorgehen war strikt geregelt: Genaueste Protokollierung, feste Rechte für den Angeklagten, wie beispielsweise die Kenntnis der Anklage und die Beiziehung eines für Unbemittelte kostenlosen Verteidigers. Tortur nie als erste, sondern als letzte Maßnahme und nicht länger als eine halbe Stunde, anzuwenden allein bei Ableugnung evidenter Indizien oder ersichtlicher Unvollständigkeit des Geständnisses, durchzuführen unter strenger Kontrolle, so nach Billigung durch mehrere Konsultoren und auch eines Arztes. Gültigkeit der mittels Folter erzielten Aussagen nur bei späterer freier Wiederholung. Endlich Bestrafung der Folterer bei Nichteinhaltung des Reglements oder mangelnder Sorgfalt. Im Ergebnis scheint die Tortur weder Geständnisse erbracht noch zuvor abgegebene revidiert zu haben, was auf milde Anwendung hindeuten dürfte. Bei Haft Verpflegung immer mit Brot, Wein, Fleisch, Gemüse und Obst, nicht anders übrigens als für das Wachpersonal, für Mittellose kostenfrei, sonst gegen Bezahlung und dabei auch Zulassung eines Dieners; alle drei Tage Reinigung der Zelle und regelmäßiger Wechsel der Kleidung wie der Betttücher; monatliche Inspektion durch den Kardinalinquisitor; Vertragsärzte für Krankheitsfälle und zur Begutachtung einer etwaigen Folterung; endlich noch Anweisung an das Wachpersonal zu guter Behandlung und Verbot von Beschimpfungen, widrigenfalls Ahndung bis zur Galeerenstrafe. Die Todesstrafe erfolgte nur bei hartnäckigem und reuelosem Widerstand gegen zentrale Dogmen oder bei Rückfall nach bereits früherer Verurteilung. Die Gesamtzahl der in den 220 Jahren zwischen 1542 und 1761 wegen direkter Glaubensvergehen Hingerichteter lässt sich inzwischen exakt bestimmen: Es waren 97.

Damit exekutierte die Römische Inquisition weniger Häretiker als viele Städte der Niederlande, wie William Monter feststellt. Allein in einem einzigen Jahr, 1569, waren es in den konfessionell gespaltenen Niederlanden 78 Hinrichtungen von Häretikern, fast so viele wie bei der Römischen Inquisition in 260 Jahren zusammen. Deswegen bekennt der amerikanische Historiker John Tedeschi, ihm sei bei seinen Forschungen ein Bild entstanden, »das sich unterschied von dem traditionellen Bild, das ich immer selbstverständlich akzeptiert hatte«. In Wahrheit sei die Römische Inquisition »ein Pionier der Rechtsreform« gewesen, ebenso ein Pionier auf dem Gebiet der Bestrafung zu einer Zeit, »als weltliche Richter bei der Urteilsverkündung keine andere Möglichkeit als den Scheiterhaufen, die Verstümmelung, den Galeerendienst und die Verbannung hatten«. Und der renommierte Historiker Peter Godman, der sich selber als »Nichtgläubiger« bezeichnet, reagiert in seinem Inquisitionsbuch auf die gängigen Mythen inzwischen ärgerlich: Man solle doch nicht »zum x-ten Male Verdammungen aussprechen, die auf wackeligem Fundament von Pseudofakten basieren. Das Heilige Offizium verfuhr in seiner unmittelbaren Einflusssphäre weit milder als die weltlichen Mächte.«

Die beiden »prominentesten« Fälle der Römischen Inquisition waren Giordano Bruno (1548–1600) und Galileo Galilei (1564–1642). Zwar wurden beide Fälle später von der antikirchlichen Propaganda zum angeblichen Ausgangspunkt des skandalösen Streits zwischen moderner Naturwissenschaft und christlichem Glauben gemacht. In Wahrheit aber verhielt es sich ganz anders.

Giordano Bruno war mit 17 Jahren in den Dominikanerorden eingetreten und dort schon durch merkwürdige Verhaltensweisen aufgefallen. Als er der Ketzerei verdächtigt wurde, trat er elf Jahre später wieder aus und begann ein unstetes Wanderleben durch ganz Europa. In Genf wurde er Protestant, geriet aber wegen theologischer Differenzen mit den Calvinisten in Konflikt, wurde eingekerkert und exkommuniziert. Um freizukommen, widerrief er. Dann ging es weiter nach Toulouse, wo er kurz einen Lehrstuhl innehatte, dann nach Paris, dann nach Oxford, wo er ebenfalls einen Lehrstuhl erlangen wollte, aber wegen Plagiatsvorwürfen und eher skurriler Auffassungen scheiterte. Mit hemmungslosen Polemiken nahm er daraufhin Rache am Oxforder Gelehrtenstand und auch am Londoner Geistesleben, ging dann wieder nach Paris. Auch dort löste er Tumulte der von ihm provozierten Aristoteliker aus und verfasste eine Schmähschrift gegen einen Mathematiker. Dann versuchte er, in Marburg einen Lehrstuhl zu erhalten, scheiterte, zog weiter nach Wittenberg, lehrte dort kurze Zeit, ging dann nach Prag und schließlich nach Helmstedt, wo er jetzt nach seiner Exkommunikation in Genf durch die Calvinisten nun auch durch die Lutheraner exkommuniziert wurde. In Frankfurt am Main legte er sich mit dem Rat der Stadt an und wurde der Stadt verwiesen. Nach einem Kurzaufenthalt in Zürich kehrte er nach Italien zurück, wo er sich in Venedig mit seinem Gönner anlegte, der ihn dann 1592 an die Inquisition verriet, sodass er am Ende in der Engelsburg in Rom landete. Erst bot er an, teilweise zu widerrufen, schwankte immer wieder, doch dann versteifte er sich auf die Leugnung der Gottessohnschaft Jesu, des Jüngsten Gerichts und auf seine Grundthese von der Ewigkeit der Welt und der Existenz unendlich vieler Welten. Tatsächlich machte sein Konzept von der zeitlichen und örtlichen Unendlichkeit des Kosmos das christliche Heilsgeschehen »ortlos«. Im Jahre 1600 schließlich entschied die Römische Inquisition nach langem Zögern, ihn wegen Ketzerei aus der Kirche auszustoßen, und übergab ihn dem Gouverneur der Stadt Rom mit der herkömmlichen Bitte, Milde walten zu lassen und keine Strafen gegen Leib oder Leben zu verhängen. Vor dem weltlichen Gericht des Gouverneurs wurde Bruno dann zum Tod auf dem Scheiterhaufen verurteilt, was auf dem Campo dei Fiori vollstreckt wurde.

Bruno ist erst viel später zum Symbol geworden. Im Grunde ist er gar kein Naturwissenschaftler, sondern er ergeht sich mehr in schwankenden fantastischen Spekulationen, legt sich mit allen an, mit buchstäblich allen christlichen Konfessionen, aber auch mit Wissenschaftlern oder städtischen Obrigkeiten. Andererseits kann er wohl auch wieder recht verbindlich sein, was ihm Gönner gewogen macht. Georges Minois, selbst Atheist, schreibt in seinem Standardwerk »Geschichte des Atheismus« über Bruno: »Und so ist Bruno im Jahre 1600 ein einsamer Mann, mit dem niemand sich kompromittieren will. Weder Galilei noch Descartes erwähnen ihn.« Aber auch die Atheisten »wollen nichts mit einem Mann zu schaffen haben, in dem sie einen erleuchteten Mystiker sehen«. So wird man am Ende vermuten müssen, dass Giordano Bruno ein gewiss ideenreicher, hochintelligenter, aber doch in seiner von extremen affektiven Schwankungen geprägten Unverträglichkeit psychisch nicht unauffälliger Mensch gewesen ist, dessen chaotisches Leben in einer Tragödie endete.

Doch all das focht diejenigen nicht an, die ihn später für ihre eigenen Absichten nutzten: die Freimaurer, die, um den Papst zu ärgern, auf dem Campo dei Fiori ein düsteres Denkmal errichteten, das die antipäpstliche römische Stadtregierung 1889 mit Freude einweihte. Und auch nicht die Giordano-Bruno-Stiftung, die unter Verkennung seines komplexen Charakters, der, wie Georges Minois urteilt, »ein tiefes Gefühl für das Göttliche bewahrte«, mit seinem Namen Reklame für den Atheismus macht.

Im Jahre 2000 jedenfalls erklärte Papst Johannes Paul II. im Rahmen der damaligen Gewissenserforschung der Kirche die Hinrichtung Giordano Brunos für ein Unrecht.

Und dann kommt da noch der unvermeidliche Fall Galilei, der Inquisitionsskandal schlechthin. Auch dabei handelte es sich eher um ein psychologisches Problem. Denn mit Naturwissenschaft, mit dem kopernikanischen Weltbild, mit Wissenschaft überhaupt hatte der Fall Galilei herzlich wenig zu tun. Das kopernikanische Weltbild war damals umstritten, wie vieles in der Wissenschaft, aber die Kirche hatte es implizit und auch explizit längst anerkannt. Als Papst Clemens VII. (1478–1534) von den neuen Erkenntnissen des Frauenburger Domherrn Nikolaus Kopernikus hörte, soll er begeistert gewesen sein, und sein Nachfolger Paul III. (1468–1549) nahm die Widmung der revolutionären Schrift des Kopernikus ohne Weiteres an. Im Jahre 1582 erklärten die Jesuiten-Astronomen Papst Gregor XIII. die Kalenderproblematik auf der Grundlage des kopernikanischen Weltbilds, was zum gregorianischen Kalender führte, nach dem wir heute noch datieren. Im katholischen Spanien war das kopernikanische Weltbild längst Lehrstoff, während Calvin es noch abgelehnt und Luther den Kopernikus einen Narren genannt hatte.

Doch dann kam Galileo Galilei, etwas spät, aber umso spektakulärer. Im ersten Inquisitionsprozess 1616 ging es eher um eine wissenschaftstheoretische Frage. Kardinal Bellarmin von der Römischen Inquisition vertrat den Standpunkt auch der heutigen Wissenschaftstheorie, dass nämlich wissenschaftliche Erkenntnisse immer falsifizierbar seien und dass Galilei das kopernikanische Weltbild gerne als wissenschaftliche Hypothese vertreten könne. Tatsächlich verlangte die Inquisition von Galilei, nicht mehr zu sagen, als er beweisen könne. Und wissenschaftlich bewiesen wurde das kopernikanische Weltbild erst 1729. Galilei aber machte daraus eine Glaubensfrage, eine Wahrheitsfrage, und sein Vorgehen war, wie der Wissenschaftsphilosoph Hans Blumenberg in seinem Werk »Die Genesis der kopernikanischen Welt« feststellte, nicht naturwissenschaftlich-empirisch, sondern eher spekulativ – und eben leider auch spektakulär. Von sich selbst hatte Galilei gesagt, er habe »durch seine wunderbaren Beobachtungen und klaren Beweisführungen hundert-, ja tausendfach mehr als je ein Weltweiser aller Jahrhunderte« das Universum erweitert. »Was wollt Ihr machen, Herr Sarsi, wenn es mir allein vergönnt war, alles Neue am Himmel zu entdecken und niemand anders auch nur irgendetwas.« Und in diesem Stil ging er die Sache an. Während seines Aufenthaltes in Rom legte er einen so aufwendigen Lebensstil an den Tag, dass der Florentiner Gesandte, bei dem er wohnte, Angst um seinen guten Ruf hatte. Am Ende erhielt er eine wohlwollende Papstaudienz und wurde in die päpstliche Akademie der Wissenschaften aufgenommen. Das Urteil der Inquisition im Verfahren von 1616 lautete, dass er versprechen musste, sich bezüglich des Weltbilds nur noch wissenschaftlich zu äußern, aber nicht mehr sozusagen missionarisch in öffentlichen populären Publikationen. Galilei akzeptierte das. Als Gerüchte aufkamen, er habe widerrufen müssen, stellte Kardinal Bellarmin ihm namens der Inquisition eine Ehrenerklärung aus, die das bestritt. Soweit es die wissenschaftliche Debatte betraf, hätte es damit sein Bewenden haben können. Der Physik-Nobelpreisträger Werner Heisenberg nannte dieses Inquisitionsurteil dann auch »eine vertretbare Entscheidung«.

Doch dann brach Galilei sein gegebenes Versprechen. Als sein Freund Kardinal Maffeo Barberini, der ihm schon viel geholfen hatte, Papst Urban VIII. geworden war, glaubte Galilei, es sich herausnehmen zu können, jetzt doch in der Frage des kopernikanischen Weltbilds wieder an die Öffentlichkeit zu gehen. Er tat das in besonders verletzender Form, indem er in einem Pamphlet mit dem Titel »Dialogo dei Massimi Sistemi«, den er eben nicht in der Wissenschaftssprache Latein, sondern in populärem Italienisch veröffentlichte, seiner eigenen lichtvollen kopernikanischen Position einen »Simplicio«, das heißt Dummkopf, genannten Menschen entgegnen lässt, der de facto die Position seines Freundes vertrat, Papst Urbans VIII., der immerhin Mathematiker war. Der Papst dürfte das nicht witzig gefunden haben, vor allem aber sah die Inquisition darin den ganz offensichtlichen Bruch des schriftlich gegebenen Versprechens und verurteilte Galilei 1633 deswegen in einer mit knapper Mehrheit gefällten Entscheidung, die ohne Unterschrift des Papstes blieb, zu Widerruf und anschließendem Hausarrest sowie de facto einem Veröffentlichungsverbot. Man darf sich aber auch da keine falschen Vorstellungen machen. Der Hausarrest fand in seiner prachtvollen Villa in Acetri statt, mit wundervollem Blick auf Florenz und reichlich Dienerschaft. Hier verfasste Galilei sogar sein wissenschaftliches Hauptwerk. Und das Veröffentlichungsverbot unterlief er, indem er ihn besuchenden Freunden Texte mitgab, die dann im Ausland veröffentlicht wurden. Niemand machte sich die Mühe, das zu verhindern.

So ist der Fall Galilei vielleicht die größte Medienente aller Zeiten. Bis heute ist der Mythos ungebrochen. Die Wahrheit dagegen sagt der jüdische, jeder Sympathie für die katholische Kirche völlig unverdächtige Schriftsteller Arthur Koestler, dessen Namen ein Preis der Deutschen Gesellschaft für Humanes Sterben trägt: »Im Gegensatz zu dem, was in den meisten Darstellungen des Werdegangs der Naturwissenschaften zu lesen steht, erfand Galilei das Teleskop nicht, ebenso wenig wie das Mikroskop, das Thermometer oder die Pendeluhr. Er entdeckte weder das Trägheitsgesetz, noch das Kräfteoder Bewegungsparallelogramm, noch die Sonnenflecken. Er leistete keinen Beitrag zur theoretischen Astronomie; er warf keine Gewichte vom Schiefen Turm zu Pisa und bewies die Richtigkeit des kopernikanischen Systems nicht. Er wurde von der Inquisition nicht gefoltert, schmachtete nicht in ihren Verliesen, sagte nicht ›und sie bewegt sich doch‹ und war kein Märtyrer der Wissenschaft.« Der Philosoph Edmund Husserl (1859–1938) warf Galilei in seiner »Krisis der europäischen Wissenschaften« sogar vor, er »habe der Erkenntnis der Natur Rang und Anspruch der Wissenschaft genommen und sie zu einer Technik entarten lassen.« Und Galileis provokante These von der absoluten Priorität naturwissenschaftlicher Erkenntnisse brachte ihm in unseren Tagen die Kritik des Physikers und Philosophen Carl Friedrich von Weizsäcker (1912–2007) ein, der »den geraden Weg von Galilei zur Atombombe« sah, wie er in seiner Autobiografie »Im Garten des Menschlichen« schrieb. Damit erinnerte er an das, was Bertolt Brecht in seinen Aufzeichnungen zum »Leben des Galilei« geschrieben hatte: »Galileis Verbrechen kann als die ›Erbsünde‹ der modernen Naturwissenschaft bezeichnet werden. Die Atombombe ist sowohl als technisches als auch soziales Phänomen das klassische Endprodukt seiner wissenschaftlichen Leistung und seines sozialen Versagens.« 1992 hat Papst Johannes Paul II. auch Galileo Galilei ausdrücklich rehabilitiert.

Selbst wenn die Wissenschaft die Mythen zu Giordano Bruno und Galileo Galilei also längst aufgeklärt hat, bleibt freilich auch in diesen Fällen die Gewalt bzw. die Androhung von Gewalt nach altchristlicher Überzeugung unchristlich.

Am Ende muss noch einmal der weltliche Bereich vergleichend betrachtet werden. In der freien Reichsstadt Nürnberg, die damals etwa 30 000 Einwohner zählte, gab es zwischen 1503 und 1743 insgesamt 939 Hinrichtungen, 113 Tötungen mehr, als die Spanische Inquisition im etwa selben Zeitraum im gesamten spanischen Weltreich zu verantworten hatte. Von den Nürnberger Hinrichtungen geschahen 613 mit dem Schwert, 295 durch den Strang, 50 Delinquenten wurden gerädert, 27 ertränkt, 8 verbrannt, 6 lebendig begraben. Die Inquisition, so verwerflich sie einzuschätzen ist, hob sich von der im weltlichen Bereich üblichen Tortur-Justiz ab. Körperverstümmelungen zum Beispiel praktizierte sie nicht.

Dennoch wären die frühen Christen ohne Zweifel fassungslos gewesen, hätten sie von Kreuzzügen und Inquisition erfahren, genauso fassungslos, wie wir es heute sind. Doch lebten sie in einer anderen Situation, ohne staatliche oder sonstige öffentliche Macht und Verantwortung. Eine Situation, die die Christen nach Jahrhunderten christlicher öffentlicher Dominanz jetzt langsam wieder erreicht haben. Deswegen ist es eine Frage der Gerechtigkeit, uns erst genau nach den völlig unterschiedlichen Bedingungen zu erkundigen, die im Mittelalter und in der beginnenden Neuzeit bestanden, um nicht leichtfertig zu urteilen.

4. Katholiken und Protestanten im Wettstreit – Im Guten wie im Bösen

Wie aber ging man außerhalb des Einzugsbereichs der Spanischen und der Römischen Inquisition mit Häretikern um, zumal seit 1517, dem Beginn der Reformation? Was die Christenheit schon einmal kürzer im sogenannten Abendländischen Schisma mit seinen zwei Päpsten schmerzlich erlebt hatte, dass nämlich alle Christen exkommuniziert waren, und zwar vom jeweils anderen Papst, das trat nun erneut ein. Die katholische Kirche hatte ihren Bannfluch auf Luther geschleudert und Luther keilte zurück, bezeichnete die römische Kirche als die »babylonische Hure«.

Demnach waren alle irgendwie Häretiker, jedenfalls aus Sicht der anderen Seite. Was also war zu tun? Die Kirche war wie gelähmt, sie tat im Grunde nichts und ließ es laufen. Der amerikanische Historiker William Monter: »Wohin man schaut, von Schottland bis Portugal fehlten den bischöflichen Gerichten und den päpstlichen Inquisitoren die Mittel zur wirksamen Verfolgung der Häresien«, und in Deutschland, dem Ursprungsland der Reformation, »war die Inquisition auf ihrem Tiefpunkt«. Luther hatte die »Freiheit eines Christenmenschen« proklamiert. War das jetzt der Anbruch der Religionsfreiheit?

Es sollte anders kommen. Denn Luther war es auch, wie der Historiker Gerd Schwerhoff urteilt, der den »Terminus Gotteslästerung zu einem geradezu inflationär benutzten Etikett« machte. Damit aber trat natürlich der Staat auf den Plan, und so kam es nun zu einem Phänomen, das sich schon vorher angekündigt hatte und das uns Heutigen völlig unverständlich erscheint: Nicht die Kirche, sondern ausgerechnet der sich modernisierende und mit wachsendem Selbstbewusstsein auftretende weltliche Staat sah sich in der unabweisbaren Pflicht, Häretiker im Sinne der Allgemeinheit als Gottesfeinde zu verfolgen und streng, oft sogar mit dem Tode, zu bestrafen. Das hatten allerdings alle Obrigkeiten eben schon seit vorchristlicher Zeit als ihre Aufgabe angesehen, um den Gotteszorn nicht auf die ganze Gesellschaft herabzubeschwören. So kritisierte der renommierte amerikanische Historiker Edward Peters, dass die staatlichen Hinrichtungen in Religionsangelegenheiten gern übersehen würden und somit eine falsche Alternative von »tolerantem« Staat und »inquisitorischer« Kirche suggeriert werde.

Es waren die Städte oder die regierenden Herrscher, die die Ahndung dieses Delikts in eigener Kompetenz und ohne vorherige kirchliche Inquisition vornahmen. Hinrichtungen wurden deswegen auch, wie bei Majestätsverbrechen, in der Regel mit dem Schwert vollzogen. So geschah es in Deutschland ebenso wie in anderen Ländern. In Frankreich war die kirchliche Gerichtsbarkeit bei Prozessen wegen Gotteslästerung praktisch ausgeschaltet. Es waren die königlichen Gerichte, die die Zuständigkeit allein für sich beanspruchten, außerdem gab es dort »keine Stadt oder Dorfgemeinschaft, die Gotteslästerer nicht bestraft hätte«, wie der französische Neuzeithistoriker Alain Cabatous in einer Spezialuntersuchung konstatiert. In England ließen die Könige enthaupten, Heinrich VIII. etwa 250 Katholiken, seine katholische Tochter Maria dann 300 Protestanten, ihre Halbschwester Elisabeth I. schließlich wieder 180 Katholiken und noch 1697 wurde vom Parlament ein »Blasphemy Act« erlassen. Ketzerverbrennung war populär. So vermachte ein Londoner Goldschmied testamentarisch Geld für Reisigbündel zur Ketzerverbrennung. Auf diese Weise hatte die vielgerühmte reformatorische Freisetzung des Politischen eine durchaus bedenkliche Seite und es entstand etwas in unseren Augen geradezu Bizarres: Eine weltlich-obrigkeitliche Inquisition in Religionsdingen.

Es war daher nicht die katholische Kirche, sondern Kaiser Karl V., der nach dem Wormser Edikt von 1521 in den Niederlanden eine Protestantenverfolgung in Gang setzte, bei der 1523 die ersten Lutheraner in Brüssel verbrannt wurden. Vier Jahre später war es dann aber derselbe Karl V., dessen Truppen Rom verwüsteten und den Papst in der Engelsburg belagerten. Dass im Gegenzug die Reformatoren auf Ketzerverfolgung und -tötung keineswegs verzichteten, sollte sich bald an den Täufern erweisen, die später in Münster ein Terrorregime errichteten und allgemein als gesellschaftsauflösend galten, weil sie jegliche Obrigkeit und überhaupt jede Verpflichtung ablehnten. Sofort gingen katholische und protestantische Landesherren mit Gewalt gegen sie vor. Luther und Melanchthon hatten die Tötung von Täufern ausdrücklich befürwortet. War die erste Hinrichtung eines Täufers im katholischen Schwyz erfolgt, so die nächste im zwinglianischen Zürich. Zürich war 1525 in gemeindlicher

Entscheidung zum reinen Gotteswort übergegangen, und damit, wie der in Amerika lehrende niederländische Historiker Heiko A. Oberman feststellt, geradezu zum »Prototyp städtischer Reformation« geworden. Aber ausgerechnet Zürich ertränkte 1527 den Täufer Felix Mantz. 1528 schickte der spätere Kaiser Ferdinand I. den Täufer Balthasar Hubmaier auf den Scheiterhaufen, der 1519 in Regensburg zur Judenverfolgung aufgerufen hatte, dann Täufer geworden und 1526 bereits die Folter in Zürich durchgestanden hatte. Der Reichstag zu Speyer setzte für das gesamte Reich auf Täufertum die Todesstrafe, zu vollziehen in staatlich-öffentlicher Machtvollkommenheit und ohne kirchliches Ketzer-Urteil.

Aber die Todesstrafe betraf nicht nur Täufer. Die Schöffen des lutherischen Leipzig ließen im ersten Viertel des 17. Jahrhunderts acht Gotteslästerer enthaupten. Auch die reformierten Städte, zumal die zwinglianischen, die man als »Gottesrepubliken« hat bezeichnen können, verfolgten verstärkt die Gottesfrevler. Unter den von 1526 bis 1600 in Zürich hingerichteten 471 Personen waren 56 Gotteslästerer, bis 1745 nochmals 22, nach neueren Untersuchungen sollen es sogar insgesamt 84 gewesen sein. So hat eine einzige protestantische Stadt mit nur etwa 10 000 Einwohnern fast so viele Gotteslästerer hingerichtet wie die 97, die die gesamte Römische Inquisition im selben Zeitraum zum Tode verurteilte. Calvin betrieb im Genfer Gottesstaat die Verbrennung des Spaniers Michael Servet, der die göttliche Dreifaltigkeit leugnete. Das geschah 1553 mit Zustimmung der zwinglianischen und lutherischen Autoritäten.

Zwar verfolgten auch in katholischen Städten die Ratsherren die Gotteslästerer, so in Köln. Dort ist allerdings nur eine einzige Hinrichtung festzustellen. Die weltlichen Gerichte in Deutschland, der Schweiz, den Niederlanden, Frankreich, England und Schottland verurteilten allein in den 19 Jahren von 1525 bis 1564, 2887 Häretiker zum Tode, dreimal so viel wie die Spanische Inquisition im gesamten spanischen Weltreich für alle Vergehen zusammen in 160 Jahren. Im gleichen Zeitraum blieb, wie William Monter bemerkt, die Rolle der Päpste mit 25 Todesurteilen, also weniger als einem Prozent, »infinitesimal«. Überhaupt zeigte sich im katholischen Umfeld generell eine gewisse Milderung, weil dort die Glaubens- und Sittenzucht gewöhnlich zuerst in der Beichte abgehandelt wurde, wodurch sich »mehr Möglichkeiten ergaben, sich der öffentlichen Disziplinierung zu entziehen«. Und auf dem linken Flügel der Reformation erinnerten einige inzwischen pazifistische Täufer leise ans Unkraut-Weizen-Gleichnis und sprachen sich, allerdings nicht immer konsequent, gegen Religionstötungen aus.

Besonders die protestantischen, doch ebenso die katholischen weltlichen Obrigkeiten kümmerten sich aber nicht nur um Häresie, sondern sie sahen sich auch für die Sittlichkeit ihrer Bürger verantwortlich. Der Rechtshistoriker Dieter Willoweit konstatiert: Jeder Fürst, der evangelische wie der katholische, stand vor der Sorge, »die Sünden seiner Untertanen würden Gottes Zorn erregen und seine Strafen nach sich ziehen.«

Als erste Stadt hat Zürich nach dem Übergang zum neuen Glauben ein Ehegericht etabliert, mit der Intention, wie die Neuzeithistorikerin Francisca Loetz mitteilt, »dass der Rat für ein gottgefälliges Leben der Untertanen zu sorgen habe, um Gottesstrafen wie Epidemien, Hungersnöte oder sonstige Katastrophen abzuwenden.« Von Zürich aus verbreitete sich die Sittenzucht in andere Städte. Nirgends sonst ist sie anfangs so konsequent betrieben worden wie in der ebenfalls protestantischen Stadt Konstanz, wo in den Jahren von 1532 bis 1534 mindestens 1200 Personen der 5000 Einwohner zählenden Stadt in irgendeiner Form damit zu tun bekamen.

Aber auch im katholischen Münsterland gab es die Besonderheit eines sogenannten »Sendgerichts«, das im Namen des Bischofs, der auch weltlicher Herrscher war, jährlich in jeder Pfarrei abgehalten wurde und als Sittengericht diente, allerdings nie eine Todesstrafe verhängte.

Und noch ein Wort zur Bücherzensur. Bücherverbrennungen gibt es, seit es Bücher gibt. Schon die griechische Antike verbrannte gotteslästerliche Bücher, und Rom verfolgte insbesondere Schmähungen des Kaisers unnachgiebig. Auch das Judentum reagierte nicht anders bei ketzerischen Schriften. Die Christen waren zunächst Opfer von Büchervernichtungen, als sie bei der diokletianischen Christenverfolgung ihre heiligen Bücher zur Vernichtung herausgeben mussten. Gerade sie reagierten anfangs erstaunlich liberal, denn der Religionshistoriker Wolfgang Speyer weist darauf hin, dass »sogar nur sehr vereinzelt laszive Literatur zensuriert oder zerstört worden zu sein scheint«. Im Mittelalter hat man dann bei Ketzerverbrennungen immer auch die Schriften des Ketzers verbrannt. Die spezielle Buchzensur, die seit dem 13. Jahrhundert aufkam, wirkte dann aber sozusagen lebensrettend: Es wurde dabei nicht der Mensch verurteilt, sondern nur ganz bestimmte seiner veröffentlichten Auffassungen für irrig erklärt, die dann gestrichen werden mussten.

Eine völlig neue Situation ergab sich nach Erfindung des Buchdrucks und vor allem bei Ausbruch der Reformation, die der evangelische Kirchenhistoriker Berndt Hamm geradezu als »Medien-Ereignis« bezeichnet. Nicht viel anders als heute bei der Herausforderung der Neuen Medien stellte sich damals die Frage, wie mit der zum Teil äußerst polemischen und aufwieglerischen Schriftenflut umzugehen sei. Dabei gehörte Zensur allgemein »zu den selbstverständlichen und kaum hinterfragten Instrumentarien staatlicher und kirchlicher Ordnungspolitik«, sodass sie »auch von Intellektuellen überwiegend positiv beurteilt wurde«, wie der Kirchenhistoriker Hubert Wolf anmerkt. Es waren die Universitäten, die Verbotslisten erstellten, auf denen insbesondere Schriften der jeweils anderen Konfession erschie-

nen. Allerdings hatte schon der von der katholischen Kirche heiliggesprochene Humanist Thomas Morus (1478–1535) darauf
vertraut, »dass die Macht der Wahrheit sich von selber dereinst
einmal durchsetzen werde.« Erst die Aufklärung plädierte dann
für völlige Publikationsfreiheit. Wobei wir sogar heute allgemein akzeptierte Einschränkungen machen. Holocaustleugnung
ist strafbar.

Dass die Bücherzensur in der katholischen Kirche noch bis
zum II. Vatikanischen Konzil wenigstens formal bestand, hat
manches Kopfschütteln ausgelöst. Doch ist ihr immerhin zugu-
tezuhalten, dass »Inquisition und Indexkongregation, indem sie
ziemlich konsequent gegen Astrologie, Naturalismus und Ok-
kultismus vorgingen, gewollt oder ungewollt mithalfen, diese
Elemente aus der sich entwickelnden Naturwissenschaft auszu-
scheiden und diese so zu modernisieren«, wie Hubert Wolf feststellt.

VI. Der größte Justizirrtum aller Zeiten – Erstaunliches über die Hexenverfolgungen

Man unterstelle, jemand riskiere die Aussage, Hexenverbrennungen seien nicht kirchlich, gar nicht von der Inquisition betrieben worden und die Päpste hätten sich darüber entsetzt. Eben solche Aussagen finden sich im Katalog zu der von einem Trierer Sonderforschungsbereich verantworteten und im Deutschen Museum Berlin im Sommer 2002 gezeigten Ausstellung »Hexenwahn«. Betont heißt es dort: »Mit besonderer Hartnäckigkeit hält sich das Vorurteil, Hexenprozesse hätten in ihrer großen Masse vor geistlichen Inquisitionsgerichten stattgefunden. In jenen Ländern, in denen die Hexenverfolgung in Händen der Inquisition lag, kann man gerade bei den neuzeitlichen Inquisitionsbehörden einen gemäßigten, ja vorsichtigen Umgang mit dem Hexendelikt feststellen.« Der derzeit beste Kenner der Hexen-Materie, der Historiker Wolfgang Behringer, hatte es zuvor noch deutlicher gesagt: »In Spanien war es gerade die institutionalisierte Inquisition, welche die Hexenverfolgungen zunächst unter ihre Kontrolle brachte und 1526 praktisch beendete.« Und vollends unglaublich klingt, »dass Päpste und Inquisitoren des 17. Jahrhunderts keine Hexenprozesse in dem Sinne durchführten, wie sie zur selben Zeit in Mitteleuropa Angst und Schrecken verbreiteten.«

1. Abenteuerliche Mythen – Theologische, nationalsozialistische und feministische Versionen der Hexenverfolgung

Wie anders diese neue Sicht ist, zeigt der Vergleich mit einer religionswissenschaftlich-theologischen Tübinger Ringvorlesung von 1978/79, wo es zur Hexenverfolgung hieß: »Wenn selbst der Papst in Rom keine Schonung mehr gelten ließ, musste die Gefahr für alle gewaltig sein! Die Zahl der solchermaßen ermordeten Frauen lässt sich nicht exakt schätzen. In manchen Orten blieben, wenn die Inquisitoren dort ›gearbeitet‹ hatten, nur eine Handvoll verängstigter Frauen übrig. Diese epidemische Tötungssucht hat im Vergleich zur damaligen Bevölkerungsdichte mehr Menschenleben gefordert als die unvorstellbare Judenvernichtungsaktion Hitlers. Was dieser getan hat, haben auch die Inquisitoren im Namen der Kirche zur Austreibung und Bekämpfung des Teufels in noch größerem Ausmaß, aber mit der gleichen Systematik und Sorgfalt, getrieben von einem unvergleichlichen Hass, einer irrationalen Angst und überzeugt von der Richtigkeit ihres Handelns getan. Und diese Massentötung geht ohne Zweifel auf die christliche Deutung des Teufels zurück. Das Heidentum kannte auch gute Hexen (= Feen). Der Hexenwahn hat seine Voraussetzung gerade in einer theologischen Deutung von der Minderwertigkeit der Frau, die viel verheerender wirken musste als die tatsächliche Minderstellung der Frau in vor- und außerkirchlichen Bereichen.« Wenn das so stimmen würde, wäre das wahrhaftig ein unglaublicher Skandal. Doch in Wahrheit ist an diesen Aussagen im Lichte der heutigen Forschung so gut wie alles falsch. Heutige Vorurteile, so hat man den Eindruck, wüten auf ihre Weise nicht minder vehement als die alten Hexenfeuer.

Die Hexenverfolgung wird schon lange für Schuldzuweisungen genutzt und tatsächlich ist das Hexenthema – so besagter Berliner Katalog – »wie vielleicht nur wenige Themen der deutschen Geschichte in hohem Maße bis in die jüngste Vergangenheit überlagert von politisch-weltanschaulichen Interessen und Instrumentalisierungen«. Das 19. Jahrhundert sah in seiner antikirchlichen Polemik vor allem die katholische Kirche als schuldig, wobei schon bald klar wurde, dass auch Luther die Hexenvernichtung befürwortet hatte. Doch inzwischen stellt der Historiker und Inquisitionsforscher Rainer Decker fest, dass der Kirchenstaat mit zu den Gebieten mit der geringsten Verfolgung zählt, ja seit der Wende zum 17. Jahrhundert, als nördlich der Alpen die Hexenfeuer richtig entflammten, »das Heilige Offizium und seine Richter faktisch überhaupt keine Hexen mehr zum Tode verurteilten«. Die Schweizer Historikerin Kim Siebenhüner berichtet, die Römische Inquisition habe Hexerei »nicht mit schweren Sanktionen bekämpft, sondern mit Bußen und pastoraler Aufklärung«. Und Arno Borst resümiert: »Nahezu alle frühen Hexenprozesse wurden nicht von Geistlichen und Intellektuellen veranstaltet, sondern von Politikern und Laien.« Kategorisch stellt der Historiker Gerhard Schormann fest: Hexenprozesse hatten »nichts mit kirchlicher Gerichtsbarkeit zu tun.«

Während der NS-Zeit ließ Heinrich Himmler eine »Hexenkartei« mit möglichst vielen Prozessen und Hinrichtungen anlegen, um auf diese Weise Material für antikirchliche Propaganda zu bekommen: Die römische Kirche und speziell der Jesuitenorden hätten vorgeblich neun Millionen Menschen germanischen Blutes geopfert und dadurch die biologischen Wurzeln gesunden Volkstums angegriffen. Statt der unterstellten Millionen brachten es Himmlers Rechercheure nur auf ein paar tausend Karteikarten. In den 60er-Jahren dann wurden Vergleiche mit dem Holocaust populär. Doch dazu stellt der große Kenner der Hexenthematik Wolfgang Behringer fest, jede Parallelisierung »mit dem systematischen Vernichtungsprogramm der NS-Zeit ist unhaltbar.«

Zugleich zeigten sich feministische Varianten. Mathilde Ludendorff (1877–1966), die Frau des verhängnisvollen Weltkriegsfeldherrn, Mitbegründerin der in der Zwischenkriegszeit aktiven Bewegung »Deutsche Gotteserkenntnis«, entdeckte »christliche Grausamkeit an deutschen Frauen«, sei doch Hexenwahn angeblich zur Kirchenlehre erhoben und Hexenverfolgung zur religiösen Pflicht erklärt worden. Man kämpfte gegen rassefremde Geistesgesetze der christlichen Priester. Systematisch habe die Kirche blonde Frauen und Mütter, die Trägerinnen nordischen Rasseerbgutes, auszurotten versucht. Für den Feminismus der 80er-Jahre muss dann wieder der Holocaust herhalten. Der Gründerin der feministischen Theologie, Mary Daly, zufolge haben Frauen mehr gelitten als alle Opfer von Rassismus und Völkermord, die Hexenverfolgung sei zum Gynozid geworden, größer noch als der Genozid des Holocaust. Die Szenarien wechseln, die Urteile bleiben. Wolfgang Behringer: »Neuer Feminismus, völkische Frauenbewegung und nationalsozialistischer Neopaganismus reichen sich hier die Hand.« Jubel löste in den 80er-Jahren der Bestseller »Die Vernichtung der weisen Frauen« der Professoren Heinsohn und Steiger, Sozialpädagoge der eine und Wirtschaftswissenschaftler der andere, bei den Rezensenten aus. Die These: Die Hexenverfolgung sei von Kirche und Staat in bevölkerungspolitischer Absicht in die Wege geleitet worden, um das Verhütungswissen der weisen Frauen zu beseitigen.

Inzwischen winkt die Forschung ab. Von »abstrusen Thesen« spricht der Sozialhistoriker Franz Irsigler. Schon 1986 hatte die damals neu erscheinende Zeitschrift »Feministische Forschung« »billigste Polemik« diagnostiziert, basierend auf primitiv-materialistischen Ausgangspositionen. Eine pharmaziehistorische Dissertation kommt zum Ergebnis, dass von einer systematischen Ausrottung des Geburtenkontrollwesens im 16. und 17. Jahrhundert nicht die Rede sein kann, und die Gender-Forschung ergänzte, es sei da wohl eher um einen klischeehaften Konflikt zwischen Oberschicht, Kirche und männlichen Ärzten einerseits und Bauern, magischer Volksmedizin und weiblichen Heilerinnen andererseits gegangen, insofern sei das Konglomerat »Hexen, Hebammen und Krankenschwestern« eher in tagespolitischen Kontexten anzusiedeln.

Längst hat die seriöse Hexenforschung ein beachtliches Niveau erreicht. Seit den 1980er-Jahren bemüht man sich ideologiefrei um klare Definitionen, präzise Beschreibungen und fundiertes Zahlenmaterial. Es gibt »Tagungen zur Hexenforschung«, die regelmäßig publiziert werden. Das Vorgehen ist interdisziplinär, selbstverständlich auch unter Einbeziehung der Frauen- und Genderforschung.

2. Hexenglaube im Mittelalter – Regino von Prüm: »Wahnvorstellungen«

Hexenglaube ist so alt wie die Menschheit. Schon im Gesetzbuch Hammurabis (1792–1750 v. Chr.) gilt Schadenszauber als strafbar. Auch im römischen Recht galt er als Delikt, das in der Spätantike sogar mit dem Tod bestraft werden konnte. Noch bis in die Neuzeit hinein ging man allgemein davon aus, dass man Menschen durch bösen Zauber schädigen könne. Doch das Christentum lehnte, getreu seinem Ansatz der Gewaltlosigkeit, eine Verfolgung oder gar Tötung ab und setzte von Anfang an auf Aufklärung und Umerziehung. Das hat die Forschung auch immer so gesehen. Selbst in der scharf antikatholischen »Geschichte der Hexenprozesse« von Soldan und Heppes aus dem 19. Jahrhundert liest man: »Der Gedanke einer kriminalrechtlichen Verfolgung abergläubischer Übungen war der Kirche ganz fremd.« Vielmehr erfolgte kirchlicherseits eine Buße, und diese Verfahrensweise blieb »ohne Zwang«, wie der amerikanische Historiker Richard Kieckhefer in seinem Buch »Magie im Mittelalter« schreibt. Wie andere Religionen auch glaubten die Christen an den Teufel, das personalisierte Böse, den Verführer, der aber keineswegs gottgleich war und der vor allem aus christlicher Sicht von Jesus Christus in Wirklichkeit längst überwunden ist. Das Neue Testament ist voll von Geschichten, in denen die Dämonen der Macht des Gottessohnes weichen müssen. Dennoch bleibt der Mensch, auch der Christ, nach christlicher Auffassung verführbar, er kann sich aus freiem Willen dem Bösen verschreiben. Von einem solchen Bündnis mit dem Teufel spricht schon Augustinus im 5. Jahrhundert, und er warnt davor. Damit hatte er allerdings im Grunde nur erklären wollen, wie Schadenszauber zustande komme.

Einer neuen umfassenden Untersuchung zufolge sah Augustinus im seinerzeit allgemein für möglich gehaltenen Kontakt mit Dämonen die von Gott gewollte Ordnung unterlaufen und darum ein heidnisches und sündhaftes Tun, das dem Taufpakt widerspreche. Mit Hexenglauben und gar mit Hexenverfolgung hatten diese Überlegungen nicht das Geringste zu tun und sie wirkten auch nicht so. Letztlich hielt die Kirche Hexenglauben für heidnischen Humbug und für die Einbildung überreizter Gemüter. Die Kirchenversammlung von Paderborn erklärt im Jahre 785: »Wer vom Teufel verleitet nach heidnischem Glauben behauptet, dass es Hexen gibt … und sie auf dem Scheiterhaufen verbrennt …, wird mit dem Tode bestraft.« Regino von Prüm (um 840–915) formuliert klar in seinem berühmten »Canon episcopi«: »Es darf nicht übergangen werden, dass manche unselige Frauen von Vorspiegelungen der Dämonen und von Wahnvorstellungen verführt, nun glauben und von sich behaupten, dass sie in der Nacht mit der heidnischen Göttin Diana und einer unzähligen Menge von Frauen auf irgendwelchen Tieren reiten und viele Länder der Erde in stiller, tiefer, unheimlicher Nacht durchqueren.« Hier ist erstmals der Hexenflug bezeugt, der als eine Wahnvorstellung aufgefasst ist, nicht jedoch als Realität. Unter dem Einfluss des Regino von Prüm sprach fortan das Kirchenrecht von Irrglauben und verwies die nachtfahrenden Frauen in den Bereich der Fantasie. Im Grunde nahm die Kirche den Hexenglauben nicht wirklich ernst. Selbst ein Thomas von Aquin, der mit seinem umfassenden Intellekt alles wahrnahm, was die Menschen seiner Zeit bewegte, spricht zwar von Dämonenpakt, ja er macht sich sogar Gedanken über sexuelle Kontakte zwischen Menschen und Dämonen, aber er zieht keinerlei Folgerungen daraus. Erst Hunderte Jahre später wurden seine Äußerungen für ganz andere Zwecke missbraucht. Im Mittelalter jedenfalls blieb das Ganze ein Randthema. Wolfgang Behringer: »Die frühchristlichen Zweifel an der Wirksamkeit jeglicher Zauberei dämmten das Verlangen nach Verfolgungen wirksam ein.« Aber gerade weil für die Kirche Hexenverfolgungen als illegal galten, brachen sich aus der Mitte des Volkes kirchlicherseits nicht gebilligte Hexenverfolgungen ungeordnet und tumultartig Bahn. Wolfgang Behringer liefert eine psychologische Erklärung: »Generell kann man sagen, dass die Unterdrückung des Wunsches nach Hexenverfolgung durch Kirche und Staat bei gleichzeitigem starken Hexenglauben in vielen Teilen Europas zu Akten der Lynchjustiz geführt hat.«

So wurden, wie es in einem zeitgenössischen Bericht der Benediktinerabtei Weihenstephan heißt, 1090 im bayerischen Freising »die Einwohner von Vötting, von Neid aufgereizt, zu teuflischer Wut entflammt gegen drei arme Weiber, als seien sie Giftmischerinnen und Verderberinnen von Menschen und Frucht. Sie griffen dieselben früh, als sie noch im Bett lagen, unterzogen sie der Wasserprobe, fanden aber keine Schuld an ihnen. Da geißelten sie dieselben grausam und wollten ihnen ein Geständnis von einigen Dingen, die sie ihnen lügenhaft vorwarfen, erpressen, aber sie konnten es nicht. Und sie kamen über die Weiber, ergriffen sie und führten sie nach Freising. Und wiederum geißelten sie dieselben, konnten aber kein Geständnis der Giftmischerei von ihnen erpressen. Da führten sie dieselben an das Ufer des Isarflusses und verbrannten sie alle drei zusammen; eine von ihnen ging mit einem lebenden Kinde schwanger. Und so erlitten sie im Feuer den Märtyrertod am 18. Juni und wurden von einem Blutsverwandten an dem Ufer begraben. Später trugen sie ein Priester und zwei Mönche hinweg und begruben sie im Vorhofe von Weihenstephan in der Hoffnung, dass sie in Wahrheit der christlichen Gemeinschaft würdig seien.«

Gegen solche Volksaktionen wandten sich Päpste und Bischöfe, etwa Gregor VII. (um 1025–1085) in einem Brief an den Dänenkönig Harald Blauzahn: »Glaubt nicht, Ihr dürftet Euch gegen Frauen versündigen, die aus dem gleichen Grund (wegen angeblicher Verursachung von Unwetter, Stürmen und Krankheiten) mit Unmenschlichkeit nach einem barbarischen Brauch abgeurteilt werden. Sondern lernt vielmehr durch Buße das göttliche Strafurteil, das Ihr verdient habt, abzuwenden, anstatt den Zorn Gottes noch mehr herbeizurufen, indem Ihr über jene unschuldigen Frauen Verderben bringt.«

Das weltliche Recht dagegen reagierte auf Schadenszauber mit Gewalt. Der »Sachsenspiegel« Eike von Repgows verordnete um 1230: »Ist ein Christ ungläubig oder beschäftigt er sich mit Zauberei und Giftmischerei und wird dessen überführt, den soll man auf dem Scheiterhaufen verbrennen.« Freilich ist Zauberei, wie der Rechtswissenschaftler Günter Jerouschek sagt, im Mittelalter »ein völlig randständiges Delikt« gewesen.

3. Hexenglaube in der Neuzeit –
Der Tod ist ein Meister aus Deutschland

Die Katastrophe bahnt sich dann erst zu Beginn der Neuzeit im
15. Jahrhundert an und es ist schwer zu sagen, wie es dazu kam.
Man hat vermutet, es sei das Bedürfnis nach Neuanfang gewesen, das die Zeit geprägt und dann zum Entschluss geführt habe,
alles mit Eifer zu »reinigen«. Und »Säuberung« sollte ja nicht
nur am Beginn, sondern auch am Ende der Neuzeit ein anderes
Wort für neuzeitlichen Massenmord sein. Jedenfalls machten
sich ganze Dörfer auf, Zauberer aufzuspüren. Es entstand in dieser Zeit eine regelrechte Hexenlehre, die sich nicht mehr bloß in
fantasievollen Spekulationen erging, sondern auf praktische
Konsequenzen drang. Es war nichts Neues, von Schadenszauber
und Teufelspakt zu reden. Was aber zu entsetzlichen Konsequenzen führte, war die nun aufkommende Überzeugung, dass
Hexenflug und Hexensabbat nicht Wahnvorstellungen, sondern
Realität seien. Dann aber konnten Hexen logischerweise ganz
viele andere beim Hexenflug mitfliegende und beim Hexensabbat mitfeiernde Hexen denunzieren, wenn man sie nur lange
genug folterte. Und genau das tat man. Es gibt wohl nur wenige
ausgedachte Ideen, die so viele grausame Menschenopfer gefordert haben. All diese Ideen waren nicht an Universitäten ausge-
dacht worden, sondern sie gärten im Volk und riefen Kirche und
Staat auf den Plan. Dabei verhielten sich sowohl Theologen wie
Kirchengerichte reserviert oder ablehnend, während das weltliche Recht sich zugänglich zeigte. Der Historiker Arno Borst
stellt fest, dass die Ortsgeistlichen nicht an vorderster Front
standen, ja einzelne »energisch die Rechtgläubigkeit einer angeblichen Hexe verteidigten«. In Spanien beendete die Inquisition 1526 praktisch die Hexenverfolgungen. Der britische Inquisitionshistoriker Henry Kamen resümiert: »Die Inquisition darf
sich mit Recht zugutehalten lassen, dass sie in Spanien einen

Aberglauben energisch ausgelöscht hat, der in anderen Ländern mehr Opfer forderte als jede andere Welle von religiösem Fanatismus.«

Zentrum der Hexenverfolgung sollte dagegen Deutschland werden und das für das Heilige Römische Reich deutscher Nation 1532 vom Kaiser erlassene Strafgesetzbuch, die so genannte Carolina, beanspruchte sofort die Kompetenz für Hexenprozesse, ließ sie allerdings nur für nachweisbaren Schadenszauber zu und bei begrenzter Folteranwendung. Diese Bestimmungen waren, wie der Rechtshistoriker Winfried Trusen erläutert, »zur Unterrichtung der ungelehrten Schöffen gedacht und verpflichteten sie in schwierigen Fällen zur Einholung des Rats bei gelehrten Juristen.« Somit ist von vorneherein klar: Hexerei wurde Gegenstand der weltlichen Justiz.

Ein windiger deutscher Dominikaner, Heinrich Kramer, der sich den wohlklingenden Namen »Institoris« zugelegt hatte und der mehrfach wegen Ablassgeldunterschlagung und anderer Zwielichtigkeiten angezeigt worden war, hatte bereits 1487 die Glut mit einem üblen Machwerk angefacht, dem berühmt-berüchtigten »Hexenhammer«. Neueste Forschung hat inzwischen all die Fälschungen entlarvt, die Heinrich Institoris brauchte, um mit diesem Text Furore zu machen. Er hatte sich geschickt bei der päpstlichen Bürokratie ein routinemäßiges Dekret besorgt, das er mit einem gefälschten Gutachten der Kölner Universität und einem kaiserlichen Privileg zu einer Kampfschrift gegen die Hexen zusammenbastelte, die allerdings tatsächlich dann schlimme Folgen haben sollte. Das Pamphlet stand in krassem Widerspruch zur kirchlichen Tradition und er gibt auch selbst unumwunden zu, er habe es verfasst, »weil einige Seelsorger und Prediger des Wortes Gottes öffentlich in ihren Predigten an das Volk zu behaupten und zu versichern sich nicht scheuten, es gäbe keine Hexen, oder könnten durch keinerlei Betätigung etwas zum Schaden der Kreaturen ausrichten«. Aber beim Volk traf er mit seinem Machwerk den »Nerv der Zeit«. Es war die weltliche Gerichtsbarkeit, die sich darauf vor allem berief. Sogar die erzprotestantischen kursächsischen Konstitutionen übernahmen Teile davon, die Spanische Inquisition dagegen lehnte den Hexenhammer ab.

So nahm das Verhängnis seinen Lauf, denn die Vorstellungen vom Hexenflug und vom Hexensabbat forderten jetzt ihren brutalen Zoll durch extrem grausame Folter. Zwar gab es unterschiedliche Auffassungen zur Notwendigkeit der Hexenprozesse, doch in den großen Verfolgungswellen gehörten die Befürworter »gutteils zur zeitgenössischen bürokratischen Führungsschicht«, wie Wolfgang Behringer feststellt. Selbst der atheistische Aufklärer Thomas Hobbes (1588–1679) war der Auffassung, »dass Hexen zurecht bestraft werden«. Vor allem Modernisierer des Justizwesens, so der Erfinder der Staatssouveränität Jean Bodin (um 1529–1596) und auch der Mitbegründer des modernen Prozessrechts Benedikt Carpzov (1595–1666) plädierten für Verfolgung und Tod der Hexen. Gegen Ende des 16. Jahrhunderts bildete bei den Juristen der den Hexen und Zauberern unterstellte Bund mit dem Satan die herrschende Auffassung, sogar mit der extremen Konsequenz, »dass es den bloßen Teufelspakt ohne Schadenszauber gleichfalls mit der Todesstrafe zu ahnden galt«, wie der Historiker Sönke Lorenz schreibt. Eine löbliche Ausnahme war nur Bayern. Dort widersetzte sich eine juristische Oberschicht in prinzipieller Form weiteren Hexenverfolgungen und stützte sich dabei auf die Publikationen des Jesuiten Adam Tanner (1572–1632), dessen Schüler Friedrich Spee später Berühmtheit erlangen sollte.

In Gang gebracht wurden Hexenprozesse fast regelmäßig von unten durch Anzeigen aus der Nachbarschaft und der Dorfgemeinde. An der Saar zum Beispiel bestanden in jedem Dorf sogenannte »Hexenausschüsse«, und die gut vorbereiteten Prozesse, an denen bis zu einem Fünftel der erwachsenen Bevölkerung als Zeugen teilnahm, endeten in 96 bis 98 Prozent der Fälle mit einem Todesurteil. Die Prozessführung oblag weltlichen Gerichten auf lokaler Ebene, oft den adeligen Ortsgerichten, die zuweilen an ihren vorjuristischen Praktiken festhielten, was nicht selten die Verurteilung zur archaischen und kirchlicherseits längst verbotenen Wasserprobe bedeutete. Indes bemühten sich die Landesherren im Gefolge der »Carolina« um größere Rechtssicherheit, sodass speziell bei Hexenprozessen ein promovierter Jurist bestellt oder eine Versendung der Akten an eine juristische Fakultät verordnet wurde. Die Verfahren hatten also nichts mit kirchlicher Gerichtsbarkeit zu tun. Der Dresdner Historiker Gerd Schwerhoff findet die Letztverantwortlichen der Hexenprozesse »in den Reihen jenes Personenkreises, dem gemeinhin eine wichtige Rolle im Prozess der Staatsbildung und einer rationalen Verwaltungspraxis seit der zweiten Hälfte des 16. Jahrhunderts zugesprochen wird; die Rede ist von den Juristen in städtischen und landesherrlichen Diensten«. Und der amerikanische Historiker Brian Levack bestätigt: »Wäre die weltliche Gerichtsbarkeit nicht mobilisiert worden, wäre die große Hexenjagd ein Schatten ihrer selbst geblieben.« Am Ende ist mit Betroffenheit festzuhalten, was der am Anfang zitierte Ausstellungskatalog formuliert: »Die massenhaften Prozesse während des Höhepunkts der west- und mitteleuropäischen Hexenverfolgungen im Zeitraum zwischen 1560 und 1700 mit ihren hohen Hinrichtungsraten waren das Werk weltlicher Richter.«

Und wie steht es mit den Zahlen? Die im 18. Jahrhundert auf absurde Weise »errechnete« Zahl von neun Millionen spukt immer noch durch die Gazetten. Im Jahre 2000 waren es für den »Spiegel« »eine Million Teufelsweiber«, die Opfer der »Frauenfeindlichkeit der Kirche« wurden, und auch das Konkurrenzmagazin, der »Focus«, ging 2002 bei seinen Schätzungen in die Millionen. Doch längst liegen klare wissenschaftliche Befunde vor.

Der dänische Sozialwissenschaftler Gustav Henningsen kommt europaweit auf eine Gesamtzahl von 50 000 Opfern, davon die weitaus meisten in Deutschland (25 000) und den umgebenden Ländern, und zwar gleichermaßen in protestantischen und katholischen Gegenden. Dabei taten sich allerdings die geistlichen Kurfürsten am Rhein unrühmlich hervor, weil sie als weltliche Herrscher offensichtlich besonders modern und »vorbildlich« sein wollten, und sie überließen die Verfahren denn auch ihren führenden weltlichen Juristen. Dagegen waren in Gesamteuropa die katholischen Gebiete nur in verschwindend geringem Maße betroffen. Während in Deutschland mit erschreckenden 1,6 Promille der Bevölkerung gerechnet wird, sind es in Irland 0,0002 Promille, in Portugal 0,0007, in Spanien 0,037 und in Italien 0,076. So sind auch die Hexenverfolgungen ein bedrückender Teil deutscher Schuld. »Seht da Deutschland, so vieler Hexen Mutter«, sollte der große Kämpfer gegen den Hexenglauben Friedrich Spee am Ende klagen.

All das darf nicht darüber hinwegtäuschen, dass auch 50 000 Opfer ein bestürzendes Ergebnis sind, wenn man die entsetzlichen Qualen vor Augen hat, die diese Menschen erleiden mussten. Nicht zuletzt ist der Begriff »Justizmord« im Zusammenhang mit einem Hexenprozess geprägt worden. Besonderes Entsetzen hat immer der hohe Anteil von Frauen ausgelöst. Die Wissenschaft geht heute von 75 bis 80 Prozent aus. Hier sieht sich zumal die Frauenforschung herausgefordert, denn die abzuleitende Folgerung erscheint so einfach wie folgerichtig: nämlich Frauenfeindschaft, wie sie im »Hexenhammer« massiv hervortritt. Aber das seien die einfachen Erklärungen vergangener Tage, heißt es nun in einem von der Historikerin Ingrid Ahrend-Schulte herausgegebenen Band über »Geschlecht, Magie und Hexenverfolgung«: Die Frauenfeindlichkeit der scholastischen Theologie greife zu kurz, und die angeblich leichtere Verführbarkeit der Frau habe zwar verdächtigend, aber oft auch strafmildernd gewirkt. Erfolgversprechender sei, in der magischen Volkskultur nach Geschlechter-Stereotypen zu suchen, wo Frauen nicht nur als Opfer, sondern auch als Akteurinnen anzutreffen seien: »Neue Regionalstudien belegen, dass Verdächtigungen und Anzeigen wegen Hexerei innerhalb Nachbarschaften häufig von Frauen kamen.« Eine neuere Untersuchung macht die Gegenprobe bei Männern und bringt dabei auch konfessionelle Aspekte ins Spiel: Luther habe Zauberei wegen der Verführbarkeit der Eva eher als Frauenaktion aufgefasst, während katholische Gebiete eher den weiteren, auch Hexer umfassenden Begriff befolgt hätten.

4. Das Ende – Ein entsetzter Inquisitor, ein tapferer Jesuit und der Präsident des Bundesverfassungsgerichts

Das Ende der Hexenverfolgung kam vor allem durch überzeugte und überzeugende Christen, und zwar mit christlichen Begründungen. Die Kirche hatte von vorneherein gemäß dem »Canon episcopi« des Regino von Prüm die brandgefährlichen Vorstellungen von Hexenflug und Hexensabbat für reine Fantasieprodukte gehalten, sodass durch Folter erpresste Denunziationen ohnehin abwegig waren. Brian Levack stellt überrascht fest, dass es gerade die päpstlichen Inquisitoren waren, die »mit als erste erkannten, dass Folter zu zahlreichen Fehlurteilen geführt hatte«. Noch 1623 erklärt eine päpstlich verordnete Verlautbarung: »Seine Heiligkeit hat mich beauftragt, Ihnen zu schreiben, dass sie den Aussagen von besessenen Personen und denen von Hexen, die bezeugen, andere Personen bei Hexensabbaten gesehen zu haben, keinen Glauben schenken wegen der Täuschung, die bei solchen Handlungen geschieht.« Für Schadenszauber gab es allenfalls eine Kirchenbuße. Körperliche Strafen lehnten die Kirchengerichte konsequent ab.

Ein eklatantes Beispiel ist die Stadt Münster. Solange sie noch ihre weltlichen Freiheiten hatte, gab es Hexenprozesse, die freilich nur in fünf Prozent zu Todesurteilen führten, wobei es aber mehrfach zu Lynchjustiz an Freigesprochenen kam. Als dann Fürstbischof Christoph Bernhard von Galen (1606–1678) der Stadt ihre Freiheiten nahm und selber die Gerichtshoheit ausübte, verhinderte er ab sofort weitere Hexenprozesse und ließ adlige Gerichtsherren im fürstbischöflichen Territorium, die noch die Wasserprobe anwandten, hart bestrafen. In Rom waren 1572 noch Frauen als Hexen verbrannt worden, aber seitdem verhinderten Inquisition und Papsttum jede weitere Hexenverfolgung, während nördlich der Alpen das Hexenbrennen jetzt erst richtig losging. Entsetzt war der römische Kardinal Francesco Albizzi (1593–1684), als er in Begleitung eines römischen Inquisitors im Jahre 1635 durch Deutschland reiste, über die allen christlichen Prinzipien widersprechenden Hexenverfolgungen. Und er sprach von dem lobenswerten Buch eines unbekannten Autors mit dem Titel »Cautio criminalis«.

Dieser Autor war Friedrich Spee (1591–1635). Der tieffromme und hochgescheite Jesuit, von dem berührende Kirchenlieder überliefert sind, die heute noch mit Inbrunst gesungen werden, verfasste 1631 die Schrift »Rechtliches Bedenken oder Buch über die Hexenprozesse«, lateinisch kurz »Cautio criminalis«. Es sollte ein epochemachendes Werk werden, das am Ende entscheidend zur Einstellung der Hexenprozesse führte. Spee schreibt: »Nachdem ich viel und lange sowohl in der Beichte als außerhalb mit diesen Gefangenen zu tun gehabt hatte, nachdem ich ihr Wesen von allen Seiten geprüft hatte, Gott und Menschen zu Hilfe und Rat gezogen, Indizien und Akten durchforscht, mich, soweit das ohne Verletzung des Beichtgeheimnisses möglich, mit den Richtern selbst ausgesprochen, alles genau durchdacht und die einzelnen Argumente bei meinen Überlegungen gegeneinander abgewogen hatte – da konnte ich doch zu keinem anderen Urteil kommen, als dass man Schuldlose für schuldig hält.« Entschieden wandte er sich mit den Worten gegen die deutsche Folterpraxis, »dass daher die Tortur völlig abzuschaffen und nicht mehr anzuwenden sei«.

Spees große Leistung bestand darin, dass er die Hexenprozesse nicht zuletzt juristisch kritisierte. Die weltliche Justiz, die diese Prozesse befördert hatte, war zu dieser Selbstkritik nicht in der Lage. Und so wäre es eigentlich der Präsident des Bundesverfassungsgerichts, der sich für die skandalösen, mörderischen Hexenverfolgungen seiner juristischen Altvorderen entschuldigen und zugleich der Kirche danken müsste, dass sie dem Spuk ein Ende gemacht hat. Im »Handwörterbuch zur Deutschen Rechtsgeschichte« heißt es: »Obwohl Spee kein Jurist war, erkannte er die entscheidenden Mängel des Hexenverfahrens und verstand es mit bestechender Logik und Anschauungskraft, eine Reihe von Prozessmaximen für das Hexenverfahren zu formulieren, die in Deutschland erst nach der Französischen Revolution im liberalen Strafprozess allgemeine Anerkennung fanden. Eine juristische Meisterleistung Spees besteht schließlich darin, dass er den Grundsatz der Unschuldsvermutung neugefasst und mit Nachdruck seine Anwendung im Hexenverfahren gefordert hat.«

Seine Motivation aber war nachdrücklich christlich. Auch bei ihm war es nicht zuletzt das urchristliche, lebensrettende Unkraut-Weizen-Gleichnis, das ihn antrieb: »Wenn Gefahr droht, dass zugleich der Weizen mit ausgerauft werde, dann darf das Unkraut nicht vertilgt werden.« So war es sein Gewissen, das ihn nicht mehr ruhen ließ: »Wie oft ich das unter tiefen Seufzern in durchwachten Nächten durchdacht habe …«

Tatsächlich war es also das Christentum, das die aus heidnischem Volksaberglauben entstandenen Hexenverfolgungen beendete. Das theologische Erstgebot der Liebe verhalf dem Jesuiten Friedrich Spee zu seiner juristischen Wende gegen die Hexenprozesse: »Die Nächstenliebe verzehrt mich und brennt wie Feuer in meinem Herzen; sie treibt mich an, mich mit allem Eifer dafür ins Mittel zu legen, dass meine Befürchtung nicht wahr werde, ein unglückseliger Windhauch könne die Flammen dieser Scheiterhaufen auch auf schuldlose Menschen übergreifen machen. Überhaupt muss gezeigt werden, dass unser Gott nicht ist wie die Götzen der Heiden, die von ihrem Zorn nicht lassen können, dass er ein für alle Male von unbegreiflicher Liebe zum Menschengeschlecht erfüllt ist, die zu tief ist, als dass er nun doch das Versprechen seiner Zuneigung widerrufen könnte.«

Das Christentum, das in einer Zeit der Schwäche der Hexenverfolgungen nicht mehr Herr geworden war, setzte sich am Ende doch durch. Da aber, wo die Christianisierung offenbar nur recht oberflächlich erfolgte, bricht sich auch in unseren Tagen der Hexenglaube wieder Bahn. Am 24. Juli 2002 meldete die FAZ von einer in Kenia abgehaltenen Tagung des Britischen Ostafrikainstituts: »Immer mehr vermeintliche Hexen, oft alte Frauen, werden brutal ins Jenseits befördert. In einer Provinz im Nordwesten Tansanias waren es zwischen 1997 und 1999 allein 185 Menschen. Häufig übernehmen Auftragsmörder das blutige Geschäft, die Aufklärungsquote ist gering. Regierung, Polizei und einheimische Eliten müssen sich heftige Vorwürfe gefallen lassen. Nicht selten wird ihnen gar Mittäterschaft unterstellt. Die Presse in Uganda, Kenia und Tansania heizt die Sensationslust an. Geschichten über bestialische Tötungen und die Verquickung von Hexerei und Politik sind populärer Lesestoff und sorgen für hohe Auflagen. Gerichte gründen ihre Urteile häufig auf dem ›Fachwissen‹ der ›Witchdoctors‹, sodass vermeintliche Hexen ohne andere Beweise oft drakonisch bestraft werden. Überall in Ostafrika sind Politiker überzeugt, dass okkulte Kräfte die Politik zu schwächen suchen und dass dieser Bereich staatlich kontrolliert werden müsse. Aber auch die Mitglieder der modernen Eliten rufen den Staat auf, gegen die von Hexen ausgehende Gefahr juristisch vorzugehen; die derzeitige Gesetzgebung weise hier große Lücken auf und schütze Hexerei sogar.«

VII. Legenden der Indianermission –
Was man weiß und
was man wissen sollte

1. Mission und Gewalt –
Das Problem der Menschenopfer

Ist Mission nicht überhaupt ein Skandal? Soll man Menschen nicht einfach in ihrem angestammten Glaubenssystem belassen? Viele denken heute so. Was aber, wenn diese Glaubenssysteme gewalttätig sind, wenn sie den Menschenrechten widersprechen, ja wenn sie sogar menschenverachtend sind? Haben sie auch dann Anspruch auf religiöse Toleranz? Und darf man da überhaupt gleichgültig bleiben?

Die Christen jedenfalls blieben nicht gleichgültig, vor allem deswegen nicht, weil sie sich von Gott her beauftragt wussten, allen Völkern den Glauben an Jesus Christus zu verkünden. Eine solche Mission musste freiwillig erfolgen, das stand für Christen von Anfang an nie in Zweifel, also durch Predigt, durch Vorbild, durch Einsicht. Mit diesen guten Absichten trafen sie aber auf irritierende Phänomene, vor allem auf Stammesreligionen, die, wie Jan Assmann sagt, »ethnozentrische Mächte« sind und kaum auf bloße Einsicht reagieren. Eine solche Religion bewirke nämlich das berauschende Gefühl unvergleichlicher Überlegenheit des eigenen Volkes und damit auch der eigenen Religion gegenüber allen anderen Völkern, das sich in rücksichtsloser Gewalt anderen Völkern gegenüber auslebe. Noch der moderne ersatzreligiöse Nationalismus hat aus einer ganz vergleichbaren Weltsicht heraus Vernichtungsaktionen ganz ungeheuerlichen Ausmaßes hervorgebracht und obendrein dafür noch ein »Gott mit uns« proklamiert. Aber ist dieser quasireligiöse Nationalismus letztlich durch Einsicht bezähmt worden?

Schon der Philosoph Immanuel Kant (1724–1804), der große Aufklärer, hatte in seinem berühmten Traktat über den ewigen Frieden erklärt, es sei »auf keinen anderen Anfang des rechtlichen Zustandes zu rechnen, als den durch Gewalt, auf deren Zwang nachher das öffentliche Recht gegründet wird«. Mit Gewalt hat dann auch in unseren Tagen eine internationale Koalition, mit Zustimmung der sonst pazifistisch gesinnten Grünen in Deutschland, auf Geheiß der Vereinten Nationen Serben daran gehindert, Kosovaren umzubringen, nur weil es Kosovaren waren. »Ethnische Säuberungen« gab und gibt es bis in jüngste Zeit und Fachleute glauben nicht, dass sie im 21. Jahrhundert aufhören werden. Mit Gewalt musste schließlich auch Gaius Julius Caesar den Galliern die Menschenopfer ihrer Stammesreligion verbieten. War das religiöse Intoleranz? Gewalt ist also nichts in sich Schlechtes, es bedarf der Staatsgewalt, um Rechte der Menschen zu sichern, und der Macht internationaler Institutionen, die ungerechter Gewalt in den Arm fällt.

War also die christliche Ablehnung der Gladiatorenspiele, bei denen zum Beispiel im Jahre 107 an 123 Tagen 10 000 Gladiatoren mitwirkten und vielfach zu Tode kamen, Intoleranz gegenüber fremden Gewohnheiten? Hätte man die Menschenopfer, die die Kelten, Germanen und Slawen praktizierten, tolerieren sollen? Die christlichen Missionare gingen zuweilen Kompromisse ein; so bedingten sich die Isländer bei ihrer im Jahre 1000 vollzogenen Taufe aus, wenigstens weiterhin Kinder aussetzen zu dürfen.

Bei den Indianern trat dann wieder dasselbe Problem zutage. Auch ihre Religion hatte alle Eigenschaften von Stammesreligionen: Über die Azteken heißt es in einem Bericht von ihnen unterworfener Indios, sie seien »die grausamsten und teuflischsten Menschen, die man sich vorstellen kann, denn sie behandelten die Vasallen noch viel schlimmer, als dies die Spanier je getan haben«. Auch die Azteken kannten Bücherverbrennungen, vor allem aber waren sie stolz auf ihre Menschenopfer. Ein einheimischer Bericht vermeldet, wie sie den Spanien gegenübertraten: »Man werde sie alle opfern und verzehren oder den wilden Tieren vorwerfen, und als sie einmal Gefangene machen, richten sie es so ein, dass diese unter den Augen von Cortés' Soldaten geopfert werden und sie aßen ihr Fleisch, und auf diese Weise opferten sie auch alle anderen und aßen ihre Arme, und die Herzen und das Blut boten sie ihren Göttern dar.« Wie sollte man solchen Üblichkeiten gewaltfrei begegnen? Wie konnte man da missionieren?

Vor der Moderne ist kein Religionsmissionar aus Indien oder China ins christliche Europa gekommen, um dort zu predigen. Hingegen sollen altchristlicher Überlieferung zufolge die Apostel bereits in alle Welt gezogen sein, so Thomas nach Indien. Tatsächlich muss es in Indien spätestens im 3. Jahrhundert christliche Gemeinden gegeben haben. In China gründeten die Nestorianer 635 die erste Christen-Gemeinde. Der christliche Missionsgedanke war von Anfang an auf die ganze Welt angelegt, wollte alle Grenzen überwinden. In seiner klassisch gewordenen »Geschichte der Ausbreitung des Christentums« hebt der amerikanische Historiker Kenneth Scott Latourette an der neuzeitlich-überseeischen Mission hervor: »Niemals zuvor war einer anderen Religion die Möglichkeit zuteil geworden, auf einen so großen Teil der Menschheit Einfluss zu gewinnen«. In der Tat, im 16. Jahrhundert veränderte sich die Religionskarte der Welt: Das Christentum wurde weltumspannend. Dieser Ausgriff war hauptsächlich katholisch. Evangelischerseits entwickelte sich vorerst kein Missionsbemühen für die Neue Welt, während katholischerseits die seit dem Hochmittelalter schon auf Mission eingestellten Orden, und so auch die neu gegründeten Jesuiten, den Entdeckern folgten und zu den neuen Kontinenten vordrangen. Dadurch wurde das Christentum zur größten Weltreligion und der Katholizismus zur größten christlichen Konfession.

Für die damaligen Missionare stellten sich dadurch brennende Fragen: Wie sollte man mit diesen Menschen in den fernen Welten umgehen? Waren es überhaupt Menschen? Und wenn ja, waren sie von gleichem Rang wie die Europäer?

2. Wirksame Ideen – Naturrecht, Menschenrecht, Völkerrecht

Die Antike hatte das Naturrecht geschaffen, das von den Rechten handelte, die sich aus der Natur des Menschen ergeben. Den Rechten jedes Menschen. Allerdings dann doch nur mehr in der Theorie. Denn für die Griechen hatten volle Rechte nur Griechen, nicht Barbaren, nur Männer und nicht gleichermaßen Frauen, und solche Rechte galten sowieso nicht für Sklaven. Der Philosoph Platon kannte nur abgestufte Rechte und sein Schüler und Gegenspieler Aristoteles hielt Gleichheit für unerreichbar, bei Sklaven von Natur aus für unmöglich. Erst die spätere stoische Philosophie sah eine gemeinsame Natur aller Menschen aufgrund der Geistestätigkeit des Menschen. Allerdings hatte das praktisch keine Konsequenzen.

Für das frühe Christentum stand das Naturrecht auf festerem Boden. Denn für die Christen war jeder Mensch von Gott geschaffen, deswegen von gutem Ursprung und entsprechend zu behandeln. Es waren vor allem zwei Stellen aus dem Römerbrief des Apostels Paulus, die für diese Sicht grundlegend waren:

Zum einen ging es um die Wertschätzung der Vernunft bei allen Menschen: »Seit Erschaffung der Welt wird Gottes unsichtbare Wirklichkeit an den Werken der Schöpfung mit der Vernunft wahrgenommen, seine ewige Macht und Gottheit (Röm 1,19 f.)«.

Zum anderen war da die Überzeugung, dass jeder Mensch ein Gewissen habe: Den Heiden sei »die Forderung des Gesetzes ins Herz geschrieben; ihr Gewissen legt Zeugnis davon ab (Röm 2,15).«

Die im Jahre 1140 herausgegebene maßgebliche Sammlung des Kirchenrechts, das Decretum Gratiani, definierte gleich zu Anfang das Naturrecht: »Was allen Völkern gemeinsam ist, weil es überall aus dem Antrieb der Natur und nicht durch irgendeinen Erlass gilt.« Der größte Denker des Mittelalters, Thomas von Aquin (1225–1274), zieht daraus auch für spätere Zeiten entscheidende Konsequenzen. Für ihn hat jeder Mensch die natürliche Veranlagung, die allgemeinsten Prinzipien moralischen und rechtlichen Verhaltens zu erkennen, sie auszusprechen und durchzusetzen. Mit dem Prinzip »Das Gute ist zu tun« haben wir, schreibt Thomas, »demnach ein echtes Naturgesetz vor uns.« Diesem Gesetz ist unbedingter Gehorsam geschuldet. Wenn etwa die von einem Usurpator erlassene Rechtsordnung den naturrechtlichen Normen widerspricht, so ist aktiver Widerstand gerechtfertigt, »sofern dadurch nicht ein noch größeres Übel für das Gemeinwohl entsteht«. Und mit aller Klarheit: »Wenn das geschriebene Gesetz etwas gegen das Naturrecht enthält, ist es ungerecht und hat nicht die Kraft, zu verpflichten.« Das sollte später für den christlichen Widerstand in Unrechtsstaaten grundlegende Bedeutung erlangen.

Vor allem aber hatte es Folgen für die Mission. Im Gegensatz zum Islam, der nur das Gottesrecht kannte, führt das Naturrecht bei den Christen zu einer erweiterten Toleranz. Die naturrechtliche Sicht von der allen Menschen eigenen guten Natur hat nämlich weitreichende Konsequenzen für die Einstellung gegenüber den Ungläubigen, den Heiden. Weil auch sie von Gott geschaffen sind, sind sie in ihrer Eigenart zu respektieren. Denn wenn sie schuldlos nicht von Christus gehört hätten, dabei ihrem Gewissen gefolgt seien und gottesfürchtig lebten, könnten sie auch ohne Taufe als gerettet angesehen werden. Diese Aussage hat es dann später sogar in den entscheidenden Text des II. Vatikanischen Konzils, Lumen gentium, geschafft.

3. Protestantische Mission und katholische Mission – Ein kleiner Unterschied und seine großen Folgen

Der Protestantismus hat zwar maßgeblich zur modernen Rechtstradition beigetragen, dagegen kannte er kein Naturrecht, ja für Luther war die Natur des Menschen ganz verderbt und total auf die Gnade Gottes angewiesen. Es gibt wenige Fälle, wo theologische Überzeugungen so einschneidende Folgen hatten. Noch 1652 besagte ein von der Wittenberger lutherischen Fakultät zur Mission erstelltes Gutachten, die Ablehnung des Evangeliums bei Juden, Muslimen und Heiden erkläre sich aus deren teufelsbedingter Verstockung und aus gottgewirkter Prädestination. Erst viel später meldeten sich aus der evangelischen Erweckungsbewegung Missionare, in Deutschland erstmals aus den Reihen der Herrnhuter Brüdergemeine.

Demgegenüber stellte sich die katholische Missionstheologie zur Natur der Heiden von vornherein entschieden positiv. Der berühmte Dominikaner Bartolomé de Las Casas (1484–1566) hielt die Indios gerade nicht für »unentschuldbar« oder gar »verworfen«, folgten sie doch, obwohl noch ohne Kenntnis des Christentums, bestmöglich dem Licht der natürlichen Vernunft. Die Konsequenzen sind bis heute greifbar: Die Naturrechtstradition bewirke »das Überleben der meisten indianischen Kulturvölker, die durch das spanische Kolonialsystem besser beschützt wurden«, während im »puritanischen Wirkungsbereich mit nach abendländischem Verständnis formaljuristisch sauberen Verträgen den indianischen Völkern immer mehr Land abgekauft und die Masse der Verdammten wie wilde Tiere gejagt oder in Reservate verdrängt wurde«, wie der Missionshistoriker Mariano Delgado feststellt. Die katholische Missions- und Siedlungspolitik »zielte auf Vermischung mit den missionierten Völkern und Schaffung gemischter Gesellschaften von Alt- und Neuchristen; die protestantische Missions- und Siedlungspolitik lief hingegen auf Apartheidsregime hinaus, damit die europäischen Auserwählten unter sich bleiben konnten«.

Im Übrigen war aus christlicher Sicht die gemeinsame Abstammung aller Menschen von Adam und Eva entscheidend für die Zubilligung von Menschenrechten für alle. Erst Aufklärer wie Voltaire (1694–1778), die dem Christentum zunehmend distanziert gegenüberstanden, sollten später bezweifeln, »ob der Verstand von Schwarzen überhaupt derselben Spezies zuzuordnen ist wie der von Weißen« und die schwarze Sexualität hielt er für »primitiv und pathologisch«. Immanuel Kant betrachtete die weiße Rasse als Stammgattung, was sich an den Europäern zeige, die zu allen Zeiten die anderen Völker bezwungen und belehrt hätten. Die Politologin Gudrun Hentges urteilt: »Mit dieser Aussage hat Kant implizit jegliche territorialen Eroberungen und Unterwerfungen der Ureinwohner unter die Willkürherrschaft der europäischen Kolonialmächte gerechtfertigt.« Der Philosoph Johann Gottlieb Fichte (1762–1814) warnt vor einer Weltregierung von »Juden, Negern, Tataren und Indios«. Georg Wilhelm Friedrich Hegel (1770–1831) hält Afrika für ein »Kinderland« und erklärt den Untergang der amerikanischen Urbevölkerung mit deren eigener Stumpfheit.

Dagegen predigten die christlichen Missionare ganz selbstverständlich die Einheit des Menschengeschlechtes, vor allem hielten sie die Menschen aller Hautfarben und Kulturen stets unterschiedslos für bekehrungs- und bildungsfähig. Durch die Missionsschulen und den von ihnen vermittelten persönlichen Freiheitsgedanken setzten sie einen Individualisierungs- und

Modernisierungsprozess in Gang, der schließlich entscheidend zur Entkolonialisierung beitrug. Die Missionare hatten sich stets zu Fürsprechern der Eingeborenen gemacht. So ist es kein Wunder, dass sich die Opposition der kolonialisierten Völker und ihr Verlangen nach Selbständigkeit zunächst unter Christen artikulierte und aus den Lehren der christlichen Botschaft resultierte, wie der Historiker Horst Gründer feststellt.

Wie aber steht es mit dem Vorwurf, die Europäer hätten skandalöserweise die eingeborene Bevölkerung massenhaft vernichtet? Tatsächlich ist im Zuge der europäischen Welteroberung mancherorts ein erheblicher Rückgang der Bevölkerung eingetreten. Doch sind die Gründe nicht bloß bösartig, sondern vor allem tragisch. Mit den Europäern breiteten sich nämlich Krankheiten aus, die vielerorts die einheimische Bevölkerung erschreckend dezimierten. In Südamerika sank die Bevölkerung von schätzungsweise 70 Millionen auf 10 Millionen, in Neuseeland zwischen 1769 und 1890 von über 100 000 auf 40 000, in Neu-England verschwanden im 17. Jahrhundert bis zu 90 Prozent der Indios. Ebenso können Sibirien, China und Grönland genannt werden. Es waren vor allem die Krankheitskeime, es waren aber sicher auch die europäischen Feuerwaffen, die brutal unter den Eingeborenen wüteten. Und hier ergibt sich ebenfalls ein differenziertes Bild. Wie Horst Gründer betont, gab es im spanisch-portugiesischen Südamerika »keine einzige Anordnung oder auch nur Verlautbarung vonseiten der Krone oder der zentralen Verwaltung, in der die Ausrottung der Indios dekretiert oder auch nur billigend in Kauf genommen wurde«, denn grundsätzlich gewährten die Spanier »den Indios einen Platz in ihrem Kolonialreich«. Im sogenannten »Jesuitenstaat« in Paraguay konnten die Indianer bis ins 18. Jahrhundert hinein unter dem Schutz der Jesuiten und mit widerwilliger Billigung des spanischen Königreichs vor Ausbeutung und Ausrottung bewahrt werden. Anders die englisch-protestantischen Siedler, deren Kolonialexpansionismus »eine besonders aggressive Form« aufgewiesen habe und »die ursprünglichen Bewohner versklavt, verdrängt oder vernichtet« habe, »je nachdem ob man ihrer bedurfte oder nicht«. Der Alkohol wurde dort als »probates und von Gott gegebenes Mittel zur Auslöschung der Indianer betrachtet«.

4. Das große Schweigen – Die vergessenen Verteidiger der Indios

Der große Humanist, Lordkanzler des englischen Königs und am Ende heilige Märtyrer der katholischen Kirche Thomas Morus (1478–1535) war dagegen voller Bewunderung für die neu entdeckten Fremden, die, obwohl Nichtchristen, in einem vorbildlichen Gemeinwesen lebten und deren Missionierung nur tolerant erfolgen dürfe. In der modellhaften Fantasiewelt seiner berühmten »Utopia« wird intolerantes Eifern nicht geduldet: »Es war da ein frisch Getaufter, der gegen unseren Rat öffentlich über die Verehrung Christi mit mehr Eifer als Klugheit predigte. Er geriet dabei so ins Feuer, dass er bald unser Glaubensbekenntnis über alle anderen erhob, ja diese obendrein alle zusammen in Grund und Boden verdammte, sie unheilig nannte und ihre Bekenner als ruchlose Gotteslästerer, würdig des höllischen Feuers, begeiferte. Als er lange so weiter predigte, ließ man ihn verhaften.« Es ist belegt, dass Missionare in Südamerika dieses Buch im Reisegepäck hatten.

Sofort kam es zum Zusammenstoß der Kirche mit den gierigen spanischen Eroberern. Denen ging es vor allem um Gold, und allein deswegen schon dachten sie nicht an die Ausrottung der Ureinwohner, weil sie sie als Zwangsarbeiter brauchten. Als Erste protestierten dagegen bereits im Jahre 1500 Franziskaner-Missionare, damals direkt gegen Columbus und seine Leute.

1511 hält der Dominikaner Antonio de Montesinos eine sofort berühmt gewordene Adventspredigt: »Sagt, mit welchem Recht haltet ihr diese Indios in so grausamer und schrecklicher Sklaverei? Was ermächtigt euch, so verabscheuungswürdige Kriege gegen diese Menschen zu führen, die friedlich und ruhig in ihrem eigenen Lande lebten, Kriege, in denen ihr unendlich viele von ihnen mit nie gehörtem Mord und Zerstörung vernichtet habt? Warum haltet ihr sie so unterdrückt und erschöpft, ohne ihnen etwas zu essen zu geben, noch ihre Krankheiten zu heilen, die sie wegen des Übermaßes an Arbeit befallen, das ihr ihnen auferlegt? Und sie sterben euch weg, oder besser, ihr tötet sie, nur um jeden Tag Gold herauszupressen und zu erhalten? Und was kümmert euch, wer sie im Glauben unterweist, damit sie ihren Gott kennen lernen, getauft werden und die Messe hören, die Feiertage und die Sonntage einhalten? Sind sie keine Menschen? Haben sie keine vernunftbegabten Seelen? Seid ihr nicht verpflichtet, sie zu lieben wie euch selbst?« So aufgebracht waren die Dominikaner über das Verhalten der Konquistadoren, dass sie zu einem ganz unerhörten Mittel griffen: Sie verweigerten Menschen die Beichte, die Sklaven hielten und nicht versprachen, sie freizulassen. Von den empörenden Zuständen erschüttert sah sich Bartolomé de Las Casas, Dominikaner auch er, der sich daraufhin zum unerschrockenen und unermüdlichen Verteidiger der Indios bekehrte. Er trat sogar vor Kaiser Karl V. auf und brachte ihn dazu, Gesetze zum Schutz der Indios zu erlassen, die allerdings keinen dauerhaften Bestand hatten, denn es gab Widerstände.

Es gehört zu den Glanzpunkten der spanischen Geschichte, dass aus den Diskussionen um die Rechte der Indianer die Grundlagen des modernen Völkerrechts hervorgingen. Gestützt auf Thomas von Aquin entwickelte Francisco de Vitoria (1483–1546) fundamentale Rechtsüberzeugungen: »Ungläubigkeit verhindert nicht, dass jemand ein echter Herr ist.« Damit drückte de Vitoria unter anderem die Überzeugung aus, man könne vom Standpunkt des göttlichen Rechts her seiner Güter nicht verlustig gehen. Selbst der Papst besitze keinerlei zeitliche Vollmacht über Barbaren und andere Ungläubige. In den Kolonien müsse man sich verhalten, wie es sich für Gäste gehöre. Niemand dürfe zur Taufe gezwungen werden, nur auf dem Recht auf Predigt des Evangeliums – modern gesprochen auf freier Meinungsäußerung – müsse man bestehen. Im Gegensatz zu Las Casas ist Vitoria der Auffassung, dass man allerdings Menschenopfer mit Gewalt verhindern müsse.

Obwohl man auch im spanischen Machtbereich insgesamt eine Tendenz zu Ausbeutung und Verelendung der indianischen Unterschichten nicht verkennen könne, stellt der Historiker Wolfgang Reinhard fest, »dass keine andere Kolonialmacht so früh so viel Selbstkritik geübt hat, wie die spanische Gesetzgebung 1542–1573 und die spanische theologische Diskussion der zweiten Hälfte des 16. Jahrhunderts zeigt.« Und der Schweizer Historiker Urs Bitterli bestätigt: »Keine andere koloniale Macht, weder Portugal noch später Holland, England oder Frankreich hat sich in der Anfangsphase ihrer überseeischen Tätigkeit so sehr bemüht, das Faktum des Kulturkontakts intellektuell zu durchdringen und rechtlich zu regeln.« Und so kommt Roberto Fernandez, ein früher Anhänger von Fidel Castro und jetziger Dissident, zu dem Ergebnis: »Wenn etwas die spanische Eroberung von der Plünderung Hollands, Frankreichs, Englands, Deutschlands, Belgiens und der Vereinigten Staaten – um einige berühmte westliche Nationen zu nennen – unterscheidet, dann ist das nicht die Fülle von Verbrechen, in denen sie alle würdige Rivalen sind, sondern die Menge der Skrupel. Den von diesen Nationen ausgeführten Eroberungen hat es keineswegs an Tod und Zerstörung gefehlt; was ihnen jedoch fehlte, waren Männer wie Bartolomé de Las Casas und interne Debatten über die Rechtmäßigkeit von Eroberungen, wie die von den Dominikanern initiierten, welche das spanische Reich im 16. Jahrhundert erschütterten.«

Das entspricht dem Stand der Forschung. Dennoch ist all das der Öffentlichkeit erstaunlicherweise nach wie vor nicht bekannt, denn noch 450 Jahre danach wirkt unvermindert die »Legenda nera«, die nachhaltigste Geschichtsfälschung aller Zeiten, die alles Spanische in den schwärzesten Farben zeichnet und die viel radikalere Indianervernichtung in Nordamerika mit Schweigen übergeht. Eine neue französische »Geschichte des Christentums« bestätigt, die Legenda nera »verfälsche die Debatte um die spanische Kolonialpolitik bis zur Stunde«.

Den entscheidenden Akt gegen die unerträgliche Situation der Indios stellte indessen das Dekret Papst Pauls III. aus dem Jahre 1537 dar, das als »Magna Charta der Rechte der Indios« gefeiert worden ist: »Deshalb entscheiden und erklären Wir, dass die vorgenannten Indianer und alle übrigen Völker, die den Christen später noch bekannt werden, auch wenn sie außerhalb des Glaubens leben, ihrer Freiheit und Verfügungsgewalt über ihre Güter nicht beraubt werden dürfen, dass sie im Gegenteil Freiheit und Besitz in rechtmäßiger Unangefochtenheit benutzen, erwerben und sich dessen erfreuen dürfen und dass sie nicht zu Sklaven gemacht werden dürfen, dass alles, was entgegen dem hier Gesagten geschehen mag, ungültig und nichtig ist; und dass die Indianer und die anderen Völker durch die Verkündigung des Wortes Gottes und das Beispiel eines guten Lebens zum Glauben an Christus eingeladen werden sollen.« Zwangstaufe lehnte die Kirche stets ab. Die Veröffentlichung dieser päpstlichen Erklärung blieb in Spanien lange Zeit verboten, aber sie war von unschätzbarer Bedeutung für alle künftigen Missionare auf der ganzen Welt.

Es war eine zutiefst religiöse, eine zutiefst christliche Motivation, die den unermüdlichen Verteidiger der Indios Bartolomé de Las Casas (1484–1566) antrieb: »So, mein Herr, habe auch ich gehandelt, denn ich hinterlasse in diesem Westindien Jesus Christus, unseren Gott, nicht einmal, sondern tausendfach gegeißelt und gepeinigt, geschlagen und gekreuzigt, wie es durch die Spanier geschieht, die jene Völker niederwerfen und zerstören und ihnen jeden Raum zu Umkehr und Buße rauben, so dass sie vor der Zeit sterben ohne Glauben und Sakramente. Viele Male habe ich flehentlich den Königlichen Rat ersucht, hierin Abhilfe zu schaffen.« Der Befreiungstheologe Gustavo Gutierrez sieht in diesem Bekenntnis das Kernstück von Las Casas' theologischem Denken, dessen hier fassbare evangelisch-spirituellen Wurzeln.

VIII. Aufklärung – Woher kommen die Menschenrechte wirklich und wer hat die Sklaven befreit?

1. Der Aufstieg Europas – Konfessionsstreit und Aufklärung

In diese Debatten platzte die Reformation, die nicht den Konflikt von Christen mit Heiden, sondern den Konflikt von Christen mit Christen heraufführte. Wie sollte man damit umgehen, dass man erstmals seit fast tausend Jahren im Abendland mit großen Gruppen und gar Staaten von Christen zu tun bekam, die den eigenen christlichen Glauben nicht teilten? Da tat nun nochmals in den Konfessionskämpfen des 16. und 17. Jahrhunderts – und darüber hinaus – das Modell der »Erlaubten Religion« seine mäßigende Wirkung. Hatte es bis dahin geholfen, das Verhältnis zu Fremdreligionen zu bewältigen, so jetzt den innerchristlichen Streit. Der Augsburger Religionsfrieden von 1555 schuf die staatlich verordnete »Erlaubnistoleranz«, die den jeweiligen konfessionellen Minderheiten Toleranz, wenngleich keine Gleichberechtigung zusprach. Nicht selten waren es gerade kirchliche Vertreter, die sich um Toleranz bemühten, so wie die Bischöfe von Münster Bernhard von Raesfeld (reg. 1557–1566) und Johann von Hoya (reg. 1566–1574). Wo aber weiterhin unduldsam verfahren wurde, bildeten sich Geheim-Konfessionen: sogenannte Krypto-Katholiken in England und Holland, Krypto-Calvinisten in lutherischen Ländern und Krypto-Lutheraner in Österreich. Letztere vermochten zu Zehntausenden bis zum Toleranzedikt Kaiser Josephs II. 1782 durchzuhalten, wobei sie äußerlich zur Sonntagsmesse, Beichte und Kommunion gingen, aber zuvor ihre Bibel-Gottesdienste hielten und möglichst die Firmsalbung als »Zeichen des Antichrist« mieden. Wer sich nicht in die staatlich verordneten Konfessionen einfügen wollte, wanderte nach Nordamerika aus, wo sich die »Geistbewegten« wiederfanden.

Im Dreißigjährigen Krieg steigerte sich die jeweilige antikonfessionelle Propaganda gerade zu Anfang enorm, doch waren hier letztlich politische Motive entscheidend. Und immerhin kann der renommierte Historiker Anton Schindling sogar für diese Zeit urteilen: »Die Pax christiana verband sich oft in sehr differenzierten Gewissenserörterungen mit einer ethisch gemäßigten Staatsräson, die einen moralisch schrankenlosen Machiavellismus ablehnte.« Ohnehin sieht die moderne Konfessionsforschung den interkonfessionellen Konflikt, ohne die schweren Verwerfungen leugnen zu wollen, differenzierter. Der Neuzeit-Historiker Heinz Schilling beschreibt »Religion und Kirchen unter dem Konfessionalismus als Agenda des neuzeitlichen Wandels«. Die große Disziplinierung Europas durch die neuzeitlichen Konfessionen habe die Ermöglichung eines Bildungsaufstiegs und letztlich auch die Industrialisierung heraufgeführt: »Im Vergleich zum Mittelalter ist der europäische Mensch im umfassenden Sinn ›ein anderer‹ geworden«, und insofern erzielte die Konfessionsbildung eine bleibend positive Wirkung. Das sagt die historische Forschung. Für die christliche Theologie freilich bleibt die Kirchenspaltung unvermindert ein Ärgernis, das dem Auftrag Christi aus dem Johannesevangelium widerspricht: »So sollen sie vollendet sein in der Einheit, damit die Welt erkennt, dass du mich gesandt hast und die Meinen ebenso geliebt hast wie mich.« (Joh 17,23)

Zwar waren die kriegerischen Auseinandersetzungen zwischen katholischen und protestantischen Staaten nicht wirklich Konfessionskriege, weil politische und auch wirtschaftliche Gründe zumeist der entscheidende Antrieb waren. Im Dreißigjährigen Krieg war das katholische Frankreich in der Regel mit den protestantischen Fürsten im Bunde, und sogar der Papst sympathisierte mitunter mit solchen Koalitionen. Dennoch war man nach diesem endlosen Ringen der religiösen Kontroversen müde und suchte nun eine gemeinsame Grundlage für das gesellschaftliche und staatliche Leben, die auf ausdrücklich christliche Bezüge verzichten konnte. Und so trat nun das Naturrecht wieder verstärkt auf den Plan, das für die Frage nach Gut und Böse von einer allgemeinen Natur des Menschen ausgeht und keine biblischen Begründungen benötigt. Tatsächlich kommt die Menschenrechtserklärung der Französischen Revolution von 1789 ganz ohne religiöse Begriffe aus: »Die Menschen werden frei und gleich an Rechten geboren und bleiben es.« Diese Erklärung atmet den Geist der Aufklärung, die zu den geistigen Antrieben der Französischen Revolution gehörte.

Es herrscht heute, mitunter sogar in kirchlichen Kreisen, weitgehend Einigkeit darüber, dass es ein Skandal war, dass die Aufklärung, der wir so viel zu verdanken haben, dass insbesondere die Menschenrechte sich gegen die hinhaltende Totalopposition der Kirche durchsetzen mussten. Aber stimmt das so wirklich? Was sagt die aufgeklärte moderne Wissenschaft zu dieser These?

Anlass der Aufklärung war vor allem ein enormer Wissenszuwachs. Die Entdeckung Amerikas und der vielen anderen Länder und Völker hatte schlagartig den Horizont der Europäer enorm erweitert. Andere Religionen waren in den Blick gekommen und hatten die Selbstverständlichkeit des eigenen christlichen Glaubens allein durch ihre Existenz infrage gestellt. Und auch astronomisch konnte man sich nicht mehr selbstverständlich als Mittelpunkt der Welt sehen. Noch Goethe sollte sich Gedanken darüber machen: »Doch unter allen Entdeckungen und Überzeugungen möchte nichts eine größere Wirkung auf den menschlichen Geist hervorgebracht haben, als die Lehre des Kopernikus. Kaum war die Welt als rund anerkannt und in sich selbst abgeschlossen, so sollte sie auf das ungeheure Vorrecht Verzicht tun, der Mittelpunkt des Weltalls zu sein. Vielleicht ist noch nie eine größere Forderung an die Menschheit geschehen, denn was ging nicht alles durch diese Anerkennung in Dunst und Rauch auf: ein zweites Paradies, eine Welt der Unschuld, Dichtkunst und Frömmigkeit, das Zeugnis der Sinne, die Überzeugung eines poetisch-religiösen Glaubens; kein Wunder, dass man dies alles nicht wollte fahren lassen …«

Doch die Aufklärer schritten voran. Die neuen naturwissenschaftlichen Erkenntnisse beflügelten das Denken der Menschen und führten zu bemerkenswerten technischen Errungenschaften. Die Auswirkungen reichten bis in den Alltag. Man vergegenwärtige sich die Wirkung des 1750 erfundenen Blitzableiters. Bis dahin waren Blitz und Donner der sichtbare Beweis für Gottes Zorn, für seine Donnerstimme und sein Strafhandeln; zu schützen suchte man sich mit Gebet und guter Lebensführung. Nun aber vermochte sich auch ein ausgemachter Bösewicht einen Blitzableiter aufs Dach zu setzen und war dadurch salviert. Vor allem brach sich ein immer optimistischer werdendes Fortschrittsdenken Bahn. Nichts schien unmöglich.

Mit dem Naturrecht, auf das man sich nun in der Aufklärung berief, hatten die Katholiken viel weniger Probleme als die Protestanten, die seit Luther die Natur des Menschen für völlig verdorben und unfähig hielten. Vom Christentum war das antike Naturrecht universal ausgeweitet und wirksam umgesetzt worden, um dann von der Aufklärung als säkulares Recht deklariert zu werden, mit Wirkungen bis heute. Denn die endgültige Säkularisierung des Staates ist ohne Zweifel eine der großen Leistungen der Aufklärung, die damit den Konfessionszwang überwand, der lange in europäischen Ländern herrschte.

Die Tatsache, dass in Nordamerika die modernen Freiheiten aus der dort von vornherein für selbstverständlich gehaltenen

Trennung von Kirche und Staat hervorgingen und sich darum nie gegenchristlich verstanden, erklärt übrigens, warum Religion für US-Amerikaner heute immer noch viel unbefangener öffentlich präsent ist als in Europa. Denn auf dem alten Kontinent mussten diese Freiheiten nicht selten gegen den Konfessionszwang durchgesetzt werden, der in vielen Ländern herrschte. Religionsfreiheit war der Kern der neuen Freiheiten. Der evangelische Theologe Friedrich Wilhelm Graf stellt fest, dass für Amerikaner von vorneherein klar war, dass der Staat »sich keinerlei Auslegungskompetenz für Glaubensinhalte zuschreibt und er nicht besser als die Frommen selbst wissen zu können meint, woran sie glauben sollen.«

Mit der Aufklärung trat das freie eigene Gewissen in den Mittelpunkt, das sich nicht durch die Obrigkeit gängeln lassen wollte. Jean-Jacques Rousseau (1712–1778) ruft aus: »Gewissen! Gewissen! Göttlicher Instinkt! Unsterbliche und himmlische Stimme! Sicherer Führer eines unwissenden und beschränkten, aber verständigen und freien Wesens! Untrüglicher Richter über Gut und Böse, der den Menschen gottähnlich macht. Du gibst seiner Natur die Vollkommenheit und seinen Handlungen die Sittlichkeit! Ohne dich fühle ich nichts in mir, das mich über die Tiere erhebt, als das traurige Vorrecht, mich mit Hilfe eines ungeregelten Verstandes und einer grundsatzlosen Vernunft von Irrtum zu Irrtum zu verlieren.« Es war mit aufklärerischer Emphase das, was schon im Römerbrief des Apostels Paulus stand: Den Heiden »ist die Forderung des Gesetzes ins Herz geschrieben; ihr Gewissen legt Zeugnis davon ab.« (Röm 2,15)

So war die Aufklärung auch Resultat jenes Prozesses, den das Christentum selber in Gang gesetzt und dann weiter vorangebracht hatte. Es waren die Klöster, die Überragendes für Zivilisation, Kultur und Kunst leisteten. Ohne sie wäre die Aufklärung von ihren geistigen Quellen abgeschnitten gewesen, denn die Schreiber der Klöster und ihre Bibliothekare überlieferten alles, was früher gedacht wurde. Für den Gründer der modernen Soziologie, Max Weber, der sich selber für »religiös unmusikalisch« erklärt hat, war der mittelalterliche Mönch »der erste in dieser Epoche rational lebende Mensch«. Und es ist derselbe Max Weber, der zum Ergebnis kam, dass das westliche Christentum einmalige Kulturleistungen hervorgebracht habe, wie das rationale Experiment, das zum Beispiel in den überaus entwickelten indischen Naturwissenschaften gefehlt habe. Eine rationale Chemie sei außerhalb des Okzidents überhaupt nicht entwickelt worden, ebensowenig eine rationale harmonische Musik mit ihrem Zubehör an Noten, Instrumenten und Orchestern. Als ebenso einmalig müsse man das politische und soziale Gebiet ansehen: das Fachbeamtentum und den Staat als politische Anstalt, zuletzt noch den Kapitalismus.

Wäre die Aufklärung im Übrigen nur im Protest gegen die unaufgeklärte Religion entstanden, hätte sie auch in von anderen Religionen geprägten Ländern einen solchen religiösen Widerpart gefunden. Sie entstand aber nur auf christlichem Boden, was nahelegt, dass sie diesem Boden geistige Nährstoffe entnahm, die sie woanders nicht finden konnte.

Und tatsächlich gilt zum Beispiel für den Islam, was der Dekan der islamisch-theologischen Fakultät in Istanbul 2005 erklärte: »Mit Offenheit müssen wir erklären, dass die muslimischen Staaten für die Bedürfnisse des 21. Jahrhunderts noch nicht genügend aufgeklärt sind.« Nach dem von arabischen Sachverständigen im Auftrag der Vereinten Nationen erstellten ›Arab Human Development Report‹ lag das Bruttoinlandsprodukt aller arabischen Länder zusammen 1999 unter dem vergleichsweise kleinen Schweden. Die Anmeldung von Patenten und die Buchproduktion sind marginal, es gibt kaum in der Wissenschaft tätige Personen. Und vor allem gibt es wenig Freiheit und Demokratie. All das liegt bekanntlich nicht an mangelnden Finanzmitteln. Zweifellos, die europäische Aufklärung brachte einen Zugewinn an Wissen und Emanzipation, was bereicherte und humanisierte, aber das schuf sie nicht allein aus sich selbst.

2. Gottebenbildlichkeit –
Zur »Genealogie der Menschenrechte«

»Und dann sprach Gott: Lasst uns Menschen machen als unser Abbild, uns ähnlich.« Mit diesem Satz aus dem Beginn der Bibel beginnt die Geschichte der Menschenrechte. Diese Gottebenbildlichkeit verlangte nämlich für jeden Menschen göttlichen Respekt, und infolgedessen eine entsprechende Ethik und Politik. Die Christen haben schon sehr bald ihre Konsequenzen daraus gezogen. Es waren die frühesten Theologen der Kirche, die Kirchenväter, die deswegen die Sklaverei verurteilten. Papst Gregor der Große (um 540–604) erklärt in einem Lehrsatz, dass die Natur am Anfang alle Menschen gleich hervorgebracht und erst menschliches Recht die Sklaverei eingeführt habe, dass aber durch den Erlöser die frühere Freiheit wiederhergestellt sei und deswegen die Freilassung eine heilsame Handlung darstelle. Zwar hatten die Griechen schon von der Gleichheit der Menschen gesprochen, aber das galt mehr theoretisch und nicht in der Praxis, wo dann doch erhebliche Unterschiede gemacht wurden und Sklaven ohnehin außen vor blieben. Im alten Rom gab es überhaupt keine Konzeption von Gleichheit im juristischen und politischen Sinn. Die stoische Philosophie hat dann erstmals entschiedener gleiche Menschenrechte angemahnt, aber noch Seneca (ca. 1–65 n. Chr.) wollte zwar sogar in den Sklaven zuallererst den Menschen sehen, stellte aber dennoch die Sklaverei nicht grundsätzlich in Frage.

Es fehlt bei all diesen Überlegungen der entschiedene gesellschaftsverändernde Impuls. Der kommt erst mit dem Christentum, für das die Gottebenbildlichkeit jedes Menschen ein Kern seiner Überzeugungen ist.

In der Folge spricht deswegen der Mittelalterhistoriker Hartmut Hoffmann für die Karolingerzeit von gegenüber der Antike völlig veränderten Verhältnissen. Der Unfreie hatte jetzt »subjektive Rechte«, er war nämlich nicht mehr eine bloße Sache, sondern »als Person anerkannt«. Im Hochmittelalter war es zum Beispiel der Verfasser des »Sachsenspiegels«, Eike von Repgow (um 1185 – nach 1233), der aus der Gottebenbildlichkeit die Unmöglichkeit der Sklaverei folgerte: An Gottes Wort wird »offenbar, dass der Mensch, Gottes Ebenbild, Gott gehören soll, und dass der, welcher ihn jemandem anderen (zur Sklaverei) zuspricht als Gott, gegen Gott handelt«. Versucht man dagegen die Würde des Menschen nur aus der Natur des Menschen zu begründen, wie es die Antike getan hat, und nicht aus der Gottebenbildlichkeit, dann können diejenigen, die dem vorgefassten Naturbild nicht entsprechen, rasch als »von Natur aus minderwertig« abgewertet werden, wie es die Antike mit bestimmten Menschen tat, die man als von Natur aus zur Sklaverei bestimmt ansah.

Der erste bedeutende Kirchenrechtler auf deutschem Boden, Burchard von Worms (um 965–1025) verstand das Gottebenbild-Argument universal, bezogen auch auf Nichtchristen wie Juden und Heiden: Wer einen von ihnen »tötet, hat ein Abbild Gottes und die Hoffnung auf zukünftige Bekehrung ausgelöscht«. Poetisch hat es Meister Eckhart (um 1260–1328) formuliert: Er sah im »edlen Menschen« »Gottes Bild eingedrückt und eingesät«, das sich niemals zuschütten lasse, das immerfort der Mensch herausarbeiten müsse, wie der Künstler die Skulptur aus dem Marmorblock. Albrecht Dürer (1471–1528) gestaltete sein Selbstporträt von 1500 mit den Zügen des Erlösers in seinem Gesicht, also gottebenbildlich.

Bei der spanischen Diskussion um die Probleme der Neuen Welt verteidigte Franzisco de Vitoria (1483–1546) die Indios damit, dass deren Eigenständigkeit in der Gottebenbildlichkeit gründe, dass auch Heidentum und Sünde diese Würde nicht beeinträchtigten, »denn der Mensch ist Ebenbild Gottes kraft der Natur, nämlich kraft der natürlichen Fähigkeiten, die man durch eine Todsünde nicht verlieren kann«. Außerdem erkannte er in den Indios Vernunftgebrauch, und weil das Besondere des Menschen die Vernunft sei, schuf Vitoria ein vernünftiges Völkerrecht, das ein friedliches Zusammenleben der Menschen garantieren sollte.

Erasmus von Rotterdam (um 1467–1536) nahm noch die spezifisch christliche Begründung hinzu, wenn er sich gegen jede Tötung von Menschen ausspricht: »Der sich rüstet, die zu vernichten, für deren Rettung Christus gestorben ist, der wagt es, das Blut derer zu vergießen, für die Christus sein Blut vergossen hat.« Und der englische Dichter und Nonkonformist John Milton (1608–1674) schrieb den schon mittelalterlichen und fortan vielzitierten Satz: »Wer einen Menschen tötet, tötet ein vernünftiges Wesen, ein Ebenbild Gottes.« Es ist der Philosoph Jürgen Habermas, der von solchen Überlegungen sagt, sie gehörten »natürlich zur Genealogie der Menschenrechte«. Der Islamwissenschaftler Tilman Nagel geht noch weiter, wenn er feststellt, »dass das Christentum eine conditio sine qua non der Entstehung des säkularen Staates und der Menschenrechte gewesen ist.«

3. Das Drama der Menschenrechte –
Die Abschaffung der Sklaverei

Aufschlussreich ist die Geschichte der Sklaverei. Im Islam überdauerte sie am längsten. Erst 1963 wurde in Saudi-Arabien auf westliches Drängen der letzte Sklavenmarkt geschlossen. In einer Spezialuntersuchung über »Sklaverei in der arabischen Welt« wird festgehalten: »In keinem Teil der islamischen Welt gab es je eine Infragestellung der Sklaverei.« Im Laufe der Jahrhunderte wurden hier Millionen von Menschen versklavt.

a) Unaufgeklärte Aufklärer – Platte Nasen und Menschenrechte

Allerdings hatten auch die Aufklärer mit der Sklaverei ihre liebe Mühe. Der Vordenker der Gewaltenteilung, Montesquieu (1689–1755), der die Sklaverei in hehren Worten verurteilte, beschrieb gleichzeitig »Negersklaven« als seelenlose Schwarzhäute, ohne deren Arbeit es keinen Zucker gebe. Wörtlich erklärte dieser führende Aufklärer in seinem berühmten Hauptwerk »Vom Geist der Gesetze« im Sinne bester Aufklärung: »Da aber alle Menschen von Geburt aus gleich sind, so muss man sagen, dass die Sklaverei gegen die Natur verstößt.« Es verschlägt einem aber fast die Sprache, wenn man im gleichen Werk liest: »Wenn ich unser Recht zur Versklavung der Neger zu begründen hätte, dann würde ich folgendes sagen: Der Zucker würde zu teuer sein, wenn man die Pflanzungen, die ihn erzeugen, nicht von Sklaven bearbeiten ließe. Die Menschen, um die es sich dabei handelt, sind schwarz vom Kopf bis zu den Füßen und haben eine so platte Nase, dass es fast unmöglich ist, sie zu beklagen. Man kann sich nicht vorstellen, dass Gott, der doch ein allweises Wesen ist, eine Seele, und gar noch eine gute Seele, in einen ganz schwarzen Körper gelegt habe. Es ist so natürlich zu glauben, dass gerade die Farbe das Wesen der Menschheit ausmache.« Man hat darin eine distanzierende Ironie sehen wollen, aber es gibt sehr zu denken, dass in der Reclam-Ausgabe vom »Geist der Gesetze« dieser Absatz gestrichen ist. Er passt offensichtlich nicht in ein strahlendes Klischee-Bild von der Aufklärung als dem Zeitalter des Lichts. Montesquieu ist bei Weitem kein Einzelfall. Auch andere Aussagen von Aufklärern zur Sklavenfrage müssen heute das Licht der Öffentlichkeit scheuen. Der amerikanische Religionssoziologe Rodney Stark geißelt für die Befürwortung der Sklaverei oder zumindest für deren achselzuckendes Hinnehmen unter anderem Thomas Hobbes (1588–1679), John Locke (1632–1704), David Hume (1711–1776), Graf Mirabeau (1749–1791) und Voltaire (1694–1778). Sogar die Begründer der nordamerikanischen Freiheit wie George Washington und Thomas Jefferson besaßen Sklaven. Immerhin plädierte der Herausgeber der aufklärerischen Encyclopédie, Diderot, entschlossen für die Abschaffung der Sklaverei, und während der Französischen Revolution die beiden katholischen Geistlichen Abbée Sieyès und Abbée Gregoire. Doch das Gesamtbild ist trübe. Die meisten Erklärungen von Aufklärern zur Sklaverei waren nach dem Aufklärungshistoriker Peter Gay »gut gemeint, aber verschwommen«, und der Historiker Delacampagne spricht, was die Sklaverei betrifft, von der »Gleichgültigkeit der Humanisten« und dem »Schweigen der Philosophen«. Ähnlich wie der Gleichheitsgedanke der stoischen Philosophie in der Antike wirkungslos geblieben war, so entwickelte auch die Aufklärung keinen wirksamen gesellschaftlichen Impuls zur endgültigen Abschaffung der Sklaverei. Das sollten im 19. Jahrhundert erst die christlichen englischen und nordamerikanischen Dissenters schaffen. Und dann führt die Aufklärung noch zu einem verhängnisvollen Rückschritt: Robert Blackburn, der ein großes Werk über die Sklaverei vorgelegt hat, resümiert: »Die Aufklärung war nicht so feindlich gegenüber der Sklaverei wie mal gedacht. Als dann religiöse Begründungen die Sklaverei aushöhlten und absurd erscheinen ließen, wurde die Pseudowissenschaft rassischer Anthropologie befestigt. Selbst so ausgezeichnete Intellektuelle wie David Hume, Immanuel Kant und Georg Hegel benutzten gelegentlich rassistische Klischees zur Abwertung der Afrikaner.«

Allerdings muss man berücksichtigen, dass die Sklaverei in allen Kulturen seit unvordenklichen Zeiten üblich war, und unsere heutige Perspektive damals niemandem zu Gebote stand. Dabei war der Sklave Besitz, Sache, nicht Person. Rodney Stark stellt fest: »Sklaverei war einmal nahezu universal in allen Gesellschaften, die es sich leisten konnten«, sie sei »weit älter als die Pyramiden. Kein Philosoph in Sumer, Babylon oder Assyrien protestierte jemals gegen Sklaverei«. Hammurabis Gesetze betrafen größtenteils Sklaven und auch das ferne Altchina kannte »Sklaven-Vieh«, ebenso die Indios in Nord- und Südamerika. Die Sklaverei verdammten nicht einmal die großen griechischen Philosophen. Eine Ausnahme bildete Israel, insofern es »Sklaverei weit mehr humanisierte als jede andere Gesellschaft in klassischer Zeit« und überhaupt eine »starke Einstellung gegen Sklaverei« aufwies, wie der Religionswissenschaftler der Harvard-University, Ephraim Isaak, feststellt.

b) Die Christen und die Sklaven –
Der Lackmustest für eine Erlösungsreligion

Erst vor diesem Hintergrund kann man die geradezu revolutionäre Haltung des Christentums richtig einordnen. Wenn die Christen glauben, dass der Gottessohn, Jesus Christus, selbst Sklavengestalt angenommen hat, wie der Apostel Paulus im Philipperbrief sagt, und dass er gekommen ist, die Menschen zu befreien, dann war klar, dass diese Überzeugung zum Konflikt mit der seit Urzeiten bestehenden Sklaverei führen musste. Am häufigsten missverstanden wird von heute aus der Satz des Apostels Paulus: »Jeder soll vor Gott in dem Stand bleiben, in dem ihn der Ruf Gottes getroffen hat« (1 Kor 7,24). Das war allerdings bloß Ausdruck der Naherwartung der frühen Christen, die noch mit dem unmittelbaren Bevorstehen der Wiederkunft Christi rechneten. Da sollten sich alle auf das Wesentliche, auf die innere Umkehr zu Christus konzentrieren, ein Gott wohlgefälliges Leben führen und sich nicht von Äußerlichkeiten des irdischen Daseins ablenken lassen. Dass das keineswegs als Befestigung der Sklaverei gedacht war, kann man im selben Korintherbrief lesen, wo Paulus schreibt: »Macht euch nicht zu Sklaven von Menschen«, und dann kommt der Satz, der später eine enorme Sprengkraft entwickeln sollte: »Denn wer im Herrn als Sklave berufen wurde, ist Freigelassener des Herrn. Ebenso ist einer, der als Freier berufen wurde, Sklave Christi. Denn um einen teuren Preis seid ihr erkauft worden.« Daraus ergibt sich: Das Christentum versteht sich als eine Erlösungs-, eine Befreiungsreligion für Sklaven und Freie. Der Sohn Gottes, Jesus Christus, hat nach christlicher Auffassung alle diese Menschen durch sein Leiden und Sterben am Kreuz losgekauft, erlöst, und so sollen die Losgekauften nun auch andere loskaufen. Was in heutigen Ohren fremd klingen mag, der blutige Opfertod Christi sollte auf diese Weise tatsächlich zum Fanal der Sklavenbefreiung werden. Im 1. Timotheusbrief nennt Paulus die Sklavenhändler dann auch Schwerverbrecher! Außerdem war da noch Jesu Wort im Lukasevangelium: »Wer arbeitet, hat das Recht auf seinen Lohn.«

Die Texte des Neuen Testaments hatten Folgen. Schon der christliche Rhetor Laktanz (um 250–um 320) erklärte: »Gott, der die Menschen schafft, wollte, dass alle gleich sind. Keiner ist bei ihm Sklave, keiner Herr. Wenn er nämlich für alle der gleiche Vater ist, sind wir mit gleichem Recht alle Kinder.« Im dritten Jahrhundert amtierten dann auch mehrere freigelassene Sklaven als Päpste. Der Althistoriker Egon Flaig stellt generell für die ersten christlichen Jahrhunderte fest: »Fast die gesamte Patristik nahm an, dass die Menschen von Natur aus frei seien: Die Sklaverei ist eine Folge der Sünde.« Und das motivierte zum Engagement: Die sich selbst durch Christi Blut gerettet und losgekauft wussten, sahen sich zur »Blutsbrüderschaft« untereinander verpflichtet.

Von Anfang an waren Sklaven- und Gefangenenbefreiung, was oft dasselbe war, zentrales Anliegen der Kirche. Bischof Cyprian von Karthago (um 200–258) berichtet, dass seine Gemeinde 100 000 Sesterzen aufgebracht habe, um Gefangene freizukaufen, denn es gelte, den in jedem Mitbruder anwesenden Jesus Christus freizukaufen, habe doch dieser »uns durch sein Blut am Kreuze erlöst«. Es lassen sich Fälle aufweisen, dass Christen sich selbst als Lösepreis in die Sklaverei begaben, um andere freizukaufen. Ambrosius von Mailand (339–397) rechtfertigte mit der Erlösung durch Christus die Verwendung liturgischen Edelmetalls für den Gefangenen-Loskauf: »So haben auch wir uns einmal gehässige Vorwürfe zugezogen, weil wir die gottesdienstlichen Gefäße zerbrechen ließen, um damit Gefangene loszukaufen.« Und was er als Begründung nannte, das ist später in die grundlegende Kirchenrechtssammlung des Mittelalters, das Decretum Gratiani, eingegangen: »Gold besitzt die Kirche nicht dazu, um es zu bewahren, sondern um es auszugeben und in Notsituationen Hilfe zu leisten. Der Schmuck der heiligen Dinge gehört dem Loskauf der Gefangenen, denn diese sind die kostbaren Gefäße.« Bischof Caesarius von Arles (um 470–542) ging noch weiter und kaufte Gefangene frei, die vorher seine Stadt als Feinde belagert hatten. Seine Begründung lautete: Jeder von ihnen sei ein »geisterfüllter Mensch und von Christi Blut losgekauft.«

Kirchenschätze waren Armengut. Dass von der mittelalterlichen Kunst unendliche Verluste zu beklagen sind, erklärt sich nicht zum Wenigsten aus ihrer Verwendung zum Gefangenen-

Loskauf. Im 13. Jahrhundert wurden die Orden der Mercedarier und der Trinitarier gegründet, die sich vor allem dem Sklaven- und Gefangenenfreikauf widmeten und die über die Jahrhunderte Tausende Menschen aus furchtbaren Bedingungen freikauften. Bis zum Ende des 18. Jahrhunderts ist von fast einer Million freigekaufter Sklaven die Rede. Auch Juden und Muslime fühlten sich verpflichtet, ihre Religionsgenossen freizukaufen, sie taten das allerdings in erheblich geringerem Umfang und auch nicht systematisch.

Die christliche Haltung zur Sklavenbefreiung entsprang dem Kern des christlichen Glaubens und hatte weitgehende gesellschaftliche Folgen. Der karolingische Prediger Heiric von Auxerre konnte ausrufen: »Unser Bruder ist jeder Christ, der um den Preis des Blutes Christi losgekauft, durch die eine Taufe wiedergeboren, an den Brüsten der Mutter Kirche großgeworden und zum selben Erbe des himmlischen Vaterlandes berufen ist.« Das klang in einer Ständegesellschaft geradezu gefährlich revolutionär. Eine Spezialuntersuchung zur Situation der Sklavinnen schreibt der christlicherseits geförderten Ehe-Partnerschaft zu, wesentlich zur Überwindung des alten Sklavensystems beigetragen zu haben. Angesichts der gedrückten Stellung des unfreien Mannes und der unfreien Frau vollzogen »beide denselben Aufstieg in der Karolingerzeit; denn beide galten für das Auge des Gesetzes als gänzlich frei«. Papst Hadrian IV. (ca. 1110–1159) dekretierte, dass Unfreie auch ohne Zustimmung ihrer Herren die Ehe eingehen könnten. Weil Kirchenrechtler und Theologen immer das Recht von Unfreien betonten, auch gegen den Willen ihrer Herren frei eine Ehe eingehen zu können, hatte allein schon das christliche Eheverständnis vom freien Ehekonsens eine außergewöhnlich emanzipatorische Wirkung. Dennoch musste dieses Recht über die Jahrhunderte von jungen Männern und jungen Frauen gegen größte Widerstände ihrer Herrschaften erkämpft werden – mit christlicher Begründung.

Rodney Stark sieht die Sklaverei im mittelalterlichen Europa deswegen enden, »weil die Kirche ihre Sakramente auf alle Sklaven ausdehnte«.

Selbst das weltliche Recht argumentiert im »Sachsenspiegel« christlich: »Gott hat den Menschen nach seinem Ebenbild geschaffen und hat ihn durch sein Martyrium erlöst, den einen wie den anderen. Ihm steht der Arme so nah wie der Reiche. Als man zum ersten Mal Recht setzte, da gab es keinen Dienstmann und da waren alle Leute frei.« Sogar der marxistische Mittelalterhistoriker František Graus sieht im Mittelalter vor allem religiöse Gründe, nämlich den Kreuzestod Christi für alle Menschen, »um die Gleichheit aller Menschen vor Gott zu betonen, alle Unterschiede als zweitrangig, letztlich als unbedeutend zu deklarieren.«

Als im 13. Jahrhundert Texte des griechischen Philosophen Aristoteles in Europa wieder auftauchen, war das für die Sklavenbefreiung zunächst eher hemmend, denn für Aristoteles war die Sklaverei naturgegeben. Dennoch hat zum Beispiel der größte mittelalterliche Denker, der Dominikaner Thomas von Aquin (1225–1274), nicht die Sicht des Aristoteles übernommen, sondern die mittelalterliche Konzeption der Hörigkeit, bei der es eben nicht wie bei der Sklaverei Sacheigentum an Menschen gibt. Der Herr könne den Unfreien die Ehe so wenig verbieten wie Essen und Schlafen. Der Franziskaner-Philosoph Duns Scotus (um 1266–1308) trat noch entschiedener gegen die Sklaverei auf. 1435 gebot Papst Eugen IV. (1383–1447), »um des Blutes Christi willen« die versklavten Einwohner der Insel Lanzarote unverzüglich in Freiheit zu setzen, andernfalls unterlägen die Besitzer der Exkommunikation. Auch später mahnte Erasmus von Rotterdam (um 1467–1536), ebenfalls ausschließlich mit religiösen Argumenten, den jungen Kaiser Karl V.: Es ist widersinnig, »diejenigen als Sklaven zu halten, die Christus mit seinem Blut erlöst und der gemeinsamen Freiheit zugesellt hat, die er zusammen mit Dir, Karl, durch dieselben Sakramente nährt und die er zu derselben Herrschaft der Unsterblichkeit berufen hat«. Dass die befreiende Sprengkraft der christlichen Botschaft zu allen Zeiten klar gesehen wurde, zeigen nicht zuletzt die aufständischen Bauern in den Bauernkriegen des 16. Jahrhunderts, die ihren Herren vorwerfen, »dass sie uns für ihre Leibeigenen gehalten haben, was zum Erbarmen ist, wenn man bedenkt, dass Christus alle mit seinem kostbaren Blut erlöst und erkauft hat.«

Die christliche Argumentation erbrachte im Übrigen schon im frühen Mittelalter einen durchschlagenden Erfolg. Die Spätantike wie noch die folgenden germanischen Barbarenreiche blieben sklavenhaltende Gesellschaften. Aber bereits die Karolinger-Zeit, das 8. und 9. Jahrhundert, bietet ein »wesentlich anderes Bild«, wie der französische Mittelalterhistoriker Stéphane Lebecq feststellt. Die ehemaligen Sklaven wurden Hörige, die als solche aber nun eine Familie gründen, Anwesen besitzen und vererben konnten. Rodney Stark kommt deshalb zum Schluss: Mittelalterliche Bauern seien »keine Sklaven, und diese brutale Institution war grundsätzlich aus Europa am Ende des 10. Jahrhunderts verschwunden«. Außerdem werden im Mittelalter auch Kriegsgefangene in der Regel nicht mehr versklavt. Das III. Laterankonzil von 1179 exkommunizierte alle, die »römische oder andere Christen gefangen nehmen oder ausplündern.« Allerdings wird das Bild durch die im Heiligen Land unter dem Eindruck der umgebenden muslimischen Sklavenhaltung wieder stärker aufkommende Sklaverei bei den Kreuzfahrern getrübt. Die Haltung von Muslimen als Sklaven sollte dann auch das zwischenzeitlich friedliche Verhältnis zur muslimischen Umgebung belasten.

Zwar waren also Sklavenmärkte aus Europa seit dem Mittelalter definitiv verschwunden, dennoch blieb die Sklaverei durch den Kontakt mit der muslimischen Welt bestehen. Vor allem als Folge und auch zum Zwecke militärischer Auseinandersetzung spielten muslimische Sklaven in der frühen Neuzeit eine Rolle, insbesondere an den Küsten des Mittelmeeres. Diese Form der Sklaverei zog sich noch bis zum Ende des 18. Jahrhunderts hin. Und doch stellt das Oxforder Handbuch der Welt-Sklaverei fest: Europa wurde »zum vorhersehbaren Ort einer moralischen Revolution gegen die Sklaverei.«

c) Tiefpunkt – Der Transatlantik-Handel

Ein Tiefpunkt war dann allerdings der Transatlantik-Handel mit Schwarzafrikanern. Schon Bartolomé de Las Casas (um 1484–1566), der sich leidenschaftlich gegen die Versklavung der Indianer ausgesprochen hatte, hatte auf die Möglichkeit hingewiesen, Arbeitskräfte zur Entlastung der Indios aus Afrika heranzubringen, was er am Ende bitter bereute. Doch was dann passierte, sprengt jede Vorstellung. In den Jahren 1500 bis 1800 sind mehr als zehn Millionen Schwarzafrikaner von den europäischen Mächten unter unmenschlichen Bedingungen über den Atlantik verschifft worden. Es war ein aus unersättlicher Gier der europäischen Wirtschaftsmächte gespeister entsetzlicher Rückfall in längst überwunden gedachte Zeiten. Auf die christliche Mission hatten diese Exzesse natürlich fatale Auswirkungen. Die Päpste blieben bei ihrer strikten Verurteilung der Sklaverei, nannten aber dabei zunächst die Schwarzafrikaner nicht ausdrücklich. Papst Urban VIII. (1568–1644) verbot allen Klerikern, Ordensleuten und Laien bei Androhung der Exkommunikation aufs Strengste, »in Zukunft die genannten Indianer zu versklaven, zu kaufen, zu verkaufen, von ihren Frauen zu trennen, ihrer Sachen und Güter zu berauben, an andere Orte umzusiedeln«. Noch 1680 erfolgte in Rom erneut eine Verurteilung des Sklavenhandels durch die Inquisition. Doch diese kirchlichen Interventionen zeigten kaum Wirkung. Es war insgesamt ein grauenhafter Handel, den man rechtfertigte mit dem Slogan, den dann Montesquieu kolportierte: ohne »Negersklaven« kein Zucker aus Übersee.

Diesmal waren es nicht die Großkirchen, sondern die christlichen nordamerikanischen und englischen Dissenters, Gemeinschaften wie die Quäker und die Adventisten, die der Sklaverei endgültig den Garaus machen sollten. Diese christlichen Gemeinschaften bezogen ihre Argumente nicht aus dem Naturrecht, sondern vielmehr aus der spezifisch christlichen Erlösungslehre, aus der Berufung auf den durch Christi Sühneblut bewirkten Loskauf, demzufolge die eigene Erlösung die Befreiung auch anderer erfordere. Rodney Stark unterstreicht: »Es waren primär die Kirchen und oft die lokalen Gemeinden, nicht die säkularen Clubs und Organisationen, die ausdrückliche Forderungen nach Beendigung der Sklaverei vorbrachten.« So erreichte diese christliche Bewegung, dass der Sklavenhandel 1807 in England und in den USA 1808 verboten wurde und am Ende des Jahrhunderts auch der Sklavenbesitz – freilich nicht ohne den verheerenden amerikanischen Bürgerkrieg, dem unter anderem die unterschiedlichen Auffassungen zur Sklavenhaltung zugrunde lagen. Das revolutionäre Frankreich hatte sich dagegen bezüglich der Sklaverei als völlig wirkungslos erwiesen. Indes erhoben die Päpste wieder ihre Stimme. Papst Gregor XVI. prangerte 1839 den Sklavenhandel an, nun auch ausdrücklich den mit Schwarzafrikanern, 1888 bekundete Papst Leo XIII. seine Freude über das Ende der Sklaverei in Brasilien.

Aus religiösen Motiven, vom Gedanken der Gottebenbildlichkeit und stärker noch der eigenen Erlöstheit her, ist am Ende die Sklaverei unterlaufen worden. Die für eine Erlösungsreligion typische Idee des Neuen Testaments, der Gottessohn Jesus Christus habe die Gestalt eines Sklaven angenommen, um die Menschheit freizukaufen, wirkte erlösend auch für Sklaven, sogar als entscheidendes Motiv zu ihrer gänzlichen Befreiung. Deswegen erklärt Rodney Stark: »Das Christentum war einzigartig in der Entwicklung einer moralischen Opposition zur Sklaverei.«

Der Harvard-Soziologe Orlando Patterson resümiert: »So wurde das Christentum die erste und einzige Weltreligion, die zum höchsten religiösen Ziel die Freiheit erklärte – die Erlösung, den Freikauf aus der spirituellen Knechtschaft und dem Fluch der Erbsünde durch den Opfertod des Erlösers«, denn das Christentum glaubt an einen Gott, »der seinen Sohn zur Befreiung der Menschheit ausgesandt hatte«. Weder das Judentum noch der Islam sind in diesem Sinne Erlösungsreligionen. Deswegen kann Rodney Stark herausstellen, »dass von allen Weltreligionen, eingeschlossen die drei großen Monotheismen, einzig das Christentum die Vorstellung entwickelte, Versklavung sei Sünde und gehöre abgeschafft.« Am Ende stellt der Religionssoziologe Hans Joas nüchtern fest: »Nicht nur die Etablierung der Religionsfreiheit war von religiösem Enthusiasmus getrieben, sondern auch die Artikulation der Menschenrechte im 18. Jahrhundert oder der Kampf um die Abschaffung der Sklaverei, sie gehen keineswegs ausschließlich auf aufklärerische Impulse zurück.« Erheblich weniger sogar, als man gedacht hätte.

4. Die Schatten der Aufklärung – Die Opfer der Revolution

Eigentlich sollte man meinen, die Aufklärung habe für Toleranz gesorgt. Doch schon der Schlachtruf Voltaires »Écrasez l'infâme!« (Rottet sie aus, die Verruchte (Kirche)!«) spricht nicht für milde Gewaltlosigkeit. Der Habermas-Schüler Rainer Forst weist darauf hin, dass es ausgerechnet Voltaire war, der wollte, dass »nicht nur Atheisten von der Toleranz im Staat ausgeschlossen werden, sondern auch potenziell diejenigen, die den Weg der Aufklärung blockieren«. So drohte nun der aufklärerische Staat, der sich gerade eben vom Konfessionszwang emanzipiert hatte und sich vor nichts und niemandem mehr rechtfertigen musste, in Toleranzzwang zu verfallen. Rainer Forst spricht buchstäblich von einem »Fanatismus der Toleranz«. In der »Bibel« der Aufklärer, der »Encyclopédie«, heißt es ausgerechnet unter dem Stichwort »Toleranz«: »Was hätten wir einem Fürsten in Asien oder in der Neuen Welt vorzuwerfen, wenn er den ersten christlichen Missionar, den wir zu ihm schicken, um ihn zu bekehren, aufhängen ließe?« Bei manchen Aufklärern wird nun der Staat nicht weniger rigoros zur Religion gemacht als vorher die Konfession. Jean-Jacques Rousseau: »Es gibt also ein rein bürgerliches Glaubensbekenntnis. Wer diese Glaubenssätze öffentlich anerkannt hat und sich dennoch benimmt, als glaube er nicht daran, der soll mit dem Tod bestraft werden.« Gerade weil die katholische Religion aber die Staatssouveränität spalte und die Menschen zwei verschiedenen Gesetzgebungen unterwerfe, nämlich neben der staatlichen auch noch der kirchlichen, sei sie die schlechteste. So wüteten nun mancherorts »aufgeklärte« Staaten gegen die christlichen Konfessionen. Friedrich der Große ließ einen Kaplan aufhängen, nur weil er angeblich einem Deserteur die Lossprechung gegeben hatte. Der Historiker Hartmut Lehmann beschreibt die Säkularisierung in seiner Heimat Württemberg: »Im Königreich Württemberg bestand in den Jahren nach 1803 keine Religionsfreiheit. Die Regierung bestimmte vielmehr, in welchen Formen, das heißt auf welche Weise der katholische Glaube praktiziert werden durfte. Auch für den Protestantismus war die Lage nicht besser. Zahlreiche strenggläubige Protestanten, die sich den Anordnungen der neuen aufgeklärten Kirchenpolitik nicht fügen wollten, wurden verfolgt und teilweise sogar mit Gefängnis bestraft.«

Auch Äußerungen von Aufklärern über Juden und Muslime sprechen nicht für Toleranz. Voltaire hält die neuere Forschung vor, »die Grundzüge einer Rhetorik des säkularen Antisemitismus bereitgestellt« zu haben, und für den Islam hatte er nur eine »bewundernde Verachtung«. Der vielfach ausgezeichnete Historiker Reinhart Koselleck hält die Behauptung, die Aufklärung habe die moderne Toleranz geschaffen, für einen »rührend optimistischen Satz«. Und am Ende erklärt der Philosoph Hermann Lübbe: In letzter Konsequenz beabsichtigte der spätere Terror »eine Reinigung der Gesellschaft durch den Tod«, denn Säuberung ist »das spezifisch moderne, dem Geist der Aufklärung sich verdankende Legitimationsprinzip moderner Massentötungen«. Was die Aufklärung als Erstes wollte, nämlich Toleranz und Humanität, hat sie aus eigener Unduldsamkeit, ja aus Fanatismus selber teilweise wieder verschüttet. Schließlich kommen moderne Historiker zu dem erschreckenden Ergebnis, dass »das historische Schreckensregiment der Französischen Revolution von der Aufklärung« zehrte.

Auch da hat die neuere Forschung bedrückende Resultate erbracht. Michel Vovelle, Frankreichs führender Revolutionshistoriker, erklärte, allein während der »Schreckensherrschaft« (Juni 1793 bis Juli 1794) »haben 50 000 offizielle und summarische Hinrichtungen stattgefunden, das heißt, es wurden ungefähr 0,2 Prozent der Bevölkerung getötet.« Das sind in diesen 13 Monaten genauso viele Opfer wie bei allen Hexenverfolgung in ganz Europa in 400 Jahren zusammen; und zehnmal soviel wie alle Opfer der spanischen Inquisition in 350 Jahren. Und über diese 13 Monate hinaus und außerhalb von Paris waren es noch viel mehr Opfer. In der gegenrevolutionären Vendée zum Beispiel wüteten revolutionäre Totenkopfkommandos (têtes de morts), das Gebiet verlor 15 Prozent seiner Bevölkerung (117 257 gegenüber 815 029) und 20 Prozent der Wohnhäuser (10 309 gegenüber 53 273).

IX. Nach dem Blutbad –
Die Kirche im 19. Jahrhundert

1. Der Auftakt – Päpste sind auch nur Menschen

Ein Wahnsinn seien die Menschenrechte, behauptete mit italienischer Emphase Papst Gregor XVI. im Jahre 1832. Ein Wahnsinn, ein Skandal, so ist man versucht, heute zu sagen, ist eine solche Erklärung. Wie konnte das geschehen? Noch kaum hundert Jahre vorher hatte der liberale Papst Benedikt XIV. in freundlichem Briefwechsel mit Voltaire gestanden, der ihm in schmeichelnden Worten seine Bewunderung ausdrückte. Nie wäre diesem aufgeklärten Papst so etwas über die Lippen gekommen. Jahrhundertelang hatten christliche Theologen die Freiheit der Gewissensentscheidung proklamiert, auch die Freiheit der Glaubensentscheidung, dem mittelalterlichen Papsttum hatte man gar die Förderung demokratischer Tendenzen gegen Fürsten und Adel in Italien zugeschrieben.

Es war freilich nicht die erste Absage an die Menschenrechtserklärung der Französischen Revolution. Bereits 1791 hatte Papst Pius VI. die Revolutionserklärungen über Gleichheit und Freiheit in einer entschiedenen Stellungnahme für »sinnwidrig« erklärt, ja für eine »wahre Ungeheuerlichkeit«. Allerdings ist zu bedenken, dass die von der Französischen Revolution erklärte und für uns heute so selbstverständliche Volkssouveränität damals etwas ungeheuerlich Neues war. Die Obrigkeit herrschte in aller Welt von Gottes Gnaden, außer in den rebellischen, gerade neu entstandenen Vereinigten Staaten von Amerika, die aber weit weg waren. Und die brutalen Methoden, mit denen die Französische Revolution schon damals vorging, lösten allgemein

Entsetzen aus. Als man König Ludwig XVI. und seine Familie gewaltsam nach Paris führte, wurden der königlichen Karosse die beiden abgeschlagenen Köpfe von Leibwächtern vorangetragen. Hinzu kam, dass sogar der Aufklärungs-Philosoph Immanuel Kant gewisse Bedenken bei ausschließlich individuell begründeten Menschenrechten hatte, denn es handelte sich bei der Menschenwürde nach ihm um etwas, »das wir zuallererst durch die eigenen moralischen Leistungen unter Beweis stellen müssen, und nicht um einen Anspruch, dessen Anerkennung uns die anderen schulden«, wie der Philosoph Otfried Höffe feststellt. Ganz ähnlich argumentiert Pius VI.: »Kann man übrigens außer Acht lassen, dass die Menschen nicht nur einzeln um ihrer selbst willen geschaffen worden sind, sondern auch, damit sie für ihre Mitmenschen daseien und ihnen behilflich seien? In ihrer natürlichen Schwäche bedürfen sie zu ihrer Erhaltung der gegenseitigen Hilfeleistung. Dafür haben sie von Gott sowohl die Vernunft als auch die Sprache erhalten, damit sie Hilfe erbitten und den Bittenden helfen können.« Hier kündigen sich die bis heute andauernden Debatten um die Gefahren eines grenzenlosen Individualismus an bis hin zur Forderung nach der Sozialpflicht des Eigentums. Am Ende hält sich der Papst dann aber doch zurück, indem er erklärt, es habe nicht in seiner Absicht gelegen, »die neuen Zivilgesetze anzufechten, denen selbst der König zustimmen konnte, da sie in den Bereich seiner weltlichen Regierungsgewalt fielen«, und er habe damit auch nicht dafür plädieren wollen, das Ancien Régime wieder einzuführen.

Entscheidend für die Heftigkeit der päpstlichen Reaktion war sicher das Gewaltsame des Vorgehens der Revolutionäre. Und Pius VI. selbst sollte wenig später diese Gewalt am eigenen Leibe zu spüren bekommen. Fünf Jahre nach dieser Erklärung besetzten die Revolutionstruppen Rom, zwei Jahre später wurde er gefangen genommen. Der 81-jährige Greis starb 1799 in Haft in der Zitadelle von Valence in Südfrankreich. Auch sein in Venedig gewählter Nachfolger Papst Pius VII. wurde von Napoleon gefangen genommen, und erst der Wiener Kongress stellte die weltliche Herrschaft der Päpste wieder her, die diese jetzt umso mehr für eine Voraussetzung ihrer Freiheit hielten. Es war also vor allem der menschenverachtende Blutrausch des Schreckensjahrs der Revolution, der die Menschenrechtsideen der Französischen Revolution überall in Europa in der ersten Hälfte des 19. Jahrhunderts diskreditierte, auch bei den Nachfolgern der gefangenen Päpste.

Dennoch war die kirchliche Reaktion auf die Menschenrechtserklärung ganz am Anfang noch positiv gewesen. Der in der Nationalversammlung von 1789 mitbeteiligte Klerus zeigte sich keineswegs ablehnend. Unter den 291 geistlichen Abgeordneten zählt der marxistische Historiker Albert Soboul »über 200 den Reformen aufgeschlossene Pfarrer und liberale Priester«. So stimmte der Klerus sowohl für den Verzicht auf Privilegien als auch für die Erklärung der Menschenrechte: »Art. 1 Die Menschen werden frei und gleich an Rechten geboren und bleiben es ... Art. 10 Niemand soll wegen seiner Ansichten, auch der religiösen, beunruhigt werden, sofern ihre Äußerung die durch das Gesetz errichtete öffentliche Ordnung nicht stört ... Art. 11 Die freie Mitteilung von Gedanken und Meinungen ist eines der kostbarsten Rechte des Menschen; jeder Bürger kann mithin frei sprechen, schreiben, drucken, unter Vorbehalt der Verantwortlichkeit für den Missbrauch dieser Freiheit in durch das Gesetz bestimmten Fällen.« Allerdings war es gerade das fortschrittlichste Mitglied des Klerus, der Abbé Grégoire, der kritisch anmerkte, es gebe keine soziale Bindung ohne Pflichten, von denen die ursprüngliche Unabhängigkeit gezügelt werde. Das lag etwa auf der Linie von Immanuel Kant.

Ausgerechnet die französischen Bischöfe wandten sich sofort gegen die harsche Erklärung Papst Pius' VI.: »Wir haben den Wunsch gehabt, das wahre Reich der öffentlichen Freiheit in einer Erbmonarchie aufzurichten, und wir haben ohne Mühe jene natürliche Gleichheit anerkannt, die keinen Bürger von dem Platz ausschließt, an den ihn die Vorsehung durch die Stimme seiner Talente und Tugenden beruft. Man kann die politische Gleichheit je nach den verschiedenen Regierungsformen ausdehnen oder begrenzen, und wir haben geglaubt, dass unsere Ansichten über diese mehr oder weniger umfangreichen Fragen, die Gott selbst als dem Meinungskampf der Menschen anheimgegeben bezeichnet, ebenso wie die Ansichten aller Bürger frei wären.« Die katholische Kirche ist keine »Papstkirche«.

2. Katholiken tun nicht, was der Papst sagt – Katholische Revolutionen

Auch bei der belgischen Revolution 1830 lagen die Katholiken nicht auf der Linie Papst Pius' VI. Sie taten sich mit den Liberalen zusammen und schufen gemeinsam die bis heute gültige Verfassung mit allen modernen Freiheiten. Und genauso wollten die Katholiken in Deutschland »Freiheit wie in Belgien«; nicht nur für sich, sondern für alle, und zwar keine neuen Freiheiten, sondern die in der Verfassung verbrieften. Belgien, Irland, Polen, das waren katholische Länder, in denen auf jeweils unterschiedliche Weise der Katholizismus befreiend wirkte, durchaus im Sinne moderner Freiheiten, vor allem, was das Selbstbestimmungsrecht der Völker betraf, aber man plädierte auch für Religionsfreiheit.

Was Papst Gregor XVI. noch für Wahnsinn gehalten hatte, genau diese liberalen Freiheiten forderten sofort nach seinem Tod die deutschen Pius-Vereine, die sich nach dem neuen liberalen Papst Pius IX. benannt hatten. Anlässlich der Revolution von 1848 hielt der Bischof von Mainz im Mainzer Dom einen feierlichen Dankgottesdienst ab und der spätere Mainzer Bischof Wilhelm Emmanuel von Ketteler (1811–1877) vertrat den Volkswillen: »Das Volk, die Individuen im Volke, sind das Rechtssubjekt, das seine rechtliche Existenz aus sich selber hat, der Staat aber, die legislative und exekutive Gewalt im Staate, ist nur sein Bevollmächtigter.« Den berühmten Artikel der Frankfurter Verfassung zur Religionsfreiheit unterstützte gerade auch der katholische Club, der Zusammenschluss katholischer Abgeordneter. Dagegen konstatiert der protestantische Kirchenhistoriker Kurt Nowak, »dass die Protestanten, die doch in den Forderungen des Liberalismus das Erbgut der Reformation hätten sehen können, insgesamt eher hilflos waren, während sich der Katholizismus der neuen Instrumente der Politik mit großer Selbstverständlichkeit bediente.« Der große Kenner des 19. Jahrhunderts, der Historiker Thomas Nipperdey, hält für das Revolutionsjahr 1848 fest: »… die katholische Bewegung war doch eine Freiheits- und Emanzipationsbewegung; der Freiheitskampf der katholischen Belgier, Iren und Polen fand auch in Deutschland sein Echo. Es ergab sich eine pragmatische Verbindung von Katholizismus und Liberalismus. Die liberalen Forderungen nach Vereins-, Versammlungs- und Pressefreiheit, nach Begrenzung der Staatsmacht, nach Selbstverwaltung und Rechtsstaat, ja nach Verfassung, die konnten auch die Katholiken erheben, nicht nur weil sie dem kirchenpolitischen Kampf dienstbar gemacht werden konnten, sondern auch, weil man sie aus dem katholischen naturrechtlichen Denken begründen konnte. Die rheinischen Bürger, katholisch und antipreußisch, waren von ihren verfassungspolitischen Interessen her liberal.« Gegen diese liberalen Positionen kämpften nach Nipperdey vor allem »der Antiklerikalismus und der ordinäre Atheismus«. Noch 1862 trat Bischof Ketteler, gestützt auf die alte katholische Tradition, auf Thomas von Aquin und die Spätscholastik, für volle Religionsfreiheit ein.

Doch dann veröffentlichte Papst Pius IX. 1864 den »Syllabus«, eine ganze Liste von zurückzuweisenden Irrtümern mit einer erneuten scharfen Ablehnung von demokratischen Freiheitsrechten. Wie kam es dazu? Pius IX. wurde 1846 als junger Kardinal Papst und galt als liberaler Hoffnungsträger. Doch artete die römische Revolution von 1848 in hemmungslose Gewalttätigkeiten aus. Der Ministerpräsident des Papstes wurde ermordet, eine Republik ausgerufen, der Papst musste bei Nacht und Nebel verkleidet ins Königreich Neapel fliehen. Diese Ereignisse haben Pius IX. offensichtlich zutiefst verstört und führten bei ihm zu einem radikalen Umdenken. So schwenkte er auf den Kurs seiner Vorgänger, besonders Pius' VI. und Gregors XVI., ein und da er 32 Jahre lang regierte, änderte sich an der Position des Papsttums lange Zeit nichts.

Erst 1878 wurde ein neuer Papst gewählt, Leo XIII., der eine pragmatischere Haltung an den Tag legte. Tatsächlich bestehende volkssouveräne Staaten, wie zum Beispiel Belgien und die USA, sollten an erkannt werden, und der Papst rief die französischen Katholiken ausdrücklich dazu auf, die Republik zu akzeptieren. Es dürfe »keine der verschiedenen Staatsformen an sich getadelt werden, da sie ja nichts haben, was der katholischen Lehre widerstreitet.« Überhaupt nahm das Papsttum jetzt unter Leo XIII. am Ende des 19. Jahrhunderts viele Impulse auf, die engagierte katholische Laien bereits seit geraumer Zeit in die Gesellschaft, aber auch in die Kirche ausgesendet hatten. Solche Vorarbeiten inspirierten besonders Leos' XIII. epochale Sozialenzyklika »Rerum novarum« über die Arbeiterfrage, die den Arbeitern eigene Rechte zubilligte. Diese beiden Öffnungen, also die Auffassung von der Veränderlichkeit der Staatsform und das Plädoyer für die Eigenrechte der Arbeiter, verstärkten in Deutschland die Entwicklung zum »Sozialkatholizismus«, der auf Verfassung, Demokratie und Sozialpolitik setzte. Dagegen orientierte sich das deutsche Luthertum nach wie vor, wie im führenden evangelischen Lexikon nachzulesen ist, »an Autorität, am Gottesgnadentum des Monarchen, am christlichen oder zumindest sittlichen Obrigkeitsstaat, also antidemokratisch«.

3. Die Unfehlbarkeit des Papstes – Ein liberales Dogma?

Nach dem Zusammenbruch des Kommunismus 1989 machte eine Karikatur die Runde. Da sah man unverkennbar Karl Marx, die Hände tief in den Hosentaschen, mit der Sprechblase: »Hab' mich halt geirrt. War nicht bös' gemeint«. Der Witz war, dass der Kommunismus stets mit Unfehlbarkeitsanspruch daherkam und dieser Irrtum daher nun wahrlich keine kleine Panne war.

Konnte die Kirche irren? Diese Frage haben sich auch Christen zweitausend Jahre lang gestellt. Wenn sie tatsächlich eine göttliche Gründung war, wäre es für gläubige Christen natürlich widersinnig, anzunehmen, dass Gott seine Gläubigen durch die Kirche, der er ausdrücklich den »Heiligen Geist« zugesagt hat, systematisch und dauerhaft in die Irre führt. Irgendwie, so glaubten sie, wird er schon dafür sorgen, dass die Christen durch die Kirche nicht völlig von der Wahrheit abkommen. Aber wie? Auf diese Frage geben die verschiedenen christlichen Kirchen verschiedene Antworten. Die Orthodoxen halten sich dazu an die Bibel und vor allem an die frühen Konzilien der Kirche, die definiert haben, was rechtgläubig, was also orthodox ist. Das reicht den östlichen Christen und dazu lesen sie noch die alten Kirchenväter. Die Orthodoxen denken, was die Kirche betrifft, nicht so sehr juristisch, sondern eher mystisch, und sie erleben ihren Glauben vor allem im Gottesdienst, in ihrer feierlichen Liturgie, die ihnen mehr ist als jede Theologie. Die Protestanten dagegen haben es eigentlich ganz einfach. Natürlich gibt es auch bei ihnen eine Kirche, die sogar verbindliche Bekenntnisschriften verfasst, aber das Entscheidende ist das Verhältnis des Einzelnen zu Gott, das er vor allem in seiner Begegnung mit dem Text der Bibel und im Glauben an die wirksame Gnade Gottes erlebt. Die Kirche scheint dann da nicht viel mehr als ein Dienstleister zu sein. Das katholische Christentum schließlich war schon seit der Antike mehr juristisch, rational und institutionsorientiert. Während Jesus auf die Frage des Pilatus »Was ist Wahrheit?« schweigt, der orthodoxe Christ sich in den Gottesdienst verabschiedet und der Protestant die Bibel konsultiert, um da seine persönliche Antwort zu finden, setzt sich der Katholik vielleicht hin und verfasst einen Text. Aber wer entscheidet, ob dieser Text wahr, ob er christlich, ob er katholisch ist, also dem Glauben der ganzen Kirche entspricht?

In der frühen Kirche war die Antwort einfach. Wenn eine nur schwer zu entscheidende Frage vorlag, dann fragte man in vielen Fällen die ehrwürdigste Gemeinde, und das war Rom, beziehungsweise ihren Bischof, den Papst, weil die Christengemeinde dort von Petrus und Paulus gegründet worden war. Das taten auch Gemeinden aus dem Osten, und die Römer antworteten dann, indem sie erklärten, was bei ihnen seit Urzeiten geglaubt wurde und was sich daraus ergab. »Roma locuta, causa finita« war dazu ein berühmter Spruch des heiligen Augustinus: Wenn Rom gesprochen hat, ist die Sache beendet. Natürlich kann man sich denken, dass es im Laufe von zweitausend Jahren auch immer wieder Streit darüber gegeben hat, ob denn nun alles, was der Bischof von Rom sagt, von der Zusage Jesu, dass Gottes Heiliger Geist immer bei seiner Kirche bleiben wird, getragen ist. Päpste haben natürlich auch Unsinn gesagt, vor allem wenn sie sehr viel sagten. Doch zweifellos haben Päpste in besonders heiklen Situationen, wenn es um den Kern des Glaubens ging, tatsächlich Großes für die Einheit der Kirche geleistet, für die Einheit aller lebenden Christen, aber auch für die Einheit mit allen vergangenen Christen, was man heute Identitätswahrung nennt.

Nun trat im 19. Jahrhundert die typisch westliche, typisch katholische Frage auf, wann genau der Papst bei Entscheidungen auf die zuverlässige Hilfe des Heiligen Geistes rechnen könne – und wann nicht. Die sogenannten Traditionalisten gingen so weit, dem Papst den direkten Zugang zur »Uroffenbarung« zuzuschreiben. Er hätte sich sozusagen zu allem und jedem mit dem Anspruch der Unfehlbarkeit äußern können. Diese Auffassung war bemerkenswerterweise bereits von den Päpsten selbst als Häresie verurteilt worden. Auf dem I. Vatikanischen Konzil 1869/70 versuchten dann gewisse »Papisten« den Umfang der Unfehlbarkeit des Papstes möglichst weit auszudehnen. Auch das wurde verhindert. Das Ergebnis war, dass der Papst nur äußerst selten als unfehlbar gilt: Ausschließlich in Fragen der Glaubens- und Sittenlehre und das auch nur dann, wenn er das eigens ausdrücklich feierlich erklärt. Kein Wunder, dass dieses Dogma seitdem nur ein einziges Mal in feierlicher Form angewandt wurde, nämlich 1950 bei der Verkündigung des Dogmas, dass Maria mit Leib und Seele in den Himmel aufgenommen worden sei. Mehrere Tausend Bischöfe in aller Welt hatte Papst Pius XII. zuvor befragt, ob man das bei ihnen in der Diözese seit unvordenklichen Zeiten glaube, und erst als fast alle das bestätigten, schritt der Papst zur Dogmatisierung. Der Papst kann also nach katholischer Doktrin nicht eine neue Lehre, die ihm irgendwie gefällt, zum Dogma erheben, er darf nur ausdrücken, was die Kirche schon immer glaubt.

1870, nach der Verkündigung des Dogmas von der Unfehlbarkeit des Papstes, brach in ganz Europa ein Sturm der Entrüstung los. Die sogenannten Altkatholiken spalteten sich von der katholischen Kirche ab. Man verfälschte die Aussage des Dogmas grotesk zum Skandal, tat so, als müssten sich Katholiken nun künftig willkürlichen Einfällen eines alten italienischen Mannes beugen, und das glauben bis heute noch viele. Das Ganze bekam hysterische Züge. Am meisten in Deutschland, wo der erzprotestantische Reichskanzler Otto von Bismarck mit polizeistaatlichen Methoden eine regelrechte Katholikenverfolgung ins Werk setzte, obwohl doch eigentlich das, was Katholiken glaubten, den Staat überhaupt nichts anging. Bischöfe wurden verhaftet, Orden verboten, die Predigtfreiheit empfindlich eingeschränkt. Dieser rücksichtslose »Kulturkampf« sprach Menschen- und Freiheitsrechten Hohn.

Kommunikationstheoretisch ist das Unfehlbarkeitsdogma von 1870 eigentlich kein konservativer Akt. Denn da es de facto wegen der hohen Hürden kaum je zur Anwendung kommt, bedeutet es in der täglichen Praxis: Allen Katholiken ist es verboten, unfehlbar zu sein, und dem Papst fast immer auch. Das Unfehlbarkeitsdogma wirkt daher eher als Unfehlbarkeitsverbot, es begrenzt Rechthaberei, verhindert Selbstüberschätzung und Sektenbildung. Im Grunde könnte man es liberal nennen, wenn das nicht in diesem Zusammenhang zu irritierend klingen würde.

Nun war die Lage des Katholizismus besonders durch den konfessionellen Gegensatz ohnehin schon erheblich erschwert. Besonders in Deutschland, das anders als alle anderen Länder Europas eine konfessionell regelrecht gespaltene Nation war, bildeten Katholiken zwar eine starke Minderheit, aber die staatlichen Instanzen zeigten ein deutliches protestantisches Übergewicht. Katholiken waren im neuen Deutschen Reich Bürger zweiter Klasse. Während das Bismarck-Reich sich emphatisch als Nationalstaat verstand, mit Historikern als Priestern und Propheten und einem engen Bündnis zwischen protestantischem Thron und protestantischem Altar, galten Katholiken wegen ihrer weltkirchlichen, internationalen Ausrichtung als national unzuverlässig, als »ultramontan«, als »hintergebirgig« also, was damals den Zungenschlag von hinterwäldlerisch hatte, weil sich für sie ihre Obrigkeit angeblich nicht in Berlin, sondern jenseits der Alpen befand. Zu dem »Pastorennationalismus« in der evangelischen Kirche gab es auch deswegen keinerlei katholisches Pendant. Allerdings trat durch all die Diskriminierungen etwas ein, womit niemand gerechnet hatte: Das katholische Milieu festigte sich im Widerstand gegen das offensichtliche Unrecht. Schon seit zu Beginn des 19. Jahrhunderts die alten reichsrechtlichen Regelungen zur Absicherung der Konfessionen wegfielen, mussten sich die Konfessionen mehr von sich aus behaupten. Das führte unter anderem zu mehr interkonfessioneller Polemik, aber auch zu einem gesteigerten konfessionellen Selbstbewusstsein, gestützt durch eigene konfessionelle Schulen, Vereine, Publikationen.

4. Warum Karl Marx recht hatte – Und die Christen ihm folgten

»Die Philosophen haben die Welt nur verschieden interpretiert, es kömmt drauf an, sie zu verändern.« Dieser berühmte Spruch von Karl Marx wurde im 19. Jahrhundert nicht von den Marxisten, sondern faktisch vor allem von den christlichen Kirchen umgesetzt. Die agitatorischen und politischen Bemühungen von Kommunisten und Sozialisten hatten bestenfalls höchst mäßigen Erfolg. Sie änderten die Welt nicht. Noch die fortschrittliche bismarcksche Sozialgesetzgebung zu Ende des Jahrhunderts war dagegen vor allem von Impulsen aus der katholischen Zentrumspartei gespeist. Und wer dem Elend durch tätiges Zupacken praktisch wehrte, das waren die zahllosen neu entstehenden katholischen Ordensgemeinschaften und die intensiven Bemühungen auch der evangelischen Christen, dem Massenelend aktiv zu begegnen. Mit großem Erfolg. Und das änderte für die betroffenen Menschen in Not sehr viel, wenn nicht alles.

Lange Zeit war es üblich, dass die Christen selber das angebliche Versagen der Kirchen bei der Arbeiterfrage im 19. Jahrhundert beklagten. Man gab sich zerknirscht und gelobte Besserung. Inzwischen sprechen die wissenschaftlichen Erkenntnisse eine andere Sprache. Thomas Nipperdey beschreibt den damaligen Sozialkatholizismus als »Weg zwischen Kapitalismus und Sozialismus, ein dritter Weg zur Zähmung des Kapitalismus im Sozialstaat«. Und der Politologe Karl Rohe spricht dem Ruhrgebietskatholizismus eine enorme Integrationsleistung zu, die zu den »bemerkenswertesten Erscheinungen der deutschen Sozialgeschichte im 19. Jahrhundert« gehöre. Ende 1912 zählten allein im Ruhrgebiet über 300 katholische Arbeiter- und Knappenvereine mehr als 70 000 Mitglieder. Gründe für diese erstaunliche Anziehungskraft seien »eine wohl einmalige Kombination aus religiöser Sinnstiftung und sozialer Interessenvertretung. Der Katholizismus im Ruhrgebiet zeichnete sich darüber hinaus durch Geistliche aus, die den sozialen Interessen und Anliegen der Arbeiterschaft aufgeschlossen gegenüber standen«.

Das 19. Jahrhundert war für Christen eine aufregende Zeit. Nach dem Blutrausch der Französischen Revolution waren die Ideale der Aufklärung, denen auch viele Kirchenleute angehangen hatten, verdunkelt. Dass diejenigen, die nun dennoch für Demokratie plädierten, fast allesamt zugleich glühende Nationalisten waren, war vor allem für Katholiken ein Problem. Das Lied der Deutschen »Deutschland, Deutschland über alles« ging Katholiken nicht leicht über die Lippen, gehörten sie doch einer Kirche an, die sich als internationale Kirche aus allen Völkern verstand. So drängte der aufkeimende verhängnisvolle Nationalismus Katholiken in allen europäischen Ländern in die Defensive. Aber das schwächte sie nicht und machte die katholische Kirche im 19. Jahrhundert sogar für viele attraktiv. Es gab zahlreiche Konversionen und ein unerwartetes Wiederaufblühen mit der Gründung vieler Ordensgemeinschaften. Überall entstanden neue Kirchenbauten und die Romantik war geradezu berauscht vom Mittelalter und von der alten Kirche. Das Papsttum blockierte sich allerdings zeitweilig selber, weil es sich nach den traumatischen Gewalterfahrungen der Französischen Revolution nun mehr um die Erhaltung seines Kirchenstaats bemühte, als ihm guttat, und weil es nicht zeitiger erkannte, dass für die Kirche der Verlust der weltlichen Herrschaft und sogar die zerstörerische Säkularisation eine Befreiung bedeuten konnte. Das hat 2011 Papst Benedikt XVI. in seiner Freiburger Rede in aller Freimut eingestanden.

Mitunter beklagt man eine gewisse geistige Enge. Es hätte so nahe gelegen, sich den hochfliegenden Ideen der neuen Philosophen zu öffnen, denn für Kant, Fichte und Hegel stand das Christentum als Religion obenan und manche Texte von ihnen wirken auf den ersten Blick wie philosophiegewordenes Christentum. Doch genau darin lag auch die Gefahr. Wer allein verfolgt, welche Konsequenzen Linkshegelianer und Rechtshegelianer, welche Konsequenzen Feuerbach und Marx aus Hegels christlich klingenden Philosophemen zogen, wird bemerken, dass das dann meilenweit von den ursprünglichen Intuitionen des Christentums wegführte. Insofern hat die mitunter kleingeistig wirkende Abstinenz des Papsttums und der katholischen Kirche von manchen neueren geistigen Entwicklungen des 19. Jahrhunderts vielleicht mit dafür gesorgt, dass diese Kirche, die man zu Beginn des Jahrhunderts schon totgesagt hatte, erstaunlich gestärkt ins 20. Jahrhundert eintrat. Wer die Lebensgeschichten der zahllosen katholischen Märtyrer liest, die im Widerstand gegen den Nationalsozialismus ihr Leben gelassen haben, trifft immer wieder auf die große Kraft, die sie aus dem stabilen katholischen Milieu des 19. Jahrhunderts gezogen haben.

X. Das 20. Jahrhundert –
Christen und Nationalsozialismus, Erbsünde
und Euthanasie, die Kirche und die Juden

Zu Beginn des verhängnisvollen 20. Jahrhunderts warnte im Jahre 1912 der als katholischer Sprecher auftretende Münsteraner Moraltheologe Joseph Mausbach (1861–1931): »Nicht nur die äußere Wehr und Rüstung der Völker wird schwerer und drückender; auch eine innere Entfremdung und Härte legt sich wie dreifaches Erz um ihre Brust und nimmt den zahlreichen Friedensversicherungen der Staatslenker den warmen, eindringenden Ton der Wahrheit. Der alte Humanitätsgedanke wird heute belächelt als eine schöne Utopie der Aufklärungszeit; die neue Friedensbewegung fasst in den maßgebenden, den Gang der Ereignisse beeinflussenden Kreisen nur schwer Wurzel. Mit größerem Recht dürfen wir als Christen das Emporwuchern eines überspannten, völkertrennenden Nationalismus und einer noch inhumaneren, naturalistischen Rassentheorie als eine Gefahr für die Menschheit bezeichnen.«

Im Ersten Weltkrieg haben Christen auf beiden Seiten gekämpft. Aber der höchste Repräsentant der Christenheit, Papst Benedikt XV., trat nicht durch Kriegspredigten, sondern durch eine dramatische Friedensinitiative 1917 hervor, die allerdings von den Kriegstreibern beider Seiten nur mit Verachtung gestraft wurde. Zwar konstatiert der Historiker Wolfgang Mommsen, dass wohl keine gesellschaftliche Gruppe »die Kriegsanstrengungen des deutschen Reiches von August 1914 bis zum bitteren Ende 1918 mit größerer Entschiedenheit unterstützt hat als die protestantischen Landeskirchen«, doch war es der hochangesehene protestantische Kirchenhistoriker Adolf von

Harnack, der am Ende für einen Verständigungsfrieden plädierte. Im katholischen »Feldgesangbuch«, mit dem auch katholische begeisterte Kriegsteilnehmer in den Kampf zogen, hieß es: »Bewahre mich vor jedem unnützen Blutvergießen, vor jeder unmenschlichen Behandlung des verwundeten oder gefangenen Feindes. Die Erinnerung an grausame Misshandlung oder Tötung des Wehrlosen würde mir meine Todesstunde verbittern und das Sterben schwer machen. Lass mich nie vergessen, dass nur die im Felde mir gegenüberstehenden Krieger meine Feinde, dass dagegen die unbewaffneten Einwohner des Landes, die Verwundeten und Wehrlosen meine leidenden Mitbrüder sind, denen ich Schonung und Mitleid schuldig bin.« Den Abschluss des Gebetes bildet die Bitte für die Regierenden: »Flöße ihnen friedfertige Gesinnungen ein, verkürze durch sie das Elend des Krieges, und gib uns in nicht ferner Zeit die große Wohltat eines gesegneten Friedens wieder.« Entgegen aller anderslautenden Behauptungen ist übrigens, wie Heinrich Missalla festgestellt hat, »bisher weder aus der Zeit des Ersten noch des Zweiten Weltkriegs ein Fall von Waffensegnung nachgewiesen.«

1. Demokratie – Christen auf neuen Wegen

Im 20. Jahrhundert war die Situation der katholischen Kirche in Europa höchst unterschiedlich. In Spanien gab es zu Anfang des Jahrhunderts Dörfer, in denen von 18 000 Gemeindemitgliedern gerade einmal 200 Frauen und zehn Männer den Sonntagsgottesdienst besuchten und ein Viertel der Kinder ungetauft blieben. In den Niederlanden wies die Industriestadt Tilburg im Jahre 1950 einen katholischen Gottesdienstbesuch von 97 Prozent auf. Und in Deutschland war der Messbesuch nach dem Ersten Weltkrieg in der Arbeiterstadt Bochum höher als im konservativen Münster. Der Katholizismus habe sich in Deutschland, so Thomas Nipperdey, im Zeitalter der modernen Massen- und Industriegesellschaft sehr wohl zu behaupten vermocht, sei sogar mit einem latenten Aufbruchspotenzial ins 20 Jahrhundert und 1918 in die Weimarer Republik eingetreten.

Auf die Frage, warum so viele Intellektuelle in den zwei Jahrzehnten nach dem Ersten Weltkrieg den großen Versuchungen entweder des Kommunismus oder des Nationalsozialismus erlegen sind, gibt der bekannte liberale Soziologe Ralf Dahrendorf die religiöse Antwort: »Vielen Intellektuellen, insbesondere solchen, die den Gott ihrer jüdischen oder christlichen Eltern verloren hatten, erschien die Hoffnung auf das sozialistische Paradies mehr als ein Ersatz, zumal es sich ja um ein Paradies auf Erden handelte.« Demgegenüber ist die Attraktivität, die der zuvor allgemein als unaufgeklärt gescholtene Katholizismus nach dem Ersten Weltkrieg in gebildeten Kreisen auszuüben begann, besonders erstaunlich. Zahlreiche Intellektuelle fanden die katholische Kirche anziehend und konvertierten: der bekannte Essayist Theodor Haecker (1879–1945), der Ranke-Schüler Ludwig Dehio (1888–1963), der Kunsthistoriker und deutsche UNESCO-Vertreter Otto von Simson (1912–1993). Und auch der berühmte Kunsthistoriker Aby Warburg (1866–1929) konvertierte – auf dem Sterbebett – zum Katholizismus. Besondere Ausstrahlung hatten in Deutschland die Benediktinerabteien Beuron und Maria Laach. Der Philosoph Max Scheler, der 1899 katholisch geworden war, fand in dem Beuroner Malermönch Verkade, einem konvertierten Gauguin-Schüler, seinen Beichtvater. Die am Ende in Auschwitz ermordete Husserl-Schülerin Edith Stein (1891–1942), die katholisch geworden war und später in den Karmel eintrat, verbrachte hier Tage und Wochen geistig-geistlicher Einkehr. Noch der Philosoph Martin Heidegger (1889–1976) hatte sein Beuron-Erlebnis beim nächtlichen Stundengebet: »In der Complet ist noch da die mythische und metaphysische Urgewalt der Nacht, die wir ständig durchbrechen müssen, um wehrhaft zu existieren.« In Maria Laach sammelten sich Studenten und Akademiker aus Straßburg, Metz und Bonn, die später den Europa-Gedanken realisieren sollten, so der Franzose Robert Schuman und der Rheinländer Konrad Adenauer. In Frankreich gab es gleichzeitig den sogenannten »Renouveau catholique«, die katholische Erneuerung.

Für die Zeit nach der Novemberrevolution von 1918, also nach dem Ende des Kaiserreichs, zeigen alle historischen Befunde einen deutlichen Unterschied zwischen Protestanten und Katholiken in Deutschland. Für die meisten Protestanten war der Zusammenbruch der protestantischen Obrigkeit eine Katastrophe und die Republik ein nationales Unglück. Dabei wirkte sich die im Protestantismus verbreitete Ablehnung des Naturrechts auf die Einstellung der Protestanten zu Idee und Praxis der Demokratie besonders verhängnisvoll aus. Man argumentierte oft nur von der Bibel aus, wo fromme Protestanten im 13. Kapitel des Römerbriefs aus ihrer Sicht die Begründung der gottgewollten Monarchie der Hohenzollern lasen: »Jeder leiste den Trägern der staatlichen Gewalt den schuldigen Gehorsam. Denn es gibt keine staatliche Gewalt, die nicht von Gott stammt.« Dass auch die Demokratie gottgefällig sein könnte, lasen viele erst später aus diesem Text. Während also der Katholizismus nach dem Ende des deutschen Kaiserreichs 1918 umstandslos zur tragenden Stütze der Weimarer Demokratie wurde, war der Protestantismus politisch weitgehend orientierungslos.

Schon in den Jahrzehnten davor hatten es die Katholiken verstanden, die parlamentarische Debatte für eine kraftvolle Oppositionstätigkeit zu nutzen und sogar Teile der Arbeiterschaft einzubinden. So hatten sie, wie der evangelische Kirchenhistoriker Gerhard Besier feststellt, »weit bessere Voraussetzungen für eine konstruktive Auseinandersetzung mit der sozialen Frage als die evangelischen Christen.« Bereits in der Friedensresolution des Reichstags von 1917 hatte das katholische Zentrum sich mit den Sozialdemokraten und den Fortschrittlichen zusammengetan und damit die spätere Weimarer Koalition grundgelegt. Der Protestantismus stand weitgehend abseits. Der eben schon zitierte katholische Moraltheologe Joseph Mausbach, der in der Weimarer Nationalversammlung wesentlich das neue Verhältnis von Staat und Kirche mitgestaltete, legitimierte sowohl den Volksstaat als auch die Volkssouveränität. Dieser katholische Priester plädierte ebenfalls für das Frauenwahlrecht mit den pointierten Bemerkungen, der Weltkrieg habe »die Herren der Schöpfung nicht in so überwältigender Größe offenbart, dass die Frauen vor dieser Herrlichkeit staunend versinken müssen.« Die katholische Zentrumspartei wurde staatstragend für die Weimarer Republik, war von 1919 bis 1932 in allen Regierungskoalitionen vertreten und hatte noch bis zu den letzten freien Wahlen stabile Wahlergebnisse. Auch wenn einige Bischöfe in der Akzeptanz der Republik anfangs nur zögernd den vorangehenden katholischen Laien folgten, stellt der Historiker Manfred Kittel fest: »Der politische Katholizismus stand mit Masse im Lager der Republik, der Protestantismus überwiegend im Lager ihrer Gegner.« Als Grund nennt Kittel: »Der Protestantismus erwies sich als nicht in der Lage, eine ›Theologie der Demokratie‹ hervorzubringen, die den Erfordernissen der pluralistischen Kultur und der parlamentarischen Verfassungsrealität entsprochen hätte.« Kein Wunder, dass man über das protestantische Berlin sagen konnte: Man war heilfroh über das Ende der Weimarer Republik.

2. Diktatur – Die Christen und der Widerstand

Und wie war der Umgang mit dem Nationalsozialismus? Vor 1933 war die Gegnerschaft der katholischen Kirche radikal und entschieden. Alle Mitglieder der NSDAP wurden de facto exkommuniziert. Ihnen wurden nicht nur die Sakramente, sondern auch die kirchliche Beerdigung verweigert. Der bekannte Historiker Hans-Ulrich Wehler nennt »die unzweideutige Kritik, mit der die katholische Amtskirche bis 1933 der Hitler-Bewegung begegnete, ein Ruhmesblatt ihres politischen Urteilsvermögens«.

Das Verhalten der evangelischen Kirche sei »diametral entgegengesetzt« gewesen. Hier habe es »keine prinzipielle Distanzierung, geschweige denn eine unverblümte Kritik am Nationalsozialismus von Amts wegen« gegeben. 70 Prozent der Protestanten erklärten sich bei Kirchenwahlen für die uneingeschränkt im nationalsozialistischen Geist mit Hitlergruß auftretenden sogenannten »Deutschen Christen«, die Minderheit organisierte sich improvisiert in der »Bekennenden Kirche«. Der evangelische Kirchenhistoriker Kurt Nowak schreibt, dass die Machtergreifung durch Hitler in protestantischen Kreisen »zum Auslöser ungebremster Hoffnungen« geworden sei. In der Begeisterung für den nationalen Volksstaat wollten sich sogar »Bekenntniskirchler damals noch von niemandem übertreffen lassen«. Ohnehin wandte sich die »Bekennende Kirche« zwar gegen die nationalsozialistische Ideologie und vor allem gegen Eingriffe des Staates in die Kirche, aber nicht gegen den Staat selbst, wo sie die Einwirkungen der Nationalsozialisten teilweise sogar mit Sympathie betrachteten, wie der evangelische Historiker Günther van Norden hervorhebt.

Die Katholiken dagegen waren für nationalistische Töne wie immer weniger empfänglich, da sie ein übernationales Selbstverständnis hatten. Für sie stellte aber die Machtübernahme durch Hitler 1933 ein Problem dar. Adolf Hitler war über freie Wahlen jetzt zum legitimen Regierungschef des Staates aufgestiegen. Auch wenn man auf Distanz blieb, musste man aber doch jetzt den Totalwiderstand und das grundsätzliche Verbot der Mitgliedschaft in der NSDAP aufgeben. Mit dem schon von einer Vorgängerregierung vorbereiteten Reichskonkordat zwischen dem Vatikan und dem Deutschen Reich versuchte der Vatikan, die Stellung des institutionellen Katholizismus völkerrechtlich abzusichern. Immerhin gelang es so, wie der Historiker Rudolf Lill feststellt, dass die katholische Kirche »im totalitären Deutschland ihre Eigenständigkeit im wesentlichen bewahren konnte«, zumal nun »katholische Geistliche – im Gegensatz zu evangelischen Pfarrern – vor einer Mitarbeit in der NSDAP geschützt waren«. Auch das trug gewiss dazu bei, dass nach dem Urteil des evangelischen Kirchenhistorikers Gerhard Besier »der Katholizismus – im Gegensatz zum Protestantismus – von einem Einbruch der NS-Ideologie in Kultus und Lehre weitgehend verschont« blieb. Für Bamberg stellt der Zeithistoriker Werner Blessing fest: »Das aktive katholische Kirchenvolk, zwar kleiner geworden, aber beharrlich in seinen religiösen Gewohnheiten, entzog sich wie keine andere Großgruppe dem weltanschaulichen Verfügungsanspruch des NS-Regimes.« In der Bamberger Fronleichnamsprozession gingen 1942 russische Zivilarbeiter mit.

Das Reichskonkordat bleibt im Urteil der Historiker umstritten, bedeutete es doch einen Imagegewinn für die neue nationalsozialistische Regierung und konnte letztlich dennoch die totalitäre Unterdrückung vieler kirchlicher Verbände nicht verhindern. Die Behauptung, es sei damit erkauft worden, dass die katholische Zentrumspartei unter massivem Druck zusammen mit den kleinen bürgerlichen Parteien und dabei Abgeordneten wie dem späteren Bundespräsidenten Theodor Heuss dem Ermächtigungsgesetz zustimmte, das die Selbstentmachtung des

Parlaments bedeutete, wird inzwischen von der Forschung weitgehend bestritten.

Jedenfalls stellt der Parteienforscher Jürgen W. Falter, der die Weimarer Reichstagswahlen neu untersucht hat, fest: »Protestanten waren im Schnitt doppelt so anfällig gegenüber der NSDAP wie Katholiken.« Und er kommt zu dem Schluss: »Hätte es dagegen nur Katholiken gegeben, wäre es wohl nie zu einer nationalsozialistischen Machtübernahme gekommen.« Und für den späteren Kirchenkampf bringt es Günther van Norden auf die Formel: »Während es im evangelischen Bereich – wenn auch mit den Jahren abnehmend – weitgehend Kooperation mit dem System gab bei zunehmender partieller Bereitschaft zu Widersetzlichkeiten, gab es im katholischen Bereich – mit den Jahren zunehmend – weitgehend Widersetzlichkeiten gegenüber dem System bei abnehmender partieller Bereitschaft zur Kooperation.« In einer Spezialuntersuchung berichtet der Historiker Heinz Boberach, dass während des Zweiten Weltkriegs Gestapo-Berichte bei Katholiken immer wieder das Predigtthema erwähnen, »dass der gegenwärtige Krieg eine Strafe Gottes für die Gottlosigkeit und Sittenlosigkeit der nationalsozialistischen Führung sei«.

Dagegen urteilt Günther van Norden: Die evangelische Kirche hat »die Entfesselung des Krieges durch die deutschen Machthaber nicht als solche durchschaut, sie hat in einer großen Einmütigkeit – von der offiziellen Reichskirche bis in die »Bekennende Kirche« hinein – ihre Gläubigen nach überlieferter Tradition zu Pflicht und Dienst und Opfer für das Vaterland aufgerufen – sie hatte in diesem Bereich keinerlei kritisches Potenzial«. Es gereicht der »Bekennenden Kirche« freilich zur Ehre, dass sie ohne unterstützende Struktur dann doch gegen die modernen Götzen Staat, Rasse, Volkstum predigte und über alle Nationen hinweg die christliche Einheit beschwor. Und auch diese protestantischen Prediger sahen am Ende den Krieg als

Strafe Gottes, ja sie befürchteten – sicher nicht zu Unrecht – eine Christenverfolgung bei siegreichem Kriegsende.

Die Kraft des Christentums zeigte sich nicht zuletzt am Widerstand von Christen gegen die gewalttätigen Diktaturen des 20. Jahrhunderts. Die Märtyrer, die in den ersten Jahrhunderten das Bild der Kirche geprägt hatten, kehrten massenhaft zurück. Der christliche Opfergedanke prägte viele von ihnen, die im Widerstand ihr Leben ließen. Ungezählte Christen starben in Russland für ihren Glauben, wo die Kirchen fast ganz vernichtet wurden. Für Deutschland resümiert der Bielefelder Neuzeit-Historiker Hans-Ulrich Wehler: »Insgesamt kann die katholische Kirche auf eine ebenso beklemmende wie stolze Leidens- und Opferbilanz verweisen. 8021 Geistliche, die Hälfte aller Priester, wurden von Zwangsmaßnahmen getroffen, 418 Priester kamen ins KZ, wo 110 von ihnen starben. Weitere 59 Geistliche wurden hingerichtet oder ermordet. Die Anzahl der Opfer und das Ausmaß der Willküräkte übertrifft die Belastung protestantischer Pfarrer und der ›Bekennenden Kirche‹ bei weitem«. Im Jahre 2017 korrigiert der führende Experte, Helmut Moll, die Zahlen für die deutschen Märtyrer des 20. Jahrhunderts auf insgesamt sogar 241 ermordete deutsche Priester. Damit waren katholische Priester die am meisten verfolgte Berufsgruppe im Dritten Reich. Weltweit verzeichnet die katholische Kirche für das 20. Jahrhundert mehr als 12 000 Glaubenszeugen, also Menschen, die für ihren Glauben gestorben sind. Allerdings muss zur Ehre der vielen deutschen protestantischen Märtyrer gesagt werden, dass sie ihren Widerstand oft einsam und alleine, ohne Kirche, ganz auf sich gestellt sozusagen, umso heldenhafter neu erfinden mussten; man denke an die eindrucksvollen evangelischen Pastoren Paul Schneider und Dietrich Bonhoeffer, die beide mit unglaublicher Tapferkeit für ihren Glauben starben. Den Katholiken dagegen war staatliche Verfolgung seit dem Bismarck'schen Kulturkampf wohlbekannt, sodass das katholische Milieu und auch die katholische Kirche selbst sich als erheblich widerständiger erwiesen. Jedenfalls ist den beiden christlichen Kirchen mit dem Historiker Manfred Gailus zu bescheinigen, »die wohl schwierigsten sozialen und kulturellen Barrieren für eine vollständige Durchsetzung des totalitären nationalsozialistischen Herrschafts- und Weltanschauungsanspruchs« gewesen zu sein. Ein Frontalangriff gegen die Kirchen »war auch für den fest etablierten Nationalsozialismus eine äußerst risikoreiche Angelegenheit, was den Klügeren unter seinen Führern vollkommen bewusst war«.

Dem Historiker Thomas Nipperdey zufolge haben »die Intensität der katholischen Subkultur, ja auch das befestigte Ghetto, gewiss die Selbstbehauptung der katholischen Kirche als Volkskirche, ihre Krisenresistenz nach 1918 wie auch nach 1933, gegen linke und rechte Totalitarismen, und – langfristig – ihre Erneuerungspotentiale mit ermöglicht, ja getragen.«

3. Euthanasie –
Warum die Nazis die Erbsünde hassten

Den Christen verbot die Überzeugung von der Gottebenbildlichkeit jedes Menschen den Gedanken »minderwertiger Rassen«. Und der Glaube an die Erbsünde verbot die makellose »Herrenrasse«.

Eigentlich wirkt die Idee einer Erbsünde für viele Menschen völlig absurd, ja skandalös. Sünde ist, wenn überhaupt, etwas Persönliches, und das kann man nicht erben. Im Gegenteil: Sippenhaft, Blutrache, Kollektivschuld, all das lehnt man zu Recht ab. Herbert Schnädelbach hatte in der Behauptung der erbsündlichen Verderbtheit jedes Menschen eine Beleidigung seiner Freiheit und Würde gesehen und sie gar als »menschenverachtend« gescholten. Allerdings hatte auch er diesen Begriff drastisch missverstanden.

In Wirklichkeit meint die Erbsünde ein für jeden Menschen tagtäglich erfahrbares Phänomen, dass Menschen nämlich einerseits immer eine Vorstellung von Frieden, Glück, Leben, Schönheit, Vollkommenheit in sich tragen und auf deren Verwirklichung aus sind, aber andererseits daran immer wieder scheitern, jedenfalls nie die Vollendung erreichen. Das erklärt die Bibel so: Gott habe die Welt gut geschaffen und dem Menschen diesen Antrieb zur Vollkommenheit eingegeben, indes sei eine Störung eingetreten, die seitdem den Menschen am Erreichen dieser Vollkommenheit hindere. Gemäß der betonten Personalität des biblischen Gottes- und Menschenbildes konnte diese Störung nur mit einem bösartigen Entscheid schon der ersten Menschen erklärt werden, eben der Ursünde im Paradies, die sich dann auf alle Nachfolgenden auswirkte. Ganz gleich, wie man zur biblischen Ausdeutung steht, das gemeinte Phänomen ist unbestreitbar: Wir werden alle in eine Situation hineingeboren, die von der Schuld anderer Menschen geprägt ist. Dieser Prägung können auch wir nicht entgehen: der Mensch »als krummes Holz mit aufrechtem Gang«, wie der große Aufklärer Immanuel Kant (1724–1804) ihn nannte, nämlich einerseits aufgerichtet zum Guten wie andererseits verkrüppelt zum Bösen. Es gebe, sagt Kant, eine »angeborene Schuld, welche so genannt wird, weil sie sich so früh, als sich nur immer der Gebrauch der Freiheit im Menschen äußert, wahrnehmen lässt, und nichtsdestoweniger aus der Freiheit entsprungen sein muss und daher zugerechnet werden kann.« Und wenn Kant dann präzisiert, dass »vorausgesetzt werden muss, dass ein Keim des Guten unserer ganzen Reinigkeit übrig geblieben, nicht vertilgt und verderbt werden konnte«, dann hat er damit exakt die katholische Auffassung von der Erbsünde beschrieben, während für Luther der Mensch radikal verdorben und daher total auf die göttliche

Gnade angewiesen ist, ohne dass er selber wirklich Gutes vollbringen könnte.

Die menschliche Schwäche, die in der Erbsünde zum Thema wurde, war allen Bewegungen, die zum Menschenkult neigten, linken und rechten, natürlich zutiefst zuwider: manchen Aufklärern, dem fortschrittsgläubigen Bürgertum des 19. Jahrhunderts und vor allem Friedrich Nietzsche, für den die Erbsünde der böse »Geniestreich des Christentums« war. Er dagegen machte »das Starke« zum Bekenntnis einer ganzen Generation: »Was ist schlecht? – Alles, was aus Schwäche stammt. Was ist Glück? – Das Gefühl davon, dass die Macht wächst – dass ein Widerstand überwunden wird. Nicht Zufriedenheit, sondern mehr Macht; nicht Friede überhaupt, sondern Krieg; nicht Tugend, sondern Tüchtigkeit (Tugend im Renaissance-Stile), virtù, moralinfreie Tugend.« Und Nietzsche zog rücksichtslose Konsequenzen. Angeregt von der Darwin'schen Idee des Kampfes ums Dasein und des Überlebens der Fittesten wollte er die Höherzüchtung einer »europäischen Rasse«: »Die Schwachen und Missratenen sollen zugrunde gehen: erster Satz *unserer* Menschenliebe. Und man soll ihnen noch dazu helfen. Was ist schädlicher als irgendein Laster? – Das Mitleiden der Tat mit allen Missratnen und Schwachen – das Christentum.« Hellsichtig hat der geniale und leidenschaftliche Philosoph das Christentum als entschiedenen Gegner solcher menschenverachtender Ideen erkannt, und man kann nicht gut sagen, dass die Euthanasieaktion der Nazis, bei der Zehntausende Behinderte ermordet wurden, ein Missverständnis dieser Ideen gewesen ist, selbst wenn Nietzsche sich für seine »Herrschaft vornehmer Rassen« auch ein paar »hochgezüchtete« Juden gewünscht hat.

Friedrich Nietzsche hatte schon recht: Das Mitleid ist eine christliche Erfindung. Nicht dass die Heiden überhaupt nicht mitfühlend gewesen wären, aber man sah in den Kranken, Schwachen, Behinderten vor allem von den Göttern Geschlagene, mit denen man sich am besten nicht allzu sehr abgab, um nicht ebenso die Gunst der Himmlischen zu verlieren. Dagegen galten schon im Alten, vor allem aber im Neuen Testament, Arme, Kranke, Krüppel als Gottesfreunde, selig nennt sie Jesus. Mehr noch, man begegne in diesen Menschen ihm, dem Sohn Gottes selbst. Zweifellos machte diese völlig neue Haltung, diese hingebende Liebe an die Schwachen, das Christentum ungemein attraktiv. Reiche Heiden hatten den Mitbürgern Bauwerke und Vergnügungen spendiert, statt den Armen Almosen zu geben. Die Christen dagegen hatten eine ganze Gesellschaft für die Armut sensibilisiert. Der französische Althistoriker Paul Veyne stellt fest: »Altersheime, Waisenhäuser, Krankenhäuser usw. sind Institutionen, die erst zur Zeit des Christentums eingerichtet wurden. Selbst ihre Namen sind im Griechischen und Lateinischen neu.« Als Kaiser Julian Apostata 20 Jahre nach dem Tod Kaiser Konstantins das Ruder noch mal herumreißen und das Heidentum wieder einführen wollte, da erfand er deswegen heidnische Fürsorgeeinrichtungen, die die alten Götter etwas warmherziger erscheinen lassen sollten. Aber schon nach zwei Jahren war der Spuk vorbei und die Religion mit den beiden Hauptgeboten »Ehre Gott!« und »Liebe deinen Nächsten!« setzte ihren Weg fort. Zum Beispiel wurde Gallien mit einem ganzen Netz von Xenodochien, also von Fremdenherbergen, überzogen. Mit dem Dahinschwinden der Städte nahmen sich die Klöster der Armen an. Die zeitweilig größte abendländische Abtei, das burgundische Cluny, gab im 12. Jahrhundert jährlich 17 000 Armenspeisungen aus. Bei der Neugründung der Städte nach der Jahrtausendwende hatte bald auch jede ihr Heilig-Geist-Hospital. Das herausragendste Beispiel für erbarmende Liebe bietet im Mittelalter Franz von Assisi (um 1181–1226). Seine Bekehrung vollzog sich so, dass er einen Aussätzigen sah, vom Pferd herabstieg, sich wegen des vom Aussatz ausgehenden Gestanks die Nase zuhielt, um dann erstmals einen Aussätzigen zu küssen – was für ihn den Durchbruch zu seiner neuen Existenz bedeutete. Kein Orden hat eine vergleichbare Sozialbewegung über die Jahrhunderte ausgelöst wie das Franziskanertum. Für den einzelnen Menschen ganz persönlich war die uns heute fremde sogenannte Passionsfrömmigkeit von großer Bedeutung, die viele überhaupt erst mitleidsfähig machte, indem beim mitfühlenden Betrachten des Leidens Jesu die Grundhaltung erwuchs, auch das Leiden anderer Menschen aktiv zu teilen.

Solches Mitfühlen war den neuen Heiden fremd, die im 20. Jahrhundert eine »Herrenrasse« formen wollten. Es waren der Darwinismus und die Erbbiologie, die den Weg ebneten: Das Gesetz des Stärkeren sei Naturgesetz, demzufolge überall das Höhere über das Niedere siege und so auch die stärkere Rasse über die niederen, die gar kein Recht auf Dasein hätten. Zu fordern sei eine Hochzüchtungsmoral anstelle der christlichen Schwachenmoral. Der bekannte englische Literaturhistoriker John Carey belegt solche Einstellungen bei vielen europäischen Intellektuellen: Die ihrer selbst bewusste Menschheit müsse sich zum Subjekt der Selektion erheben, werde dadurch auf zuvor nur utopisch erträumte Höhen gelangen. Josef Mengele war, als er auf der Rampe von Auschwitz stand und Juden selektierte, geistig nicht allein, und die Euthanasieärzte auch nicht.

Bei der Vorgeschichte der Hitler'schen Euthanasieaktion, also der Tötung von unheilbar Kranken und Behinderten, bei der 120 000 Menschen ermordet wurden, zeigt sich, dass die Diskussion um 1900 mit der Frage nach dem »Recht auf Tod« begann, sich nach dem Ersten Weltkrieg mit dem »Erlösungstod für unheilbar Kranke« fortsetzte, zusätzlich die Kosten für den Unterhalt der »Ballastexistenzen« ins Spiel brachte, zuletzt dann die Tötung unheilbarer Neugeborener guthieß und damit das Einfallstor zur Vernichtung des sogenannten »lebensunwerten Lebens« eröffnete. Die Nazis haben nur rücksichtslos umgesetzt, was vorher erdacht worden war.

Widerstand leisteten nicht die Funktionseliten, sondern die Kirchen, denn das widersprach diametral christlichen Grundüberzeugungen. So erklärte Papst Pius XI. (1857–1939) kategorisch, die staatliche Obrigkeit dürfe »die Unversehrtheit des Leibes weder aus eugenischen noch aus irgendwelchen anderen Gründen direkt verletzen oder antasten«. Daher waren es vor allem Christen, die sich dieser Barbarei entgegenstellten. Der Widerstand kam, wie der Historiker Michael Schwartz feststellt, »am stärksten zweifelsohne aus den Kirchen, sehr viel uneinheitlicher und bedingter schon aus den Kreisen der Mediziner und Juristen«. Der evangelische Kirchenhistoriker Kurt Nowak differenziert noch, vereinfacht lasse sich sagen, dass die evangelische Seite aus den pragmatischen Uneindeutigkeiten ihrer Schutzmaßnahmen für die Kranken bis zum Schluss nicht herausgefunden habe, während die katholische Seite am entschiedensten Widerstand geleistet habe, weil sie »einen kompromisslosen Standpunkt« eingenommen und an immerhin einer Stelle den Durchbruch geschafft habe: im öffentlichen Anklageschrei des ›Löwen von Münster‹, Bischof Clemens August Graf von Galen (1878–1946).

4. Im Angesicht des Holocaust – Christen und Juden: 2000 Jahre lang unvermischt und ungetrennt

Doch bekanntlich waren die Vergasungen der psychisch Kranken und Behinderten bei der Euthanasieaktion nur der Auftakt, die Probe für den noch größeren Massenmord, den Völkermord an den Juden, die Shoa. Der Angriff der Nazis ging also auf zwei Gruppen, denen tatsächlich auf unterschiedliche Weise gerade die besondere Sorge der Christen galt. Allerdings mussten sich auch die Christen nach der Shoa selber kritisch fragen, ob nicht manches, was sie in ihrer 2000-jährigen Geschichte mit den Juden gesagt und getan hatten, im düsteren Licht des Grauens von Auschwitz verhängnisvoll, ja skandalös gewesen sein mag. An dieser Stelle ist eigentlich jedes historische Urteil überfordert. Denn angesichts des Entsetzlichen der Shoa wären auch kleinste Anstöße, die irgendwann vorher in Richtung auf dieses Menschheitsverbrechen gewirkt hätten, absolut unverzeihlich. Andererseits wäre ebenso der Verzicht auf jede historische Wertung gefährlich, denn damit könnte man nicht mehr differenziert über das Vorher und das Nachher sprechen, die Shoa fiele sozusagen aus der Geschichte heraus und man könnte nichts mehr für die Zukunft daraus lernen. Daher sind wir es nicht zuletzt den Opfern schuldig, das oft schwierige Verhältnis zwischen Juden und Christen historisch seriös auf dem Stand der heutigen Wissenschaft in den Blick zu nehmen.

a) Wie es anfing – Vom Brüderzwist zum Judenschutz

Es sind zum Teil heftige Worte, mit denen »die Juden« im Neuen Testament bedacht werden. Freilich ist dabei zu beachten, dass es »negative Urteile von Juden über Juden, von messiasgläubigen Juden über andere Juden sind«, wie der Exeget Gerd Theißen betont. Sie spiegeln die Auseinandersetzungen, die die frühen Christen mit denjenigen Juden hatten, die das Christentum rigoros ablehnten. Zugleich sind aber von Paulus im Römerbrief ganz andere Töne zu hören. Da sind die Juden »Brüder«, Kinder der Verheißung und der bleibenden Vorherbestimmung, deren mangelnder Glaube an den Messias Jesus Christus »Geheimnis« bleibe. Die Aggressivität gewisser anderer Äußerungen im Neuen Testament kann der bekannte jüdische Religionswissenschaftler David Flusser sogar verstehen. Sie seien für zuvorige Juden geradezu »eine historische Notwendigkeit für das Christentum, um eine Weltreligion zu werden«. Und deswegen müsse man diese Äußerungen »gegen die Theologie nach Auschwitz ein wenig in Schutz nehmen«. Gegenüber der gerade von Theologen mitunter vertretenen Auffassung, das Neue Testament zeige stark antijüdische Züge, ist die Forschung inzwischen zu einem anderen Ergebnis gekommen. Der renommierte Judaist Heinz Schreckenberg erklärt »die Annahme einer schon im Wesen und Kern des Neuen Testaments angelegten Judenfeindschaft für unzutreffend.« Und der Althistoriker Alexander Demandt stellt kurz und bündig fest: »Nach jüdischem Gesetz starb Jesus zu Recht.« Denn sein Messiasanspruch galt als Gotteslästerung. Deswegen sei es sicher keine Erfindung der Autoren des Neuen Testaments, »dass die treibende Kraft im Verfahren gegen Jesus bei den Hohen Priestern und ihrem Anhang gelegen hat, wie die Evangelien es darstellen.« Dem widerspricht nicht, dass Chaim Cohn, zeitweilig oberster Richter des Staates Israel, die Auffassung vertritt, dass »die Kreuzigung tatsächlich von römischen Truppen unter dem Oberbefehl des Statthalters ausgeführt wurde«. Das war schlicht die damalige Rechtslage.

Es war also Unrecht, wenn christliche Polemik bald schon den Vorwurf des »Gottesmords« erhob. Augustinus hatte ihn bereits zurückgewiesen, indem er klassisch formulierte: »Hätten die Juden den Gottessohn erkannt, hätten sie ihn nicht gekreuzigt.« Papst Gregor der Große ging noch weiter, indem er formulierte, was bis heute für viele Christen überzeugend ist, dass nämlich schuld am Tod Jesu alle bösen Menschen seien einschließlich der bösen Christen. Gregor der Große wandte sich auch nachdrücklich gegen Zwangstaufen, wie ebenso später Päpste immer wieder, und bestätigte den Juden den Status einer »Erlaubten Religion«, der ihnen weitgehende Rechte sicherte. Origenes (um 185–254), der große Lehrer der frühen Christen, zollte den Juden hohes Lob: »Wenn aber jemand die Zustände bei den Juden mit der jetzigen Lebensführung der übrigen Völker prüfend vergleichen wollte, so würde er kein Volk mehr bewundern als die

Juden, die, soweit menschenmöglich, alles, was dem Menschengeschlecht schädlich ist, beseitigt und allein das Nützliche angenommen haben.« Und Gregor von Nazianz (um 329–390) sagt: »Wir dürfen also nicht die, welche vor dem Kreuz gelebt haben, gering achten. Vielmehr verdienen diese, wenn sie dem Kreuze entsprechend gelebt haben, unser Lob.« Dennoch gab es auch Entgleisungen, wie bei Johannes Chrysostomus (um 349–407), der sich angesichts einer gespannten Situation, in der viele Christen wieder zum Judentum neigten, zu üblen Schmähungen hinreißen ließ, die ihn wohl später gereut haben, wenn er dann vom »Adel der Juden« sprach und ihnen sogar heilsgeschichtlichen Vorrang zubilligte. Mit dem an der Hebräischen Universität in Jerusalem lehrenden Michael Toch ist außerdem festzuhalten, dass die christliche Vorstellung von den Juden als unwiderlegbare Zeugen der christlichen Wahrheit, die damals schon vertreten wurde, »auch zum grundsätzlichen Gewaltverbot« führte, ja »die Bewahrung der Juden bis ans Ende der Zeiten zur Pflicht« machte.

Aber auch jüdische Polemik blieb nicht aus. Im so genannten Achtzehnbittengebet, dem zentralen Gebet des jüdischen Gottesdienstes, das fromme Juden dreimal am Tag beten, hieß es etwa seit dem 2. Jahrhundert drohend: »Nicht blühe die Hoffnung den Verfolgern! Das Reich des Übermuts entwurzle rasch in unseren Tagen! Es mögen Nasoräer und die andern Abweichler in einem Augenblick vergehen! Sie seien aus dem Buch der Lebenden getilgt, und mit den Frommen sollen sie nicht aufgeschrieben werden.« Gemeint sind dabei die römische Obrigkeit sowie häretische jüdische Gruppen und darunter auch die Judenchristen. Michael Toch zufolge »zeigte sich keineswegs das spätantike Judentum bereit, das Christentum in den Segen der göttlichen Verheißung einzubeziehen«.

In der Spätantike nahmen die Juden am bürgerlich-städtischen Leben regen Anteil, durchaus mit Vitalität und Lebensfreude. Berichte über ihre erbärmliche Lage als generelle Beschreibung jüdischen Lebens seien »christliche Ideologie«, wie der Althistorik er Karl L. Noethlichs betont. Die mittelalterlichen Päpste übten ihre ihnen schon von Gregor dem Großen ins Stammbuch geschriebenen Schutzpflichten gewissenhaft aus. Papst Alexander II. (um 1010–1073) erklärte apodiktisch: Die Juden sind zu schützen und ihr Blut nicht zu vergießen. Diese Aussage ging dann in das Dekret Gratians von 1140 ein. Von nun an erließ über vier Jahrhunderte lang jeder Papst eine sogenannte »Sicut-Judaeis-Bulle« zum ausdrücklichen Schutz der Juden, mit strengsten Strafen bei Zuwiderhandeln.

Zuweilen finden sich in diesen feierlichen päpstlichen Dekreten noch besondere Aktualisierungen eingefügt: Wenn Prozesse gegen Juden zur Gelderpressung geführt würden, sollten falsche Ankläger genau jene Strafe erhalten, die sie den Juden hatten aufnötigen wollen; ebenso sollten die Unterstellungen von Ritualmord oder Hostienschändung bestraft werden. Papst Gregor IX. (1167–1241) bestand auf gerechter Behandlung der Juden, weil sie »das Bild des Erlösers besitzen und vom Schöpfer des Alls geschaffen sind«, und angesichts der Judenmorde durch Kreuzritter mahnte er: »Sie bedenken nicht, dass Jesus Christus gekommen ist, um uns in seinem Blute mit Gott zu versöhnen und alle Menschen ohne Unterschied des Standes und Geschlechtes aus jedem Volk zu Kindern Gottes anzunehmen.« Und den deutschen Bischöfen gegenüber brachte er es auf die Kurzformel: »Es ist den Juden jenes Wohlwollen entgegenzubringen, das wir im Heidenland den Christen gewährt zu sehen wünschen.« Nikolaus IV. (1227–1292) erklärte: »Die Kirche erträgt nicht gefühllos, dass die Juden Unrecht und Anwürfe erfahren vonseiten der Bekenner des christlichen Namens.« Der amerikanische Historiker Solomon Grayzel attestiert den Päpsten: »Wenn eine jüdische Gemeinde ihre Klagen ausdrückte, wurde die Klage untersucht und, wenn für gerecht befunden, die schuldige Partei zum

Einlenken angewiesen.« Und der renommierte israelische Historiker Shlomo Simonsohn schreibt im Abschlussband seiner Edition von insgesamt 1100 Verlautbarungen der mittelalterlichen Päpste gegenüber den Juden: »Es ist wohl fair zu konstatieren, dass – hätte der Apostolische Stuhl im Mittelalter seinen Weg nehmen können – die jüdische Präsenz in den meisten westeuropäischen Ländern überdauert hätte.«

Dass die Juden im christlichen Umfeld außergewöhnlich abgesondert lebten, hatte vor allem mit ihren strengen Speise- und Reinheitsgeboten zu tun, die allein gemeinsames Essen mit Nichtjuden so gut wie unmöglich machten und es den Frauen verboten, irgendjemanden zu berühren. Man traf Vorkehrungen gegen Mischehen, die beide Seiten ablehnten. Dazu gehörte die Kenntlichmachung bei der Kleidung. Man versuchte mit allen Mitteln, den Glaubenswechsel zu verhindern. Nach dem babylonischen Talmud sollten vom Judentum Abgefallene sogar getötet werden, was aber mangels Möglichkeiten im Mittelalter entfiel. Überhaupt vermied man Kontakte mit Nichtjuden. Selbst Sichtkontakt versuchte man zu verhindern. Jüdischerseits vermauerte man Fenster mit Blick auf Kirche oder Kreuz.

Während es auf christlicher Seite schon lange eine spezielle gegen die Juden gerichtete Literatur gab, ließ der allgemeine geistige Aufbruch im 12. Jahrhundert nun auch eine heftige, gegen Christen gerichtete Literatur entstehen. Zum zentralen Thema der jüdischen Bibelkommentare wurde die Rache Gottes an den Christen; diese seien schon wegen der Bilderverehrung Gottesfeinde und darum den Heiden gleichzusetzen. Es gab sprachliche Ausfälle gegen das, was den Christen heilig war, freilich vor allem für den innerjüdischen Gebrauch. Aber auch die innerjüdischen theologischen Debatten nahmen an Schärfe zu, sodass sich Juden in Frankreich an die eben erst entstehende Inquisition wandten, die daraufhin ein Werk des berühmten jüdischen Philosophen Moses Maimonides 1233 verbrennen ließ. Es gab aber ebenso Bemühungen um mehr Toleranz. So sprach zum Beispiel der Talmud-Gelehrte a-Meiri (1249–1316) dem Christentum mehr Legitimität zu als sonst üblich. Vonseiten der Christen gab es ebenfalls ganz unterschiedliche Äußerungen gegenüber Juden, von der verständnisvollen Haltung Hildegards von Bingen über die relativ freundliche Position Bernhards von Clairvaux bis zu Schmähungen durch Petrus Venerabilis, den Abt von Cluny. Wenn man diesen Streit zwischen mittelalterlichen Juden und Christen mit heutigen Augen betrachte, so der Wiener Judaist Kurt Schubert, dann gelte: »Man muss sich von beiden distanzieren.«

Aber es gibt eben auch die positiven wechselseitigen Beeinflussungen. Die großen christlichen Scholastiker holten sich Rat bei Juden, um den hebräischen Text des Alten Testaments zu verstehen. Moses Maimonides übte beachtlichen Einfluss auf Thomas von Aquin, aber auch später auf Meister Eckhart aus. Umgekehrt erklärt der israelische Historiker Avraham Grossmann die »bemerkenswerte Besserstellung« der jüdischen Frau im mittelalterlichen Europa gegenüber den Einstellungen im Talmud wie auch gegenüber der muslimischen Welt mit der Besserstellung der Frau in der benachbarten Christengesellschaft. Dennoch blieben die jüdischen Frauen benachteiligt. Nicht eine einzige jüdische Frau hat im Mittelalter geschrieben, denn »die stärkste Diskriminierung jüdischer Frauen lag auf dem Gebiet der Erziehung und Kultur«.

Im Mittelalter gab es keinen effizienten Administrationsstaat, sodass es für die Juden nur von den Herrschern persönlich zugestandene Schutzprivilegien gab, die durchaus wirksam wurden. Da sie aber nicht eigentlich andauernd gültiges »Menschenrecht« darstellten, mussten sie immer wieder erneuert werden. Gleichzeitig konnte das Fehlen eines starken Staates auch Vorteile bringen. Eigentlich sollte im Mittelalter jede Stadt nur eine Synagoge haben, aber ausgerechnet in Rom standen ihrer zehn.

Und so war es dann später erst die Effizienz der entstehenden modernen Nationalstaaten, die dazu führte, dass die Juden massenweise vertrieben wurden: aus Frankreich, England und vor allem aus Spanien.

b) Das jüdische Tränental – Die mittelalterlichen Judenverfolgungen

Abgesehen von Vorfällen im westgotischen Spanien gab es im ersten christlichen Jahrtausend keine Judenpogrome. Was dann zu den entsetzlichen Judenverfolgungen des hohen Mittelalters führte, dazu hat die neuere Forschung zum Teil erstaunliche Ergebnisse geliefert.

Es waren Lügengeschichten, die immer wieder den Vorwand für tumultuarische Pogrome lieferten, die bei irgendwelchen x-beliebigen Katastrophen gegen die Juden als Sündenböcke ausbrachen. Zum einen gab es die absurde Behauptung, Juden würden Ritualmorde begehen, das heißt, sie würden für ihre Paschafeier gelegentlich christliche Kinder töten. Zum anderen die Unterstellung, sie würden Hostien schänden, die ja für Christen »Leib Christi« waren. Und schließlich der Vorwurf der Brunnenvergiftung. Wie bei den Hexenverfolgungen waren auch hier zunächst die südeuropäischen Länder kaum betroffen, in denen sich »dieses nördliche Hirngespinst überhaupt nicht festsetzen« konnte, wie Michael Toch feststellt, während der Mangel an Bildung und Kultur nördlich der Alpen diese dumpfen Ausbrüche diffuser Volkswut begünstigte. Heinz Schreckenberg zufolge wurden sie vor allem durch Leute »von geringer Bildung und minderen Standes« angefacht, »während es öfters gerade die Prälaten waren, die zugunsten der Verfolgten eintraten.«

Mit Entschiedenheit wandte sich die Kirche gegen diese Ausbrüche von Hass und Missgunst. In einem Schreiben an die deutschen Bischöfe erhebt Papst Innozenz IV. (um 1195–1254) Klage: »Obwohl die Heilige Schrift unter anderen Geboten des

Gesetzes sagt: ›Du sollst nicht töten!‹ und verbietet, dass die Juden zu Ostern etwas Totes berühren, beschuldigt man sie fälschlich, dass sie bei diesem Fest das Herz eines getöteten Knaben essen in dem Glauben, dass das Gesetz solches gebiete, wo es doch dem Gesetz zuwider ist. Bösartigerweise macht man ihnen den Leichnam eines toten Menschen, der irgendwo gefunden wird, zum Vorwurf; wegen solcher und anderer Erfindungen erregt man sich über die Juden, beraubt sie ihrer Güter, ohne Anklage, ohne Geständnis, gegen Gottes Gerechtigkeit und zwingt sie, ihre Wohnsitze, die sie und ihre Vorfahren seit unvordenklichen Zeiten bewohnen, elendiglich zu verlassen.«

Was den Vorwurf der Hostienschändung betraf, ordnete Papst Benedikt XII. 1338 bei entsprechenden angeblichen Vorfällen in Österreich eine genaue Untersuchung an. Nötigenfalls seien die Juden zu bestrafen, aber im Falle ihrer Unschuld seien die involvierten Christen zu belangen, damit solche antijüdischen Ausschreitungen, die ja oft zu Güterberaubungen verführten, nicht wieder vorkämen. Und allein der haltlose Vorwurf der Brunnenvergiftung zog die Exkommunikation des Anzeigenerstatters durch Papst Clemens VI. (um 1290–1352) nach sich.

Immer wieder stemmten sich die Päpste gegen die Judenverfolgungen. Als 1236 Kreuzritter im Anjou, im Poitou und in der Bretagne gegen die Juden wüteten, schrieb Papst Gregor IX. einen geharnischten Brief an die französischen Bischöfe: »Von den in Frankreich lebenden Juden haben wir die beweinenswerte und erbarmungswürdige Klage erhalten, dass die Kreuzfahrer die göttliche Langmut herausfordern, wenn sie vorhaben, sie durch Vernichtung vom Angesicht der Erde zu tilgen und bereits 2500 von ihnen in unerhörter Wut und ungewöhnlicher Grausamkeit, sowohl Große wie Kleine und sogar schwangere Frauen, in Feindeswut niedergemacht haben. Die Überlebenden haben sie gemein und schmachvoll behandelt, ihren Besitz weggenommen und für sich verwendet. Um diese Schandtaten mit einem frommen Mantel zu bedecken, geben sie an, sie täten das, weil die Juden die Taufe verweigerten; sie bedenken dabei nicht, dass man niemanden, der es nicht von sich aus will, zur Taufe zwingen darf. Damit nicht solch freche Verwegenheit, wenn sie nicht unterdrückt wird, noch bei anderen zum Übel wird, befehlen wir, die Wiedergutmachung der Übeltaten und der Besitzentwendungen unter Androhung kirchlicher Strafen ohne Aufschub zu erzwingen.«

Die Pogromwelle, die auf die Pest von 1348/50 folgte, betraf vor allem Deutschland. Sie war brutal und in einigen Städten sogar von der Obrigkeit sorgfältig organisiert, in Nürnberg zum Beispiel von Kaiser Karl IV. und dem Rat der Stadt. Eine Agitation von Geistlichen fehlte völlig, wie der marxistische Mittelalterhistoriker Frantisek Graus betont. Papst Clemens VI. habe sogar zwei Bullen zum Schutz der Juden erlassen – ohne Erfolg. Immer wieder tauchte bei den Mordaktionen eine Koalition von Patriziern und Zünften auf. Denn es ging nicht zuletzt durchaus ums Geld, man nutzte die Gelegenheit, um sich hemmungslos zu bereichern. Es gab in Deutschland Tausende Opfer. Es zeigt sich also, dass selbst die Päpste gegen die abergläubischen Volkstumulte letztlich machtlos waren. In ihrem eigenen Machtbereich, dem Kirchenstaat, wurden die Juden dagegen nie ernstlich belästigt. Der bekannte protestantische Historiker Ferdinand Gregorovius (1821–1891) erklärt in seiner »Geschichte der Stadt Rom im Mittelalter«: »Die Juden erfuhren gerade in Rom eine menschlichere Behandlung, als dies anderswo im Mittelalter geschehen ist.« Wohl erfolgte 1569 die Ghettoisierung, aber keine Vertreibung, und die von Papst Gregor XIII. verordneten Judenpredigten, an denen die Juden Roms teilnehmen mussten, erschienen eher als Pflichtübungen, hatten jedenfalls keinerlei Effekt.

Spanien war ein Sonderfall. Im Gegensatz zu lange geäußerten Vorurteilen hat die neuere Forschung keine bessere Situation für Juden im muslimischen Spanien ergeben. 1066 kam es zum ersten Judenpogrom im muslimischen Granada, und auch vorher waren Juden schon aus den muslimischen Gebieten in den christlichen Norden geflohen. In der Tat war Spanien lange Zeit die große positive Ausnahme, auch bei der Großen Pest 1348 blieb es von Pogromen verschont. Der amerikanische Judaist Stephen Haliczer stellt fest: »Tatsächlich scheint es im Hochmittelalter, dass Juden wohl mehr Konflikte untereinander als mit den christlichen Nachbarn hatten.« Das bestätigt auch der amerikanische Historiker David Nirenberg. Es herrschte, wie Shlomo Simonsohn es sieht, in Spanien bis ins 15. Jahrhundert hinein eine relativ freie Atmosphäre.

Doch dann geriet das Judentum selber in eine tiefe Krise. Bei gelehrten Debatten in Barcelona 1263 und später auch in Tortosa 1413/14, die unter großem Publikumsandrang geführt wurden, kam eine ganz neue Deutung jüdischer Schriften, vor allem des Talmud auf.

Es verbreitete sich der Eindruck, diese Schriften enthielten Passagen, die Jesus als Messias bezeugten. Die Wirkung war ungeheuer. Viele Juden fühlten sich fundamental verunsichert, ließen sich zusammen mit ihren Rabbinern zu Tausenden freiwillig taufen und wurden »ernsthafte Katholiken«, wie Josef Yerushalmi, Judaistik-Professor in Harvard, bemerkt. Einige wurden sogar Priester und Bischöfe. Man nimmt heute an, dass die Zahl der Konvertierten zwischen 1381 und 1414 in die Zehntausende ging und dass daher die Atmosphäre auch unter den Juden aufgewühlt war. In dieser Situation kam es 1391 in Sevilla zu einem Pogrom, das sich über ganz Spanien ausbreitete, allerdings vom aragonesischen König, wie der französische Historiker Philippe Wolff mitteilt, sofort »mit klarstmöglicher Ablehnung der Mörder und der erzwungenen Konversionen« geahndet wurde.

Es sollte trotzdem noch schlimmer kommen. Man verdächtigte die konvertierten Juden, sie seien nur zum Schein Christen geworden. Zwar stemmte sich Papst Nikolaus V. (1397–1455) noch mit aller Kraft gegen eine solche verhängnisvolle Entwicklung, indem er gebot, zu bestrafen, wer die Konvertiten nicht volle Christen nenne. Aber er konnte die Katastrophe nicht mehr aufhalten. Leute wie der Konvertiten-Sohn Alfonso de Espina schalteten die Inquisition ein, damit diejenigen der Konvertiten, die nicht wirklich Christen geworden seien, aufgespürt und bestraft würden. Viele Konvertiten hatten, wie Yerushalmi schreibt, offenbar die Vorstellung, »dass, wenn die Judaisierenden ausgejätet seien, die eigene katholische Orthodoxie nicht länger bestritten werde.« Das aber war ein fataler Irrtum. Am Ende kam 1492 die totale Vertreibung aller Juden, wobei die neuere Forschung die früher angegebenen hohen Zahlen inzwischen nach unten korrigiert hat und von »nicht viel über 30 000« (Henry Kamen) ausgeht. Doch das war schlimm genug. Aber es kam tragischerweise in der Phase der »wilden Inquisition« auch zu einer verheerenden Verfolgung der konvertierten Juden, die die ganze Entwicklung ja einmal ausgelöst hatten, mit 4000 bis 5000 Opfern. Als Grund für diese Maßnahmen nennt der Historiker Horst Pietschmann keine wirklich religiösen Motive, sondern die spanische Staatsräson, die eine einheitliche Religion für ein einheitliches Land forderte. Am Schluss entstand in Spanien sogar die Vorstellung von der »Blutunreinheit«, wenn jemand von Juden abstamme, eine Frühform des Rassismus, die christlichen Prinzipien komplett widersprach.

Zusätzlich vergiftete der sogenannte »Talmud-Streit« seit dem 13. Jahrhundert die Atmosphäre zwischen Juden und Christen in ganz Europa. Der Talmud ist eine hochverehrte Schrift der Juden, die in zwei Varianten vorliegt und Lehrtexte seit dem 2. Jahrhundert umfasst. Er war für Christen weitgehend unzugänglich, weil er in Hebräisch verfasst wurde. Als aber der innerjüdische Streit um die »liberalen« Ideen des Moses Maimonides aufbrandete und seine Anhänger von den jüdischen Gemeinden »exkommuniziert« wurden, da ließen sich einige von ihnen tau-

fen und gingen nun zum Gegenangriff über. Ein solcher getaufter Jude legte der Kirche christentumsfeindlich klingende Stellen aus dem Talmud vor. Es ging um Schmähungen über den im
Kot der Hölle schmorenden Jesus, über Maria als unreine Ehebrecherin und Hure etc. Jüdische Verteidiger des Talmud versuchten, solche Stellen als nicht gegen die Christen gerichtet
auszulegen, aber der amerikanische Historiker David Berger ist
der Auffassung, dass sie damals kaum anders verstanden werden
konnten. In Paris schritt man zur Talmud-Verbrennung. Doch
Papst Innozenz IV. entschied anders: Der Talmud gehöre durchaus zur jüdischen Rechtgläubigkeit und nur die Blasphemien
seien zu streichen. Der Fall sollte genauso gehandhabt werden
wie bei manchen christlichen Autoren: Streichung der anstößigen
Stellen, aber keine persönliche Behelligung. Der Talmud-Streit
dauerte noch lange fort. Martin Luthers Juden-Polemik entzün-
dete sich an den angeblichen Lästerungen des Talmud: »Mitten
in der Christenheit – und mit ihrer stillschweigenden Duldung –
werden der Messias, seine Mutter, ja Gott selbst gelästert. Wo
dies geschieht, kann nur der Teufel selbst am Werke sein.«

Ohnehin brachte die Reformation keine Verbesserung für die
Juden, eher eine Verschärfung. Zwar sollte dann die Aufklärung
dazu beitragen, die Emanzipation der Juden heraufzuführen,
aber es gab auch Gegner, die zu den Größten ihrer Zeit zählten:
Voltaire nennt die Juden »das letzte aller Völker«, Kant eine
»Nation von Betrügern« und des Bürgerrechts nicht würdig,
Fichte sah bei ihnen einen Hass aufs Menschengeschlecht, auch
Herder äußerte sich so und Hegel diagnostizierte bei ihnen ei-
nen Mangel an Persönlichkeit und Freiheit. Dennoch war die
Entwicklung nicht aufzuhalten. In Deutschland wurde die Ju-
denemanzipation zuerst zustande gebracht, und zwar von den
staatlichen Bürokratien, was den deutschen Juden ein tiefes Ver-
trauen in den Staat einflößte. Es begann mit Kaiser Joseph II. in
Österreich und war dann mit der Revolution von 1848 vollen-

det. Auch die Juden selbst mussten sich in die neuen Gegeben-
heiten fügen, archaische religiöse Riten wurden abgeschafft, und
es war die Schulpflicht für Jungen und Mädchen, die den bil-
dungsbürgerlichen Aufstieg des Judentums ermöglichte. Er war
noch wichtiger als die zunehmende ökonomische Prosperität.
Der Kirchenstaat des Papstes wirkte dagegen im 19. Jahrhundert
noch anachronistisch. Neuere Quellenfunde ergaben allerdings,
dass das Heilige Offizium weiterhin stets gegen die Zwangstaufe
jüdischer Kinder einschritt. Der Kirchenhistoriker Hubert Wolf,
der im Vatikanischen Archiv dazu geforscht hat, stellt fest: »Dass
die Inquisition Juden vor Katholiken schützt, passt ebenso wenig
in unser Bild wie der ausdrückliche Verzicht auf Zwangstaufen
mit Feuer und Schwert.«

c) Mörderische Ideen –
Der rassistische Antisemitismus und seine Folgen

Mit dem 19. Jahrhundert beginnt ein rassistischer Antisemitismus aufzukommen, der zwar schon in Spanien angeklungen war,
aber nun mit pseudowissenschaftlicher Systematik aufwartet,
unter anderem durch die neu aufgekommene Vererbungslehre.
Gleichzeitig führte der große Erfolg der jüdischen Emanzipation
zu Sozialneid und die Liberalität assimilierter religionsferner Juden zu Ressentiments konservativer, auch religiös-konserva-
tiver Kreise. Diese Mischung war explosiv. Karl Marx, selber
Sohn eines jüdischen Konvertiten, argwöhnte: »Welches ist der
weltliche Grund des Judentums? Das praktische Bedürfnis, der
Eigennutz. Welches ist der weltliche Kultus des Juden? Der
Schacher. Welches ist sein weltlicher Gott? Das Geld.« Und die
Jerusalemer Historikerin Schulamit Volkov stellte fest, »dass die
Sozialdemokratie antijüdische Gefühle an der Basis und ›unter-
schwellig‹ sogar bei einigen führenden Persönlichkeiten nicht
überwinden konnte«.

Dem Christentum, das »zu allen Völkern« gesandt war und dessen erste Anhänger allesamt Juden gewesen waren, war jede Form des Rassismus fremd. Allerdings hat František Graus, der selber Auschwitz überlebte, mit geradezu berührendem psychologischen Einfühlungsvermögen die Versuchungen beschrieben, die sich im ständigen Zusammenleben von zwei Religionen einstellen können: »Die Annahme, selbst den ›richtigen Glauben‹ zu besitzen, ermöglicht es sowohl dem Habenichts in Stadt und Land, sich als Christ selbst dem reichen ›ungläubigen‹ Juden überlegen zu fühlen, wie sie dem jüdischen Bettler erlaubt, mit einer gewissen Verachtung auf christliche Machthaber herabzusehen.«

Auf diesem Hintergrund sind die wechselseitigen Negativklischees und Standardvorwürfe zu sehen, die sich in den jahrhundertelangen Auseinandersetzungen zwischen diesen beiden Religionen ergeben haben, wobei natürlich die antijüdischen Klischees der Christen viel verheerender wirkten, da die Juden immer in einer hilflosen Minderheitenposition waren. Zwar hatte schon Papst Gregor der Große den Vorwurf des Gottesmords zurückgewiesen, auch der jahrhundertelang prägende Römische Katechismus hatte das bekräftigt, und die Päpste waren immer wieder gegen die üblen Ritualmord- und Hostienfrevel-Vorwürfe eingeschritten, noch zuletzt Papst Benedikt XIV. (reg. 1740–1758). 1882 beteiligten sich mehrere evangelische Fakultäten an einem vom ungarischen Oberrabbiner erbetenen Gutachten, das zum Ergebnis kam, die Ritualmordvorwürfe müssten »als eine entschiedene freventliche Unwahrheit bezeichnet werden«. Die Päpste hatten auch regelmäßig Schutzerklärungen abgegeben, aber all das konnte nicht einen vulgärtheologischen Antijudaismus verhindern, der sich immer wieder Bahn brach und nun dafür sorgte, dass dem vermehrt grassierenden rassistischen Antisemitismus nicht mit der nötigen Entschiedenheit Widerstand geleistet wurde.

Allerdings stellt der Historiker Olaf Blaschke fest, dass die Katholiken »den auf Rassenideologien reduzierten Judenhass ablehnten und von den Antisemitenparteien Abstand nahmen«. Tatsächlich wurden – so Thomas Nipperdey – »alle antisemitischen Anträge vom Zentrum abgelehnt; Zentrum und Katholiken gelten den Antisemiten als Gegner; antisemitische Einbrüche gab es in protestantischen, nicht in katholischen Wahlkreisen«. Am Ende der Weimarer Republik wählten etwa 25 bis 30 Prozent der Juden die katholische Zentrumspartei. 1928 wies der Münchner Kardinal Faulhaber seine Priester ausdrücklich an, alles Antisemitische zu vermeiden, denn Synagoge und Kirche gehörten zusammen, die Anklage der Kreuzigung müsse immer die Sünden des christlichen Volkes einschließen. Er war Mitglied der Vereinigung »Freunde Israels«, die sich im Januar 1926 gebildet hatte, der schließlich weltweit 19 Kardinäle, 278 Bischöfe und etwa 3000 Priester angehörten und die erklärte: »Jede Art von Antisemitismus ist zu vermeiden; dieser ist vielmehr ausdrücklich zu bekämpfen und mit den Wurzeln herauszureißen.« Wegen weitergehender politischer Pläne wurde diese Vereinigung später zwar aufgelöst, aber Papst Pius XI. erklärte bei dieser Gelegenheit: Der Apostolische Stuhl verdammt »um so mehr den Hass gegen das von Gott einst auserwählte Volk, jenen Hass nämlich, den man heute mit dem Namen Antisemitismus zu bezeichnen pflegt.« In seiner Enzyklika »Mit brennender Sorge«, der ersten jemals auf Deutsch verfassten, die auf abenteuerlichen Wegen nach Deutschland geschmuggelt und heimlich vervielfältigt worden war, um dann an Palmsonntag 1937 von allen Kanzeln verlesen zu werden, griff der Papst unter anderem scharf den Rassismus der Nazis an. Berühmt wurde schließlich sein Ausspruch, Christen seien »geistliche Semiten«, den er 1938 vor belgischen Pilgern tat. Überhaupt handelte Pius XI. demonstrativ projüdisch, beherbergte Juden im Vatikan, stellte sie an, befreundete sich mit ihnen. Am Ende ließ er noch eine eigene

Anti-Rassismus-Enzyklika ausarbeiten, die dann aber von seinem Nachfolger Pius XII. kurz vor Kriegsausbruch nicht mehr veröffentlicht wurde.

Im protestantischen Bereich gab es dagegen bei einigen Theologen geradezu skurrile Entwicklungen. Sie behaupteten, Jesus sei in Wirklichkeit kein Jude, sondern Arier gewesen. Insgesamt gab es im Protestantismus nach Hans-Ulrich Wehler eine »krass völkisch-antisemitische Einfärbung der neuen Politischen Theologie« und der evangelische Historiker Gerhard Besier beschreibt ein bedrückendes Bild des offiziellen deutschen Protestantismus, wo Protestanten jüdischer Herkunft aufgefordert wurden, nicht mehr die »deutschen« Gottesdienste zu besuchen und eigene Gemeinden zu bilden. Dagegen erließ immerhin im Oktober 1943 die Bekenntnissynode der Altpreußischen Union eine am Bußtag zu verlesende Kundgebung, die den Massenmord an den Juden brandmarkte. Und außerdem gab es einen Dietrich Bonhoeffer, der am Ende aus eingefahrenen Denkstrukturen des Antijudaismus herausfand, von Gottes bleibender Verheißung für die Juden sprach und dafür eintrat, die Kirche müsse sich für die Juden als Juden einsetzen. Der evangelische Pfarrer Helmut Gollwitzer predigte am Buß- und Bettag 1938 über Solidarität mit den Verfolgten, »dass wir mit schamrot werden müssen und mit gemeinsamer Schuld behaftet sind.« Sein Pfarrhaus wurde zur Anlaufstelle für nichtarische Christen. Katholischerseits ließ der von Papst Johannes Paul II. später seliggesprochene Berliner Dompropst Bernhard Lichtenberg »für die Priester in den Konzentrationslagern, für die Juden, für die Nichtarier beten« und erklärte anlässlich der Reichspogromnacht 1938: »Draußen brennt die Synagoge. Das ist auch ein Gotteshaus.« Lichtenberg wurde verhaftet und starb als Märtyrer. Der Vorsitzende der Deutschen Bischofskonferenz Kardinal Bertram hatte sich auf ständige »Eingaben« bei der Reichsregierung verlegt. Diese Proteste verpufften weitgehend wirkungslos, aber dabei blieb es nicht. 1943 veröffentlichte die Deutsche Bischofskonferenz den »Zehn-Gebote-Hirtenbrief«, der in allen katholischen Kirchen verlesen wurde und in dem es hieß: »Tötung ist in sich schlecht, auch wenn sie angeblich im Interesse des Gemeinwohls verübt wurde: An schuld- und wehrlosen Geistesschwachen und -kranken, an unheilbar Siechen und tödlich Verletzten, an erblich Belasteten und lebensuntüchtigen Neugeborenen, an unschuldigen Geiseln und entwaffneten Kriegsoder Strafgefangenen, an Menschen fremder Rassen und Abstammung.« Es war vor allem der mutige Berliner Bischof Konrad Graf von Preysing, der zu solchen Interventionen drängte und der sich bemühte, auch Papst Pius XII., den er persönlich gut kannte und der ihn schätzte, im selben Jahr zu einem öffentlichen Eintreten für die Juden zu bewegen.

d) Der Stellvertreter – Der Streit um Papst Pius XII.

Doch Pius XII. zögerte. Er war Diplomat, hochgebildet, feinsinnig, fromm, aber auch tapfer. Als er Nuntius in München war, hielt er in der ersten Nachkriegszeit unerschrocken den Pressionen der Spartakisten stand. Schon im Jahre 1924 hatte er den Nationalsozialismus als »vielleicht gefährlichste Häresie unserer Zeit« bezeichnet. Er hatte dann dem temperamentvollen Papst Pius XI. als Kardinalstaatssekretär loyal und klug gedient. Am Vorabend des Zweiten Weltkriegs hatten die Kardinäle ihn wohl nicht zuletzt deswegen zum Papst gewählt, weil sie sich von ihm in der entsetzlichen Lage eines grausamen Krieges, in dem auch Katholiken auf Katholiken schossen, das nötige Geschick versprachen. Er musste es einerseits schaffen, nicht als Kriegspartei wahrgenommen zu werden und so friedensstiftend wirken zu können; und andererseits hatte er vor allem dafür zu sorgen, dass Katholiken, die auf beiden Seiten der Front in permanenter Todesgefahr schwebten, nicht an ihrem obersten Hirten irre würden. Angesichts der enthemmten nackten Gewalt, die besonders die Nazis an den Tag legten und die auf moralische Argumente völlig unempfindlich reagierte, war das im Grunde zwar eine Quadratur des Kreises. Nur gab es keine Fluchtmöglichkeit vor dieser Aufgabe und Pius XII. dachte auch nicht an Flucht.

Seine Friedensapelle waren dramatisch und von echter leidenschaftlicher Sorge geprägt, aber sie waren allesamt, wie schon die Vorschläge Benedikts XV. im Ersten Weltkrieg, völlig wirkungslos. Der Vatikan engagierte sich auch unermüdlich für Gefangene beider Seiten. Als Rom Bombenangriffe drohten, erklärte der Papst öffentlich, dann werde er sich sofort an den bombardierten Ort begeben. Das tat er auch und rettete so die Ewige Stadt vor Zerstörung. Am Tag der Unterzeichnung des Waffenstillstands strömten die Römer spontan in Massen auf den Petersplatz, um dem Papst zu danken. Nach dem Krieg trug er, der zwölf Jahre in Deutschland gelebt hatte, dazu bei, dass die Deutschen ihren Platz in der Weltgemeinschaft wiederfinden konnten. Bei seinem Tod im Jahre 1958 gab es weltweite Erschütterung. Leonard Bernstein bat das Auditorium in New York, bevor er den Taktstock erhob, um eine Gedenkminute. Es waren praktisch alle jüdischen Organisationen, ebenso offizielle Vertreter des Staates Israel, die dem verstorbenen Papst dafür dankten, dass er Tausende Juden vor allem in Italien, aber auch in anderen Ländern durch unermüdliche Einzelaktionen vor der Ermordung gerettet hatte. Die Forschung spricht heute von 100 000 bis 200 000 Menschen. Pius XII. war, als er starb, eine unbestrittene weltweite Autorität, von Katholiken mitunter geradezu im Übermaß verehrt.

Doch dann wurde am 20. Februar 1963 in Berlin das Stück »Der Stellvertreter« des bis dahin unbekannten jungen Autors Rolf Hochhuth aufgeführt, das den Papst einer vernichtenden Kritik unterzog. Das »Schweigen« Pius' XII. zur Judenvernichtung sei ein Skandal. Dadurch sei der Papst schuld am Holocaust. Das Stück erwies sich als schlecht recherchiert, wurde wegen formaler Mängel kritisiert, doch war es so sehr auf Effekt angelegt, dass es nicht nur in Deutschland, sondern weltweit das Bild des Papstes schlagartig ins Zwielicht rückte. Seitdem ist »das Schweigen des Papstes« zum Kennzeichen Papst Pius' XII. geworden. Nachdem die lärmenden Schlachten zwischen empörten Anhängern des Papstes und Bewunderern des Autors längst verklungen sind, hat die historische Forschung zu mehr Klarheit geführt:

Am 26. Juli 1942 wurde von allen Kanzeln der katholischen und reformierten Kirchen in den von den Deutschen besetzten Niederlanden eine durch Kardinal de Jong von Utrecht zustande gebrachte Erklärung aller zehn christlichen Kirchen der Niederlande verlesen, in der mit klaren Worten die Deportation der Juden angeprangert wurde. Die Reaktion der Nazis war schnell und hart: die sofortige Deportation jetzt auch der getauften Juden, darunter der Philosophin und Karmelitin Edith Stein. Schwester Pasqualina, die deutsche Haushälterin Pius' XII., beschreibt, wie der Papst, als er davon erfuhr, einen bereits fertiggestellten eigenen Protest gegen die Judenverfolgung mit den Worten ins Kaminfeuer warf, an die sie sich so erinnerte: »Wenn der Brief der holländischen Bischöfe 40000 Menschenleben kostete, so würde mein Protest vielleicht 200000 kosten. Das darf und kann ich nicht verantworten. So ist es besser, in der Öffentlichkeit zu schweigen und für diese armen Menschen, wie bisher, in der Stille alles zu tun, was menschenmöglich ist.« Dennoch bat Kardinal de Jong, wie später auch Bischof von Preysing, Pius XII. um einen öffentlichen Aufruf. Doch Pius fürchtete eben offenbar nach der niederländischen Erfahrung bei einem ähnlich aggressiven Protest eine weltweite Katastrophe, der nicht er, aber viele andere unschuldige Menschen zum Opfer fallen könnten. Auch der evangelische Märtyrer Dietrich Bonhoeffer vertrat eine vergleichbare Auffassung, wenn er sagte, die Kirche könne »auch in der Judenfrage heute nicht dem Staat unmittelbar ins Wort fallen«. Widerstand sei »Sache einzelner sich dazu aufgerufen wissender christlicher Männer«. Erklärungen »der Kirche« würden alle Kirchenmitglieder, auch die »Schwachen«, unvermeidlich mit involvieren. Dennoch ergriff der Papst das Wort. In seiner über Radio Vatikan verbreiteten Weihnachtsansprache 1942 sprach er anklagend von »Hunderttausenden, die ohne eigenes Verschulden, bisweilen nur aufgrund ihrer Nationalität oder Rasse dem Tod oder fortschreitender Vernichtung preisgegeben sind«. Diese Worte wurden nicht nur von den Nazis, die sofort mit Repressionen reagierten, sondern auch von der internationalen Presse als eindeutiger Protest gegen die Judenverfolgungen verstanden. Dennoch reichte es manchen nicht. Der amerikanische Präsident Roosevelt erwartete vielmehr eine eindeutige Parteinahme des Papstes gegen Deutschland. Doch das hielt Pius XII. für unverantwortlich. So ermutigte er in inzwischen zugänglichen privaten Briefen die Bischöfe in Deutschland, öffentlich ihre Stimme zu erheben. Er hielt in Rom und ganz Italien Klöster und andere kirchliche Einrichtungen dazu an, Juden zu verstecken, sodass sich die Juden allein im Vatikan selbst zu Hunderten drängten. Weil nun andererseits die Nazis einen dramatischeren Protest verhindern wollten, griffen sie dabei nicht ein und deportierten von den befohlenen 8000 Juden nur 1000 aus Rom. Für Frankreich bestätigt Serge Klarsfeld, der jahrzehntelang Nazi-Größen aufspürte, dem hohen Klerus, der sich dafür auf Pius XII. berief, wirksamen Protest beim Vichy-Regime, der offenbar viele Juden gerettet hat.

Doch reicht das? Angesichts des Holocaust kann man da von heutiger sicherer Stelle aus mit dem Klügersein der Späteren nur antworten: Nein! Ein fulminanter Protest hätte seinem eigenen Ruf zweifellos gut getan, das wusste der kluge Papst ganz sicher. Er hätte als strahlender Bekennerpapst dagestanden wie

Pius VII. als Gefangener Napoleons. Aber Hitler war nicht Napoleon. Er kannte grenzenlose Rache und hätte beim Umsichschlagen erbarmungslos auch viele ganz einfache Katholiken getroffen. Deswegen ist sich die Forschung darin einig, dass niemand weiß, ob bei einem massiveren Auftritt des Papstes nicht noch Schlimmeres passiert wäre. Und ebenso ist klar, dass die Nazis sich durch Druck des römischen Papstes ganz sicher nicht vom Kern ihrer Ideologie, ihrem fanatischen, mörderischen Antisemitismus losgesagt hätten. Sie mordeten Juden ja noch, als die Russen schon vor der Tür standen. Die Euthanasieaktion war etwas anderes, sie betraf diesen ideologischen Kern nicht, sodass der Protest Bischof von Galens zeitweiligen Erfolg haben konnte. Das »moralische Kapital« des Vatikan, von dem gesprochen worden ist, hatte sich im Übrigen schon im Ersten Weltkrieg als wertlos herausgestellt. Pius XII. war kein Antisemit und er war ein entschiedener Gegner des Nationalsozialismus. Aber er sah sich in einem furchtbaren Dilemma. Nach den bekannten Gräueln der Stalinzeit und den weltweit Hunderten von Kommunisten ermordeten katholischen Priestern einerseits und den Massenmorden der Nazis andererseits wäre für die Kirche beides gleichermaßen ein Albtraum gewesen, ein Sieg der Kommunisten oder ein Sieg der Nazis. Das erklärt die verzweifelte Stimmung, in der Pius XII. sich während des gesamten Krieges im Grunde durchgehend befand. Es war sicher kein mangelnder Mut, es war auch nicht eine Einengung der Sicht dieses weltläufigen Mannes nur auf die Kirche, es war wohl die Angst vor Schlimmerem – Schlimmerem für andere –, die ihn zurückhielt. Die Zeitgenossen, die selber noch der Situation nackter Gewalt ausgesetzt waren, haben das wohl besser verstehen können als die späteren Ankläger. So wird man mit aller Vorsicht sagen können: Papst Pius XII. war ein sensibler Intellektueller, den die tragische Aufgabe überforderte, der er ausgesetzt war. Das sagt er selber in seinem Testament: »Die Vergegenwärtigung der

Mängel und Fehler, die während eines so langen Pontifikats und in solch schwerer Zeit begangen wurden, hat mir meine Unzulänglichkeit klar vor Augen geführt.« Doch niemand hat überzeugend zeigen können, welcher Mensch von dieser Aufgabe nicht überfordert gewesen wäre.

Es bleibt die Verwunderung vor allem über den heftigen Schwenk der Deutschen von überschäumender Verehrung zu aggressiver Ablehnung. Gerade hier erwuchs dem Papst ein Rolf Hochhuth, gerade hier sollte auch später ein Daniel Goldhagen mit seinen umstrittenen Thesen seine größten Erfolge feiern. Der bekannte englische Hitler-Biograf Ian Kershaw, der Daniel Goldhagens pauschale Anklagen gegen die Deutschen und gegen die Kirchen für haltlos hält, erklärt sich das aus dem »anhaltend gestörten Verhältnis der Deutschen zu ihrer Vergangenheit«.

Man wird hier sozialpsychologische Erklärungen heranziehen müssen. Gerade für die Deutschen haben offenbar Obrigkeiten eine besondere Attraktion. Nirgends sonst gibt es auch unter den Katholiken eine solche Papstfixierung mit entschiedenen Papstanhängern und aggressiven Gegnern. Deswegen eignet sich das Papsttum besonders gut für eine Entlastung bei der Wahrnehmung der eigenen belastenden Vergangenheit. Als der Autor 1976 mit einer Studentengruppe in Wien war, sagte der Staatssekretär im österreichischen Außenministerium den Studenten kaum ironisch, die größte Leistung der österreichischen Außenpolitik sei, aus Beethoven einen Österreicher und aus Hitler einen Deutschen gemacht zu haben. Viele Österreicher sehen sich heute noch als erstes Opfer der deutschen Nazis. Und auch in Deutschland wollte man von der eigenen Vergangenheit lange nichts wissen. Erst 1963 fand endlich nach langen Verzögerungen der Frankfurter Auschwitzprozess statt. Der Generalstaatsanwalt Fritz Bauer musste sich schlimmen Invektiven aussetzen. Viele wollten einfach nichts davon hören. Da war es ein willkommenes Ventil, im gleichen Jahr den italienischen Papst als Schuldigen am Holocaust vor aller Öffentlichkeit anklagen zu können, die damals höchstdenkbare moralische Instanz. Der Titel »Der Stellvertreter« bekommt auf diesem Hintergrund einen ganz anderen Sinn. Es war die Zeit, in der viele auch den Obersten von Stauffenberg scheinheilig dafür tadelten, dass er Hitler nicht einfach erschossen hatte.

Der sozialpsychologische Impuls, sich von einem Teil der eigenen Geschichte zu distanzieren und andere dafür verantwortlich zu machen, führt freilich zu keinem gesunden Selbstbewusstsein und zu einer verzerrten Wahrnehmung der Wirklichkeit. Das ist ein wesentlicher Grund für die besondere Aggressivität und Faktenresistenz der deutschen Kirchenkritik, die ganz generell im Angriff auf die Kirchengeschichte von vorgestern die Schuld der eigenen Eltern und Großeltern von gestern, die fast alle zumindest nicht protestiert haben, leichter zu übersehen half. Und solche Entschuldungs-Mechanismen wirken bis in unsere Tage. Als der alte und kranke Papst Johannes Paul II. im Jahre 2000 in Yad Vashem, der Holocaustgedenkstätte in Israel, stand und mit brechender Stimme das Entsetzliche dieses Menschheitsverbrechens beklagte, da verstummte sogar in Israel und den Vereinigten Staaten von Amerika jede Kritik an dieser Reise. Nur in Deutschland gab es immer noch einige, die kritisierten, der Papst hätte sich klarer und heftiger für den Holocaust entschuldigen müssen. Man bedenke: Dem polnischen Papst, selbst Opfer deutscher Zwangsarbeit, wird von Deutschen vorgeworfen, sich für deutsches Unrecht nicht rückhaltloser entschuldigt zu haben. Difficile est satiram non scribere – Es ist schwer, dazu keine Satire zu schreiben!

e) Das Ende eines Bruderzwistes – Schuldbekenntnisse und Einsichten

Trotz des unbestreitbaren Versagens vieler Christen muss am Ende daran erinnert werden, dass die Betreiber von Auschwitz und dieser gesamten Menschenvernichtungsmaschinerie Feinde der Juden und ebenso Feinde der Christen waren und dass Goebbels in seinen Tagebüchern festgehalten hat, dass man sich, wenn man mit den Juden fertig sei, nach dem »Endsieg« als nächstes der Katholiken »annehmen« werde.

Im August 1945 dankten die katholischen Bischöfe denen, »die ihr karges tägliches Brot mit einem unschuldig verfolgten Nichtarier« geteilt hatten, und sie bekannten: »Viele Deutsche, auch aus unseren Reihen, haben sich von den falschen Lehren des Nationalsozialismus betören lassen, sind bei den Verbrechen gegen menschliche Freiheit und menschliche Würde gleichgültig geblieben, viele leisteten durch ihre Haltung dem Verbrechen Vorschub, viele sind selber Verbrecher geworden.« Der Berliner Kardinal von Preysing, der von allen katholischen Bischöfen vielleicht den klarsten Blick für das Verbrecherische des Nationalsozialismus hatte und der den Vorsitzenden der deutschen Bischofskonferenz, den zögerlichen Kardinal Bertram, aber auch den Papst immer wieder zu entschiedenen Protesten gedrängt hatte, sprach 1949 von 5 Millionen getöteten Juden. Ihn hatte Papst Pius XII. 1946 zusammen mit dem Münsteraner Bischof von Galen zum Kardinal erhoben, obwohl ihre beiden Bistümer dafür eigentlich zu klein waren. Das war eine Anerkennung für das, was die beiden getan hatten und was der Papst selbst glaubte, nicht tun zu können oder nicht tun zu dürfen. Die Evangelische Kirche in Deutschland erklärte erst 1950 mit aller Klarheit: »Wir sprechen es aus, dass wir durch Unterlassen und Schweigen mitschuldig geworden sind an dem Frevel, der durch Menschen unseres Volkes an den Juden begangen worden ist.«

Legendär ist, wie der Nachfolger Pius' XII., Papst Johannes XXIII., eine jüdische Delegation am 17. Oktober 1961 mit den Worten begrüßte: Sono io, Giuseppe, il fratello vostro (Ich bin es, Josef, euer Bruder), damit an die biblische Geschichte vom in der Ferne verschollenen Bruder der Söhne Jakobs, also Israels, erinnernd, zumal er ursprünglich ja einmal Giuseppe Roncalli geheißen hatte. Für die katholische Kirche war dann die Erklärung »Nostra Aetate« des II. Vatikanischen Konzils richtungsweisend, die nach heftigen, auch internationalen öffentlichen Debatten ein neues Kapitel zwischen Christen und Juden aufschlug. Sie wies mit klaren Worten die Gottesmordanklage zurück und wandte sich gegen jede Form des Antisemitismus. Wichtig war auch, dass Papst Johannes Paul II. bei seinem Deutschlandbesuch 1980 in Mainz vor der jüdischen Gemeinde vom »nie gekündigten Alten Bund« sprach, eine Überzeugung, für die noch zur Zeit des Konzils der katholische Theologe Klaus Berger der Häresie bezichtigt worden war.

Juden und Christen, so sagte es der Auschwitzüberlebende Jehuda Bacon, gehören so eng zusammen, dass sie gar nicht ohne einander leben könnten. So steht es auch im Neuen Testament. Dass das Judentum überdauerte, ist das »jüdische Wunder«, das der bekannte Kulturwissenschaftler George Steiner zugleich ob des unvergleichlichen jüdischen Beitrags zur Weltkultur ein unentbehrliches Wunder nennt. Im 19. Jahrhundert schien mit der Juden-Emanzipation die Verfolgungsgeschichte ausgestanden. Ja, man sah im Überdauern eine besondere Qualität erwiesen. Heute ist indes zu korrigieren: Die Shoa hat alles Frühere an Schrecken übertroffen. Der bekannte jüdische Holocaust-Forscher Steven T. Katz stellt fest, dass zuvor »die physische Vernichtung des Judentums zu keinem Zeitpunkt das offizielle politische Ziel irgendeiner Kirche oder irgendeines christlichen Staates gewesen« ist. Und Josef Yerushalmi, Judaistik-Professor in Harvard und an der New Yorker Columbia-Universität, kommentierte 1993 in einem Vortrag über antijüdische Gewalt im Mittelalter: »Massenmord gab es im Mittelalter nicht. Kein mittelalterlicher König hatte ihn je verfügt, kein Papst je gutgeheißen. Judenmord war, wenn er vorkam, nie von ganz oben angeordnet worden.« Dass einen solchen Mord von oben dann die Nazis anordneten, war »ein beispielloses Phänomen«, also nicht Fortsetzung mittelalterlicher Pogrome: »Wir alle, nicht nur die Juden und die Deutschen, sondern die ganze Welt, haben den letzten Rest unserer Naivität verloren.«

Kaum je, wird man aus christlicher Sicht hinzufügen müssen, wurde die erbsündliche Verstrickung der ganzen Menschheit und auch noch der Christen in die Geschichte so bedrückend klar wie angesichts der Judenvernichtung, eine Verstrickung, die nichts entschuldigt, sondern über die beunruhigende Tatsache aufklärt, dass Menschen zutiefst böse sein können.

Schon ganz am Anfang hatte der Apostel Paulus die Juden »meine Brüder« genannt, denn »sie sind Israeliten, damit haben sie die Sohnschaft, die Herrlichkeit, die Bundesordnungen, ihnen ist das Gesetz gegeben, der Gottesdienst und die Verheißungen.« (Röm 9,4) Das Verhältnis von Christen zu ihren »älteren Brüdern« (Papst Johannes Paul II.) hat über zweitausend Jahre Höhen und Tiefen erlebt, die immer wieder auf Kosten der Juden gingen, die als Minderheit bedrückt und diskriminiert wurden. Erst das entsetzliche Verbrechen des Holocaust hat hier einen wirklichen Neuanfang bewirkt. Zu einem ernst gemeinten Neuanfang gehört aber auch ein ehrliches Schuldbekenntnis.

Deswegen hat Papst Johannes Paul II. am 12. März des Heiligen Jahres 2000 im Petersdom feierlich verkünden lassen: »Lass die Christen der Leiden gedenken, die dem Volk Israel in der Geschichte auferlegt wurden. Lass sie ihre Sünden anerkennen, die nicht wenige von ihnen gegen das Volk des Bundes und der Verheißung begangen haben, und so ihr Herz reinigen.« Und nach einem stillen Gebet aller im Petersdom versammelten Gläubigen betete der Papst persönlich:

»Gott unserer Väter, du hast Abraham und seine Nachkommen auserwählt, deinen Namen zu den Völkern zu tragen: Wir sind zutiefst betrübt über das Verhalten aller, die im Laufe der Geschichte deine Söhne und Töchter leiden ließen. Wir bitten um Verzeihung und wollen uns dafür einsetzen, dass echte Brüderlichkeit herrsche mit dem Volk des Bundes. Darum bitten wir durch Christus, unseren Herrn.«

5. Nach der Katastrophe – Neuaufbrüche und die »zweite Papstrevolution«

Nach 1945 erfreuten sich die beiden Kirchen in Deutschland gerade wegen der vielen christlichen Gegner des Nationalsozialismus besonderer Wertschätzung. Man bedurfte ihrer auch, um die Grundlagen des neuen Staates zu schaffen. So kam zum Beispiel die Justiz ohne einen Rückgriff auf das von der katholischen Kirche immer hochgehaltene Naturrecht gar nicht aus, denn nur so konnten Menschen dafür verurteilt werden, dass sie den Unrechtsgesetzen eines Unrechtsstaates gefolgt waren, obwohl sie doch von ihrer Natur her wissen mussten, dass das Unrecht war. Denn, so der Rechtsphilosoph Gustav Radbruch (1879–1949), »unrichtiges Recht hat der Gerechtigkeit zu weichen.«

Das Erlebnis gemeinsamer Verfolgung schweißte die beiden christlichen Kirchen zusammen, sodass die Zeit einer konfessionellen Partei wie des katholischen Zentrums vorbei war. Die christlichen Unionsparteien boten Katholiken und Protestanten die Möglichkeit, den neuen Staat aus dem Geist der christlichen Soziallehre zu prägen. Und das taten sie auch. Die erschütternden Erfahrungen der totalitären Diktaturen brachten die Weltgemeinschaft dazu, 1948 die Allgemeine Erklärung der Menschenrechte zu verkünden, die von Repräsentanten der christlichen

Kirchen mit vorbereitet wurde. Schon in der Zwischenkriegszeit waren es vor allem protestantische Theologen gewesen, die sich für eine internationale Friedensorganisation eingesetzt hatten. Nach dem Zweiten Weltkrieg äußerten sich die Kirchen immer radikaler gegen jeden Krieg und engagierten sich für das Recht auf Kriegsdienstverweigerung. Als sich anlässlich des zweiten Irakkriegs 2003 bei Papst Johannes Paul II. die Politiker der Kriegskoalition die Klinke in die Hand gaben, blieb der alte, kranke Papst bei seiner strikten Ablehnung dieses Krieges.

In Frankreich bildete sich sofort nach dem Zweiten Weltkrieg im Anschluss an einen bischöflichen Aufruf zur Versöhnung mit Deutschland die Pax-Christi-Bewegung. Deren deutsche Sektion entstand 1948 und konnte dabei an den katholischen »Friedensbund« der Zwischenkriegszeit anknüpfen. Es waren vor allem die katholischen Politiker Alcide de Gasperi, Robert Schuman und Konrad Adenauer, die die europäische Einigung voranbrachten. Symbolisch für die neue deutsch-französische Freundschaft war der gemeinsame Messbesuch von Charles de Gaulle und Konrad Adenauer in der Kathedrale von Reims am 8. Juli 1962. Beobachter waren sich einig, dass die Tatsache, dass beide praktizierende Katholiken waren, die Annäherung zwischen Deutschland und Frankreich besonders gefördert hat. Zu den Menschenrechten erklärte Papst Johannes XXIII. in seinem Lehrschreiben »Pacem in terris« 1963 aus alter Tradition schöpfend: »Wenn wir die Würde der menschlichen Person nach den Offenbarungswahrheiten betrachten, müssen wir sie noch viel höher einschätzen. Denn die Menschen sind ja durch das Blut Jesu Christi erlöst, durch die himmlische Gnade Kinder und Freunde Gottes geworden und zu Erben der ewigen Herrlichkeit eingesetzt. Bezüglich der Menschenrechte, die wir ins Auge fassen wollen, stellen wir gleich zu Beginn fest, dass der Mensch das Recht auf Leben hat, auf die Unversehrtheit des Leibes sowie auf die geeigneten Mittel zu angemessener Lebensführung. Von Natur aus hat der Mensch außerdem das Recht, dass er frei nach der Wahrheit suchen und unter Wahrung der moralischen Ordnung und des Allgemeinwohls seine Meinung äußern, verbreiten und jedweden Beruf ausüben darf; dass er schließlich der Wahrheit entsprechend über die öffentlichen Ereignisse in Kenntnis gesetzt wird. Zu den Menschenrechten gehört auch das Recht, Gott der rechten Norm des Gewissens entsprechend zu verehren und seine Religion öffentlich und privat zu bekennen.« Und feierlich erklärte das II. Vatikanische Konzil (1962–1965): »Dieses Recht der menschlichen Person auf religiöse Freiheit muss in der rechtlichen Ordnung der Gesellschaft so anerkannt werden, dass es zum bürgerlichen Recht wird.« Und an anderer Stelle plädiert das Konzil dafür, dass »die Bestimmung der Regierungsform und die Auswahl der Regierenden dem freien Willen der Staatsbürger überlassen bleiben«. Das ist die eindeutige Anerkennung der Volkssouveränität. Die Menge der Äußerungen der nachfolgenden Päpste, vor allem Papst Johannes Pauls II., zu den Menschenrechten ist geradezu unübersehbar. Die »Frankfurter Allgemeine Zeitung« ging anlässlich des Todes Johannes Pauls II. so weit, festzustellen: »Es ist das Erbe Johannes Pauls II., dass es in den vorwiegend christlichen Weltgegenden heute fast keine Diktaturen mehr gibt (das war 1978 noch ganz anders), während sich Diktaturen in den nichtchristlichen Ländern halten oder gar neu einrichten konnten.« Geradezu von einer »zweiten Papstrevolution« – nach der gregorianischen Reform im Mittelalter – spricht der renommierte Historiker Heinrich August Winkler: »Die zweite Papstrevolution der Geschichte war, innerkirchlich gesehen, eine konservative Revolution. Ihre weltlichen Wirkungen aber waren freiheitlich. Sie trugen, weit über Polen hinaus, entscheidend zur Aushöhlung der kommunistischen Herrschaft und schließlich zu ihrem Zusammenbruch bei.«

Evangelischerseits äußerte sich zur Demokratie die 1985 vorgelegte Denkschrift »Evangelische Freiheit und freiheitliche Demokratie«. Dazu schrieb der evangelische Sozialethiker Trutz Rendtorff im Vorwort: »Zum ersten Mal erfährt die Staatsform der liberalen Demokratie eine so eingehende positive Würdigung in einer Stellungnahme der evangelischen Kirche.« Gegenüber älteren Argumentationen wird nun die Würde des Menschen mit der Gottebenbildlichkeit verbunden, und dem Wort aus dem Römerbrief: »Jede staatliche Gewalt ist von Gott eingesetzt« (Röm 13,1), wird ausdrücklich das Bibel-Wort vorangestellt: »Man muss Gott mehr gehorchen als den Menschen« (Apg 5,29).

So konnte dann endlich im 20. Jahrhundert auch die ökumenische Bewegung Fortschritte machen, die sich immer erfolgreicher um Verständnis und Verständigung zwischen den Konfessionen müht, um den Skandal der Trennung zu überwinden. Ohnehin wirkt der innerchristliche Streit auf Außenstehende schon lange nur noch irritierend. An der Wende zum dritten nachchristlichen Jahrtausend steht die Frage nach Gott auf der Tagesordnung der westlichen Gesellschaften. Es wird entscheidend sein, ob die Christen darauf überzeugend antworten und nach dieser Antwort überzeugend leben, christlich auf unterschiedliche Weise, aber dennoch irgendwann geeint.

XI. Skandale am laufenden Band – Was Sie immer schon über das Christentum wissen wollten, aber nicht zu fragen wagten

1. Frauenemanzipation und Frauenpriestertum – Wie die Christen mit 50 Prozent der Menschheit umgingen

Das 20. Jahrhundert ist aber auch die Epoche der modernen Frauenemanzipation. Sie setzte etwa um 1900 ein und sie ist etwas weltgeschichtlich Erstmaliges und Einmaliges. Wohin man zurückschaut, in welche Kultur und Epoche auch immer, überall begegnet man einer Vorrangstellung des Mannes. Die Wirkung der emanzipatorischen Frauenbewegung ist demgegenüber »eine der großen weltgeschichtlich revolutionären Veränderungen«, wie der Historiker Thomas Nipperdey festgestellt hat. Sie nahm ihren Anfang in vom Christentum geprägten Ländern. Aber was hat das Christentum damit zu tun?

Im Palazzo Barberini in Rom hängt ein berühmtes Gemälde von Jacopo Tintoretto (1519–1594): Jesus und die Ehebrecherin. Es zeigt das Ende einer höchst dramatischen Szene, in der es auf Leben und Tod ging. Intensiv und voller Mitgefühl schaut Jesus eine Frau an, die schön und frei und selbstbewusst vor ihm steht. Hinten im Bild verlassen einige Gestalten die Szene. Die Jünger, die vorne stehen, scheinen irritiert. Was war geschehen? Jesus hatte bereits die Händler aus dem Jerusalemer Tempel geworfen und dann auch noch entgegen den Vorschriften des jüdischen Gesetzes an einem Sabbat einen Menschen geheilt. Das waren Provokationen. Und da stellten ihm die Schriftgelehrten und Pharisäer eine raffinierte Falle. Sie schleppten eine Frau vor ihn, die man auf frischer Tat beim Ehebruch ertappt hatte, und fragten ihn, was man mit ihr tun solle. Im Gesetz des Mose stehe doch, man müsse sie steinigen. In diesem Moment hätte sich das Schicksal Jesu bereits entscheiden können. Sprach er sich gegen die Steinigung aus, machte er sich selbst der Verletzung des Gesetzes schuldig. Trat er für die Steinigung ein, war seine neue göttliche Botschaft der Liebe und Barmherzigkeit diskreditiert, er wäre nur ein Rabbi unter vielen gewesen. Man merkt dem Evangelium noch heute die Spannung dieser Szene an. Und was tut Jesus nun? Das Evangelium fährt fort: »Jesus aber bückte sich nieder und schrieb mit dem Finger auf die Erde.« Man stelle sich die Situation vor: Er antwortet nicht, aber er weicht auch nicht zurück. »Als sie jedoch hartnäckig weiterfragten, richtete er sich auf und sprach zu ihnen: Wer von euch ohne Sünde ist, werfe den ersten Stein. Dann bückte er sich wieder und schrieb auf die Erde.« Das ist eine völlig unerwartete Lösung und der Evangelist Johannes berichtet: »Als sie aber das gehört hatten, gingen sie weg, einer nach dem anderen, angefangen von den Ältesten. Und er blieb allein zurück und die Frau, die in der Mitte stand.« Genau das ist der Moment, den Tintoretto gemalt hat, der Moment, in dem Jesus nur diese Frau sieht und ihr in die Seele schaut. Am Ende aber heißt es: »Da richtete sich Jesus auf und sprach zu ihr: ›Frau, wo sind sie? Hat dich keiner verurteilt?‹ Sie aber sprach: ›Keiner, Herr!‹ Da sprach Jesus zu ihr: ›Auch ich verurteile dich nicht. Geh und sündige von jetzt an nicht mehr.‹« (Joh 7,53–8,11)

Bei dieser Geschichte geht es um vieles, vor allem aber geht es um Gleichberechtigung. Untreue Frauen waren nach dem jüdischen Gesetz stets zu steinigen, Männer konnten dem ausweichen, wie auch in diesem Fall. Mit dieser Tradition der Frauendiskriminierung, die auch in der außerjüdischen Antike bestand, brach Jesus und nicht nur in diesem einzelnen Fall, sondern systematisch und radikal: Bisher konnten Männer Frauen einseitig aus der Ehe entlassen – Jesus verbietet Männern das mit der Begründung, dass Mann und Frau von Beginn der Schöpfung an gleichberechtigt sind und in der Ehe »ein Fleisch werden«. Er preist eine anstößige Frau, eine Prostituierte, vergibt ihr ihre vielen Sünden und stellt die anwesende hartherzige Männerwelt bloß mit der provokanten Bemerkung: »Wem aber wenig vergeben wird, der liebt wenig.« Und gegen die ewige Diskriminierung der Frau in allen Kulturen wegen ihrer Monatsblutungen, während deren man sie nicht berühren dürfe, weil sie unrein sei, steht im Neuen Testament die Geschichte von der »blutflüssigen Frau«, die Jesus berührt und die so geheilt wird. Am Grab waren es am Ostermorgen ausgerechnet Frauen, die in allen Kulturen als Zeugen nicht zugelassen waren, die erste Zeuginnen der Auferstehung Jesu wurden. Für die Zukunft war die Aussage des Apostels Paulus im Galaterbrief entscheidend: »Da gibt es nicht mehr Juden und Griechen, Sklaven und Freie, Mann und Frau. Denn ihr alle seid einer in Christus Jesus« (Gal 3,28). Paulus wollte alle »völkischen«, sozialen, bildungsmäßigen und sexistischen Schranken überwunden sehen, und so gibt es wohl wenige Texte, die so viele Menschen tatsächlich befreit haben, wie diese wenigen Worte.

Das betraf insbesondere die Rolle der Frau. Allerdings gilt auch hier, dass das in diesen Worten angelegte Potenzial sich geschichtlich erst nach und nach entfaltete. Auch bei Paulus wird der Mann noch – wie in allen anderen Kulturen üblich und wie es 400 Jahre vorher schon Aristoteles gesagt hatte – als »Haupt der Frau« bezeichnet. Das Christentum steigt also nicht schlagartig und vollständig aus der herrschenden Gesellschaftsordnung aus. Allerdings wird diese Bemerkung ausgeglichen mit der ungewöhnlichen, die Männer treffenden Verpflichtung: »Ihr Männer, liebet eure Frauen!« (Eph 5,23–25), und noch heftiger: Jeder Mann solle »mit seiner Frau in heiliger und achtungsvoller Weise verkehren« (1 Tess 4,4). Der erste lateinische Theologe

Tertullian (nach 150–nach 220) beschreibt schlicht eheliche Gleichberechtigung: »Sie sind wahrhaft zwei in einem Fleisch. Wo ein Fleisch ist, ist auch nur ein Geist. Sie beten zusammen, sie verehren gemeinsam, sie fasten zusammen, unterweisen und ermahnen einander, stützen einander. Sie besuchen Gottes Kirche gemeinsam, nehmen gemeinsam am Gastmahl Gottes teil, gemeinsam erleiden sie Schwierigkeiten und Verfolgung, sie trösten einander. Keiner verheimlicht dem andern etwas, keiner vermeidet die Gegenwart des andern, keiner fügt dem anderen Schmerz zu.« Der bekannte französische Althistoriker Paul Veyne stellt fest, dass »nichts den Römern fremder war« als eine solche Vorstellung. Die im Evangelium festgeschriebene Unauflöslichkeit der Ehe zerstörte das alte Männerprivileg, seine Frau einfach entlassen zu können. Der französische Rechtshistoriker Jean Gaudemet hält das für »einen revolutionären Beitrag zur weiteren Entwicklung der Familienstruktur«.

Kein Wunder also, dass das Christentum von Anfang an für Frauen außerordentlich attraktiv war, gerade für Frauen aus gebildeteren Schichten. Es gab in der Antike doppelt so viele christliche wie heidnische Ärztinnen. Gegenüber dem archaischen und auch germanischen Recht, wo die Frau in der Öffentlichkeit nicht rechtskräftig agieren konnte, bot das Christentum eine erhebliche Aufwertung: Schon allein, dass die Frau in der Messe öffentlich im selben Raum wie die Männer und nicht in einem Nebenraum am Gottesdienst teilnahm, in der Beichte für sich selber sprach, vor allem aber, dass in der Ehe der gleichberechtigte Ehekonsens gefordert wurde, änderte die Lage grundlegend. In mittelalterlichen Quellen ist, wie der Historiker Peter Blickle feststellt, immer von Männern *und* Frauen die Rede: »Männern *und* Frauen wird die Ehe erlaubt oder verboten, Männern *und* Frauen wird die Freizügigkeit eingeräumt oder erschwert, Männer *und* Frauen können ihren Nachlass vererben oder nicht.« Die Gleichberechtigung in der Ehe bedeutet bei Paulus ausdrücklich auch die sexuelle Gleichberechtigung: »Nicht die Frau verfügt über ihren Leib, sondern der Mann, ebenso verfügt der Mann nicht über seinen Leib, sondern die Frau.« Eine solche Vorstellung war für die Umgebung des Christentums unerhört.

Vor allem der Eintritt des Christentums in die germanische Völkerwelt musste zu einer verschärften Kollision führen. Denn die Frau hatte, wie der Rechtshistoriker Reiner Schulze feststellt, nach germanischem und älterem deutschen Recht »eine erheblich schwächere Rechtsstellung als der Mann; sie war in früher Zeit von der Teilnahme am Rechtsverkehr nahezu ausgeschlossen und grundsätzlich der personenrechtlichen Gewalt von männlichen Verwandten oder dem Ehemann unterworfen.« Entscheidend und revolutionär wirkte auch hier der vom Christentum geforderte gleichberechtigte freie Ehekonsens. Gegen die traditionell von den Eltern arrangierten Ehen verteidigten letztinstanzlich die Päpste die freie Entscheidung der Brautleute, sie verteidigten sie sogar gegen Könige. Als die Tochter König Karls des Kahlen zu Papst Nikolaus I. (820–867) nach Rom floh, um gegen den Willen ihres Vaters den von ihr geliebten Mann zu heiraten, unterstützte sie der Papst entschieden. Auch später wandten sich Frauen, sogar aus den Unterschichten, auch Mägde, immer wieder an Rom, wenn sie zur Ehe oder zum Eintritt ins Kloster gezwungen worden waren oder wenn Männer ihre Verantwortung für Frau und Kind nicht wahrnahmen – und bekamen recht. Bei Gewalt in der Ehe entschied Rom auf Trennung. Aus dem 16. Jahrhundert ist die Verurteilung eines Mannes wegen Vergewaltigung in der Ehe belegt. Das Dekret Gratians stellt 1140 klar, dass eine Frau »nur mit freiem Willensentscheid jemandem verheiratet werden kann.« Tatsächlich bot das frühmittelalterliche Kirchenrecht den Frauen nach Aussage des Mittelalterforschers Wilfried Hartmann eine gegenüber dem weltlichen Recht deutlich bessere Position, sogar mit der Tendenz zur Gleichstellung. Das betraf auch den Ehebruch, den das Kirchenrecht gleichermaßen bei Mann und Frau mit ausschließlich geistlichen Strafen ahndete, während das weltliche Recht zum Beispiel im Sachsenspiegel beider Enthauptung forderte. Freilich blieb der Mann dennoch im Mittelalter das »Haupt« der Familie.

Auch bei den sogenannten »ehelichen Pflichten« war das Mittelalter erstaunlicherweise ausgesprochen emanzipiert. Der Kirchenrechtler Ivo von Chartres (um 1040–1115) erklärt: »Wenn die Ehefrau einmal vom Verlangen nach sexueller Vereinigung überwältigt ist, soll sie es keinesfalls dem Ehemann verheimlichen und der Mann soll gegenüber der Frau ja nicht Gewalt anwenden, in der Meinung, die ihm Untergebene schulde ihm jederzeit die Einwilligung zum Geschlechtsverkehr.« Das Recht der Frau auf Beischlaf galt den Kirchenrechtlern als so wichtig, dass sie absurde Beispiele konstruierten: Sollte ein verheirateter Mann zum Papst gewählt werden, bedürfe er der Einwilligung seiner Frau für den bei Amtsübernahme obligaten Eheverzicht; verweigere die Frau ihre Zustimmung, habe der Gewählte zu verzichten. Protokolle der kirchlichen Ehegerichte von Canterbury und York berichten: Wenn eine Frau wegen Impotenz des Mannes vor dem Kirchengericht klagte, wurden von Amts wegen ehrenhafte Frauen zu dem verdächtigen Mann geschickt, die den Beklagten erotisch reizten, bis sich zeigte, ob er beischlaffähig war, wobei die ehrenhaften Frauen bei Unfähigkeit oft genug Schimpf und Schande über den Impotenten ergehen ließen; das Gericht pflegte solche Ehen zu annullieren. Gerne wird das ius primae noctis als Zeichen für die damalige Unterdrückung der Frau erwähnt, das Recht adeliger Herren, noch vor dem Ehemann die Hochzeitsnacht mit »hörigen« Frauen zu verbringen. Auch das ist eher Legende als Realität. Die Rechtsgeschichte kennt keinen Fall, in dem das ius primae noctis tatsächlich ausgeübt worden wäre. »Die Hochzeit des Figaro« ist bloß unterhaltsame Fiktion.

Frauen waren im Christentum im Übrigen nicht darauf angewiesen, zu heiraten und sich damit unter den Schutz eines Mannes zu begeben, sondern sie konnten die hoch angesehene Ehelosigkeit um des Himmelreiches willen wählen. Das hatte damit
zu tun, dass Paulus – das herannahende Weltende vor Augen –
erklärt hatte, der Unverheiratete könne sich mit ungeteiltem
Herzen Gott widmen und deswegen sei es besser, nicht zu heiraten. Allerdings sei das nur ein Rat, kein Gebot, und schließlich
müsse jeder selber sehen, wozu ihn Gott berufen habe. Das hatte
also nichts mit Leibfeindlichkeit zu tun und auch nicht mit einer
Entwertung der Ehe. Aber es bot vor allem Frauen eine attrakti-
ve Alternative. Später sollte die temperamentvolle heilige Teresa
von Avila sagen, sie sei in einen Orden eingetreten, weil sie nicht
unter das Joch eines dummen Mannes geraten wollte. In der Antike quantitativ noch eher selten, im Mittelalter zunehmend,
konnten Ordensfrauen sich also weitgehend einer patriarchalen
Gesellschaft entziehen. Machtvolle Äbtissinnen hatten mitunter
die Oberhoheit über Männer. Die Markgräfin Mathilde von
Tuszien (1046–1115) zum Beispiel führte als Verbündete des
Papstes eine durchaus unabhängige selbstbewusste Politik einschließlich zweier aus politischen Gründen geschlossener Schein-
ehen, bei denen sie sich von den Männern, wenn sie ihrer müde
geworden war, wieder trennte. Hundert Jahre vor der Männer-
mystik eines Meister Eckhart gab es im 13. Jahrhundert eine
blühende Frauenmystik mit nicht weniger als vier herausragen-
den Vertreterinnen allein im Kloster Helfta. Es ging dabei nicht
um irgendwelche Spinnereien, sondern um den Ausdruck tiefer
spiritueller Erlebnisse, von denen diese Frauen übrigens erstmals in deutscher Sprache berichteten und dafür ganz neue
Worte finden mussten. Man könnte daher die Behauptung auf-
stellen, die deutsche Sprache sei von Frauen erfunden worden.
Bildung war entscheidend, und Frauenklöster vermittelten Frau-
enbildung. Lesen und schreiben konnten adelige Frauen damals

weit häufiger als Männer. Am Ende des Mittelalters und am Beginn der Neuzeit schrieb der später von der katholischen Kirche heiliggesprochene Kanzler des englischen Königs Heinrich VIII., Thomas Morus, seine »Utopia«, ein Science-Fiction-Werk, das eine künftige Gesellschaft beschreibt, in der die volle Gleichberechtigung der Frauen verwirklicht ist.

Erst die Reformation brachte zwar manche Liberalisierungen, aber für die Rolle der Frau leider auch manchen Rückschritt. Das Ordensleben war Frauen im Protestantismus verwehrt. Wer als Frau unverheiratet blieb, wurde zuweilen als »alte Juffer« verspottet. Die Aufklärung brachte auch keinen eigentlichen Fortschritt, propagierte sie doch eher biologistische Thesen. Jean Jacques Rousseau (1712–1778) erklärte, die Frau sei dazu da, dem Mann zu gefallen, und habe sich ihm zu unterwerfen, denn »ihre zarten Muskeln haben keine Widerstandskraft«. Mit der Tochter einer Wäscherin, die nach seiner Beschreibung Geisteseinfalt und Herzensgüte in sich vereinte, zeugte er fünf Kinder, die der Autor des klassischen Erziehungsromans »Émile« alle ausnahmslos einem Waisenhaus übergab. Zwar hat die Aufklärung endlich die rechtliche Benachteiligung von als »liederlich« geltenden Frauen beseitigt, aber dennoch hat sie am entsetzlichen Schicksal vieler Frauen nichts Entscheidendes geändert. Denn nach wie vor und noch weit bis ins 20. Jahrhundert hinein war vor allem die Frau die Leidtragende bei sexuellen Abenteuern. Sie wurde gesellschaftlich diskriminiert, geriet, wenn sie schwanger wurde, in Lebensgefahr, und auch das Kind wurde gebrandmarkt. Der Mann entging alldem. Noch der Philosoph Georg Wilhelm Friedrich Hegel (1770–1831) erklärt in seiner Rechtsphilosophie ungerührt, dass ein Mädchen in der sinnlichen Hingabe seine Ehre aufgebe, was »beim Mann nicht so der Fall ist.« Für »gefallene Mädchen« wurden Zwangserziehungsgesetze erlassen, nicht für »gefallene Jungen«. Diesen Begriff gab es gar nicht. Selbst bei Karl Marx versuchten die Sozialisten, sein uneheliches Kind zu verleugnen. Der heidnische Ehrbegriff war gerade im 19. Jahrhundert groß in Mode. Es kam zu spektakulären Duellen, wohingegen die katholische Kirche Duelle verbot. Es war ein verhängnisvoller allgemeingesellschaftlicher Ehrbegriff, der vor allem Frauen diskriminierte. Noch zur Zeit der Weimarer Republik forderte der Verein der Post- und Telegraphen-Beamtinnen, dem mehrheitlich unverheiratete Frauen angehörten, die Entlassung einer Kollegin wegen deren unehelichem Kind, was aber der Reichspostminister ablehnte.

Während im Übrigen der Katholizismus eher agrarisch geprägt war, wo Mann und Frau aufs Feld gingen und beide dann zu Hause wirkten, neigte der Protestantismus nicht nur bei den amerikanischen »Pilgrim fathers« eher zu einem patriarchalen Gesellschaftsmodell, das noch im 19. Jahrhundert die protestantischen Bürgerfrauen eher ins Haus verbannte, während der Mann die hochangesehene Gewerbsarbeit außer Haus verrichtete. Über das aufstrebende protestantische Preußen konnte der Historiker Heinrich von Treitschke (1834–1896) lobend feststellen: »Es giebt keinen Staat, der so wenig Weiberherrschaft gesehen hätte wie der preußische.« Noch Thomas Mann beargwöhnte 1925 »die Verselbstständigung und Befreiung der radfahrenden, chauffierenden, studierenden, starkgeistig gewordenen, in gewissem Sinne vermännlichten Frau«. Selbst bei der Sozialdemokratie, die im Programm die egalitäre Gleichberechtigung forderte, »ging es doch eher um die Hausfrauen- und Mutterrolle der Frau als um die der Fabrikarbeiterin«, wie der Historiker Thomas Nipperdey feststellt. Am Ende des 19. Jahrhunderts war die Frau immer noch im weltlichen Bereich nicht eigentlich geschäftsfähig, durfte nicht von sich aus einen Beruf ergreifen und ausüben und hatte auch kein Wahlrecht. Eine solche Benachteiligung von Frauen herrschte zwar in allen anderen Kulturen auch, aber im Bereich des Christentums hatte die vor allem auf dem gleichberechtigten Ehekonsens beruhende partnerschaftliche Ehe, die der österreichische Wirtschafts- und Sozialhistoriker Michael Mitterauer interkulturell »einmalig« nennt und als »Wesenselement des Christentums« bezeichnet, zunehmend eine Situation geschaffen, in der der eindeutige christliche Anspruch immer heftiger auf die immer noch alten männerdominierten Geschlechterrollen traf.

So ist es zu erklären, dass sich um 1900 der Widerstand der Frauenbewegung nicht in Asien oder Afrika, sondern in den vom Christentum geprägten Ländern Europas und Amerikas formierte. Eine entscheidende Protagonistin war die erste deutsche Sozialpolitikerin, Elisabeth Gnauck-Kühne. Sie konvertierte übrigens zum Katholizismus, weil sie hier dank des Jungfräulichkeitsideals eine anerkannte Frauenrolle auch außerhalb der Ehe sah. Katholische Positionen wurden vom »Antifeministischen Bund« als »klerikaler Feminismus« attackiert. Später pries dann die Gründerin der feministischen Theologie, Mary Daly, das – katholische – Dogma von der unbefleckten Empfängnis Mariens. Es mache klar, dass die Frau eben nicht vom Mann erlöst werde, sondern von Gott allein.

Der Jerusalemer Historiker Avraham Grossmann stellt beim Vergleich der Rolle der Frau in den drei monotheistischen Religionen fest, dass im christlichen Europa, was das Auftreten von Frauen in der Öffentlichkeit betraf, eine entschieden größere Freizügigkeit herrschte als in islamischen Ländern und im jüdischen Bereich, was sich für jüdische Frauen in Europa positiv auswirkte, allerdings bei bleibenden Bedenken der Rabbiner. Jüdische Männer lebten in christlicher Umgebung durchgehend monogam, nicht aber in muslimischem Umfeld, wo auch bei den Juden Polygamie üblich war. Wie sehr die christliche gattenzentrierte Ehe im Religions- und Kulturvergleich eine Sonderentwicklung ist, bestätigt der Blick auf die islamische Position. Wohl verbesserte sich dort die Stellung der Frau gegenüber der vorislamischen Lebenswelt, doch blieb die weit überlegene Rechtsstellung des Mannes unangetastet, sein Initiativrecht auf Anbahnung und Auflösung eines Eheverhältnisses, sein Recht auf mehrere Frauen. Die Islamwissenschaftlerin Gudrun Krämer betont, dass auch in der neueren arabischen Literatur die Frauenfrage »kaum je systematisch diskutiert« werde. Bis heute bestimmen noch die Eltern auch in nicht-islamischen Regionen Nordafrikas, Chinas, Indiens wie sogar in Japan über die junge Frau und arrangieren die Ehe. Doch überall breitet sich inzwischen auch in säkularisierter Form die christliche »Erfindung« der partnerzentrierten Einehe aus, für die sich diese beiden Menschen entscheiden und niemand sonst.

Aber ist es nicht am Ende wenigstens ein Skandal, dass Frauen in der katholischen Kirche nicht Priesterin werden können? Im »heiligen Theater«, wie man die heilige Messe bezeichnet hat, handelt der katholische Priester in der Rolle Christi. Er ist in diesem Moment für die Gläubigen Christus. Weil Christus ein Mann war, ist man in zweitausend Jahren Kirchengeschichte nie auf den Gedanken gekommen, dass Frauen diese Rolle übernehmen könnten. Erst in jüngster Zeit ist das anders. Zwar können im Protestantismus inzwischen Frauen Pastorinnen werden, verräterischerweise tragen sie aber dennoch im Gottesdienst gewöhnlich Männerkleider, Talar mit Bäffchen, wohl weil selbst da noch das Bewusstsein wirkt, eine Männerrolle zu bekleiden. An sich wäre das Frauenpriestertum in der katholischen Kirche wohl nie gefordert worden, wenn sich die priesterliche Rolle dort nur auf das Liturgische beschränken würde. Niemand fordert, dass der Hamlet im säkularen Theater unbedingt auch von Frauen gespielt werden muss.

Feministinnen stellen aber zu Recht die Machtfrage. Denn mit dem Priesteramt ist – außerhalb seiner Voll-Macht zur Feier der heiligen Messe – auch schlicht handfeste Macht in der Kirche verbunden. Und Frauen akzeptieren es nicht mehr, prinzipiell, nur weil sie Frauen sind, von Macht ausgeschlossen zu sein.

Tatsächlich sind die Machtpositionen in der katholischen Kirche immer noch fast alle in Männerhand. Schon Papst Johannes Paul II. hat wiederholt dagegen protestiert und das tut auch Papst Franziskus. Inzwischen sind endlich einige Bischöfe dazu übergegangen, Frauen tatsächlich führende Machtpositionen in der Kirche zu übergeben. Aber auch das reicht nicht. Das II. Vatikanische Konzil weist einen entscheidenden Weg. Es fordert, klerikale Ämter nicht mehr als »Amt«, sondern als »Dienst« zu verstehen. Wenn Bischöfe und Priester sich nicht nur verbal, sondern tatsächlich als »Diener« der Frauen und Männer der Kirche sehen und wenn sie vor allem auch glaubwürdig so erlebt würden, dann würde sich die Machtfrage gewiss nicht mehr mit solcher Intensität stellen. Vor allem würde dann der Blick dafür frei, dass staatliche und kirchliche Macht für Christen immer schon nicht besonders erstrebenswert waren, sondern eher Gefährdungen des eigenen Seelenheils.

2. Die Kirche, der Zölibat und der Sex – Über ein großes Missverständnis

Der Sieg Kaiser Konstantins an der Milvischen Brücke im Jahre 312 war für die Christen nicht nur eine Freude, sondern auch ein Problem. Und auch dieses Problem hatte mit der Machtfrage zu tun. Bedeutete nämlich Christsein bisher, keine Macht zu haben und erhebliche Nachteile wegen seines Glaubens in Kauf zu nehmen – noch zuletzt hatte die brutale Christenverfolgung unter Kaiser Diokletian zahlreiche Märtyrer gefordert –, so war es jetzt plötzlich von Vorteil, Christ zu sein, denn Kaiser Konstantin bevorzugte Christen für Schlüsselpositionen. Das war die Chance für Opportunisten, die Christen wurden, um Karriere zu machen. Wie viele es davon gab, kann niemand sagen. Doch wird es kein Zufall sein, dass ausgerechnet damals eine Bewegung aufblühte, deren Wirkungen bis in unsere Zeit reichen: die Zölibatsbewegung.

Der Ausdruck Zölibat wird hier so verwendet, wie er heute allgemein verstanden wird, nämlich ehelos zu leben um des Himmelreiches willen, so wie katholische Priester und Ordensleute das heute noch tun. Ganz korrekt betrifft das Wort Zölibat nur sogenannte »Weltpriester«. Bei Ordensleuten – auch bei Männern! – heißt das fachlich »Jungfräulichkeit«, was heute eher unfreiwillig komisch wirkt.

Alles fing damals damit an, dass Christen, die ihren Glauben radikal leben wollten, in Ägypten in die Wüste zogen und dort ehelos alleine oder in Gemeinschaft ein verzichtreiches Leben führten. Die Kunde von ihnen gelangte in die Städte und bald strömten Menschen aus dem gesamten römischen Reich nach Ägypten, um sich das Spektakel anzusehen – und festzustellen, dass es gar kein Spektakel war, sondern für viele eine ernsthafte Bereicherung ihres christlichen Lebens. Am berühmtesten wurde der Wüstenvater Antonius, dessen ungewöhnliches Leben durch eine viel gelesene Biografie breiteste Bekanntheit erfuhr. Man erwartete von diesen Männern – und auch wenigen Frauen – Auskunft über das Wesentliche im Leben. Und bald wollte man sie nicht nur in der ägyptischen Wüste, sondern auch vor Ort haben. Man wollte zölibatäre Priester und Bischöfe, die nicht im Verdacht standen, sich um der Karriere willen in Leitungsfunktionen der Kirche gedrängt zu haben, sondern die spirituelle Substanz hatten und sich voll und ganz ihrer Aufgabe widmen konnten. Die große Freiheit und uneigennützige Unbestechlichkeit dieser Menschen machte die Kirche stark in den Stürmen der Zeiten, auch später noch in den bedrängenden Diktaturen des 20. Jahrhunderts.

Die Forschung hat inzwischen ergeben, dass der Zölibat keineswegs eine Erfindung des Mittelalters war, sondern dass die

Ehelosigkeit um des Himmelreiches willen schon seit der Zeit der Apostel in der Kirche hoch geschätzt wurde, denn es war die Lebensform Jesu selbst gewesen und auch die des Apostels Paulus. Bereits die Synode von Elvira in Spanien legte um das Jahr 300 den Zölibat für Diakone, Priester und Bischöfe auch rechtlich fest.

Immer wieder kam es in Zeiten der Schwäche der Kirche auch zur Krise des Zölibats, es fanden sich nicht genügend Menschen, die bereit waren, alles auf eine Karte zu setzen. Doch in Zeiten der Kirchenreform, nicht nur im Mittelalter, waren es nicht zuletzt überzeugend zölibatär lebende Menschen, die den geistlichen Aufbruch beflügelten. Im Laufe der Geschichte hat es immer wieder neue Maßnahmen zur Bekräftigung des Zölibats gegeben, so im Jahre 1059 die rechtliche Regelung, dass Priesterehen von vornherein als nichtig zu gelten hätten. Es gab auch unterschiedliche Begründungen, so vor allem in der Antike die unchristliche Vorstellung von der »Pollution«, das heißt der »Beschmutzung mit Geschlechtsverkehr«, die für gottesdienstliche Handlungen untauglich mache, neuerdings die Vorstellung von der größeren Verfügbarkeit und der gelebten Solidarität mit Einsamen und Verlassenen. Überhaupt ist die gewählte Ehelosigkeit in vielen Religionen für besonders geistliche Menschen üblich. Mahatma Gandhi hat ein regelrechtes »Zölibatsgelübde« abgelegt.

Die Antizölibatspolemik spricht gerne vom Zwangszölibat. Der Zwangszölibat sei ein Skandal. Verzichtet man auf Polemik, ist nüchtern festzustellen, dass es dabei offensichtlich keinen Zwang gibt, denn die Zölibatsentscheidung ist eine in langen Jahren abgewogene freie Entscheidung erwachsener Menschen, insofern freier als mancher Eheentschluss. Was es gibt, ist allerdings ein Junktim. Man kann nur katholischer Priester werden, wenn man auf die Ehe verzichtet. Das ist freilich bloß eine grundsätzlich veränderbare Kirchenregelung der lateinischen

Kirche, die es in der Ostkirche für Priester nicht gibt, sondern nur für Bischöfe. Die Kirche könnte diese Regelung abschaffen. Ob dadurch wirklich der dramatische Priestermangel nachhaltig beseitigt würde, steht allerdings angesichts des Pastorenmangels in der evangelischen Kirche dahin, und ob der Kompromiss, den Zölibat »freizustellen«, weiterhelfen würde, ist auch zweifelhaft. Die Altkatholische Kirche, eine Abspaltung aus dem 19. Jahrhundert, hat genau das 1878 eingeführt. De facto war das aber das Ende des Zölibats in der Altkatholischen Kirche.

Die durchweg negative Beschreibung der zölibatären Lebensform in der Öffentlichkeit hat übrigens einen bedauerlichen Nebeneffekt: Sie diskriminiert oft ungewollt die inzwischen massenhaft unfreiwillig »zölibatär« lebenden Singles, die nach einigen Lebensabschnittspartnerschaften allein in den unzähligen Einzelwohnungen unserer Städte leben und sich deswegen nicht sagen lassen wollen, das sei »unnatürlich«. Allerdings erinnert der Eifer mancher kirchenferner Zölibatskritiker an die Geschichte eines manischen Patienten, der bewaffnet in einen Nachtklub eingebrochen war, um eine dortige Tänzerin zu befreien – die aber gar nicht befreit werden wollte. Übrigens hat der Zölibat nichts mit Sexualfeindschaft zu tun. Es waren gerade Zölibatäre, die entschieden die Ehe gegen leibfeindliche Sektierer verteidigten.

Sexualität war für die Menschen aller Zeiten ein merkwürdiges, nicht selten ein unheimliches Phänomen, das durch Riten beschworen und eingehegt wurde. Die antike Philosophie und Medizin hatte darin den mächtigsten und verderblichsten aller Triebe gesehen, weil dadurch der Verstand, das Leitungsorgan des Menschen, ausgeschaltet werde. Der römische Philosoph Musonius Rufus erklärt: »Die Menschen dürfen nur jene eheliche Liebe für sittlich erlaubt halten, die die Zeugung von Kindern beabsichtigt.« Seneca nennt die Homosexualität »naturwidrig«. Und der französische Althistoriker Paul Veyne erklärt erstaunlicherweise: »Das Gerücht von der heidnischen Sinnlichkeit beruht auf einer Reihe traditioneller Fehlinterpretationen.«

Gerne wird heute der spätantike Aurelius Augustinus für die angebliche Leibfeindlichkeit des Christentums ins Feld geführt. Tatsächlich hatte dieser bedeutende Kirchenlehrer des Abendlands großen Einfluss vor allem aufs Mittelalter, und was die Sexualität betrifft, so hatte er ein ziemlich turbulentes Vorleben. Bevor er Christ wurde, hatte er zur großen Betrübnis seiner christlichen Mutter Monika in »wilder Ehe« gelebt und einen Sohn gezeugt, den er zwar Adeodatus (von Gott geschenkt) nannte, was seine Mutter aber auch nicht wirklich beruhigte. Dann hatte sich Augustinus auf der leidenschaftlichen Suche nach der Wahrheit den leibfeindlichen Manichäern angeschlossen und war erst am Ende im Christentum angekommen, wofür seine fromme Mutter unermüdlich gebetet hatte. Mag sein, dass durch diese Lebensgeschichte seine Stellungnahmen zur Sexualität als der erbsündlichen »Begierde des Fleisches« etwas zu pessimistisch ausfallen. Freilich glaubt der auf diese Periode spezialisierte, zuletzt in Princeton lehrende Althistoriker Peter Brown nicht, dass diese Ideen allgemeine Resonanz gefunden haben. Allerdings findet man ausgerechnet bei Augustinus dann überraschenderweise auch folgenden ziemlich modern klingenden Text: »Man pflegt auch diese Frage aufzuwerfen, ob noch von einer Ehe die Rede sein kann, wenn Mann und Frau, von denen weder er Gatte, noch sie Gattin eines anderen ist, sich miteinander verbinden, nicht um Kinder zu erzeugen, sondern lediglich, um die geschlechtliche Begegnung eigennützig zu genießen; dazu gibt man sich das Wort, dass weder er noch sie in der Zwischenzeit fremdgehe. In diesem Falle von Ehe zu sprechen, ist vielleicht nicht ungereimt, wenn die Übereinkunft zwischen ihnen bis zum Tode des Partners gegolten hat.«

Tatsächlich ist der zölibatär lebende Paulus keineswegs sexualfeindlich und er empfiehlt durchaus die Ehe: »Heiratest du, so sündigst du nicht« (1 Kor 7,28), und »es ist besser zu heiraten, als sich in Begierde zu verzehren« (1 Kor 7,9b) Auch Thomas von Aquin ist überhaupt nicht prüde, wenn er schreibt: »Der Mann liebt seine Gattin in erster Linie auf Grund der leiblichen Verbindung.« Papst Johannes XXI. (1205–1277), gelehrter Arzt und Theologe, geht ins Detail: Kuss und erotisches Spiel seien Vorbedingungen für das Edelste, was es in der Ehe gebe, den Geschlechtsverkehr. Und Dionysius der Kartäuser (ca. 1402–1471), der immerhin dem strengsten katholischen Orden angehört, beweist, dass man in einen solchen Orden nur eintreten kann, wenn man einmal mitten im Leben gestanden hat: »Diese Lust kann ein gewisser Anreiz zu größerer Freundschaft sein, und so ist jene eheliche Freundschaft gewissermaßen eine sexuelle Freundschaft.«

Dass Martin Luther die Ehe für ein »weltlich Ding« erklärte, hatte einschneidende Folgen. So kam es, dass in protestantischen Städten die weltliche Gewalt sogenannte »Zuchtgerichte« einführte, die außereheliche Sexualität und vor allem Ehebruch mit strengsten weltlichen Strafen belegten. Deswegen konnte der Reformationshistoriker Heinz Schilling formulieren, dass »die Basis protestantischer Ehen in der Praxis stabiler war als die katholische Sakramentenehe«. Die Einmischung des Staates, der mitunter sogar das Nacktschlafen verbot, hatte allerdings fatale Folgen: Das staatliche Eheschließungsverbot für alle diejenigen, die nicht über den nötigen finanziellen Rückhalt verfügten, eine Familie zu ernähren – mit der Folge einer erzwungenen Familienlosigkeit und eines Anstiegs unehelicher Geburten –, griff tief in das christliche Grundrecht auf Heirat ein. Demgegenüber sorgten die kirchlichen Eheverfahren für eine beträchtliche Reduktion männlicher Gewalt in der Ehe, da die Frauen dort eine Klagemöglichkeit hatten. Das ändert nichts daran, dass die Gesamtgesellschaft immer noch männerdominiert war. Im katholischen Münsterland wurden bei Sexualdelikten öffentliche

Schandstrafen fast nur bei Frauen vollzogen und die Verbannung kam bei Frauen häufiger vor.

Die kirchlichen Eheverfahren führten aber nicht bloß zu einer Abnahme der seit Urzeiten herrschenden männlichen Gewalt in der Ehe, sondern auch zu einer zunehmenden Intimisierung der Ehe, in der Zuneigung und Verantwortung eine größere Rolle zu spielen begannen. Diese Entwicklung wurde zu Beginn des 19. Jahrhunderts durch die Romantik beschleunigt, die nach den Gewaltexzessen der Französischen Revolution und den harschen antiliberalen Reaktionen der europäischen Mächte nicht nur eine Rückbesinnung auf ein idealisiertes Mittelalter brachte, sondern auch einen Kult der romantischen Liebe, die von nun an die Ehe prägen sollte. Diese romantische Liebe gilt als eine Hervorbringung des Christentums. Für das Jahr 1900 konstatiert Thomas Nipperdey die »partnerschaftliche Liebe als Grundlage der Ehe und der Eltern-Kind-Beziehung«. In dieser Form steht die Ehe »unbestritten in höchster Geltung«, ja artikuliert sich als »Familienreligion«. Erst zu Beginn des 20. Jahrhunderts meldete sich das Neue an. Sexualität wurde nun als Befreiung und Ekstase deklariert, man forderte eine entsprechende Lebensreform und die Nacktkultur, also eine Lockerung der bisherigen Einhegung.

Die sexuelle Revolution in den 60er-Jahren des 20. Jahrhunderts führte nach der Einführung der »Pille« zur definitiven Entkopplung von Sexualität und Kinderzeugung mit einschneidenden gesellschaftlichen Konsequenzen. Frank Schirrmacher, der verstorbene Herausgeber der »Frankfurter Allgemeinen Zeitung«, beschrieb in seinem Bestseller »Das Methusalem-Komplott« das Dilemma: »Während die Alten leben und nicht sterben, werden die Jungen, die wir für die Zukunft benötigen, niemals geboren.«

Inzwischen ist es üblich geworden, das Thema Sex in öffentlichen Debatten vor allem mit der katholischen Kirche zu verbinden und mit dem, was man landläufig für »katholische Sexualmoral« hält. Das hat sozialpsychologische Gründe, weil alle sexualverbietenden Instanzen inzwischen abgedankt haben und manche nur noch bei der katholischen Kirche den Widerstand erhoffen, den sie wohl zur Bestätigung der eigenen sexuellen Liberalität zu benötigen meinen. Das beruht aber auf einem fatalen Missverständnis. Denn in Wahrheit hat sich die katholische Kirche in den zweitausend Jahren ihres Bestehens tatsächlich immer wieder – erfolgreich – gegen prüde Sexualitätsgegner zur Wehr gesetzt und sie ausnahmslos aus der Kirche ausgeschlossen oder wenigstens heftig bekämpft. Ausgeschlossen in der Antike: die Enkratiten, Montanisten, Manichäer, im Mittelalter: die Katharer, und in der Neuzeit dann bekämpft: die Jansenisten, eine Gruppe von Rigoristen, der auch Blaise Pascal anhing. Noch im 19. Jahrhundert galten der wohlanständigen protestantischen Bürgerlichkeit mit ihren bizarren Sexualobsessionen die Katholiken als sexuell leichtlebig. Diese vergleichsweise Liberalität des Katholizismus auf sexuellem Gebiet bestätigt die sittengeschichtliche Forschung. Allerdings haben sich dann irgendwann auch die Katholiken dem sexualfeindlichen Zeitgeist angepasst, mit bedrückenden Folgen, doch entsprach das überhaupt nicht ihrer eigenen jahrhundertelangen Tradition. Und weil das auch heute sogar manche katholische Christen nicht mehr wissen, gibt es dann konservative Katholiken, die aus Ahnungslosigkeit »mutig« verklemmte puritanische Sexualvorstellungen verteidigen, und progressive Katholiken, die sich aus derselben Ahnungslosigkeit heraus dafür entschuldigen. Weil aber vielen Journalisten die katholische Kirche inzwischen weitgehend unbekannt ist, verfolgen sie diesen Streit, glauben, die Sexualmoral sei Kern der kirchlichen Lehre, und kommen immer wieder auf dieses Thema zurück. Deswegen muss man dann mit ansehen, wie sich alte unverheiratete Männer bei der Antwort auf irgendwelche detailfreudigen Sexualfragen verhaspeln.

Kein schönes Bild, und ungewollt eine einzige Desinformation. Papst Benedikt XVI. hat auf dem Weltjugendtag in Köln – wahrscheinlich absichtlich – kein einziges Wort zur Sexualmoral verloren, er hat über den Glauben an Gott, über vertiefte Spiritualität, über die Schönheit eines christlichen Lebens gesprochen. Viele Medien berichteten dennoch vor allem über Kondome.

Präzise 1900 Jahre lang hat kein Nachfolger des Apostels Petrus jemals etwas Systematisches zur Sexualmoral verlautbaren lassen. Am 25. Juli 1968 war es dann so weit. Papst Paul VI. veröffentlichte die Enzyklika Humanae Vitae. Gewiss hatte sich schon Pius XI. am 31. 12. 1930 in seinem Schreiben »Casti conubii« dazu geäußert, aber bei Weitem nicht so gründlich und spektakulär wie Paul VI. nun. Pius XI. hatte in seiner Enzyklika erstmals nebenbei auf Wege verwiesen, damit »Katholiken sich nicht vermehren müssen wie die Kaninchen« (Papst Franziskus, ca. 2015). Man nennt das in der Kirche heute »verantwortete Elternschaft«. Ein Ehepaar soll nach dieser Auffassung selber entscheiden, wie viele Kinder es verantworten könne und dann die natürlichen unfruchtbaren Tage der Frau für »das Edelste, was es in der Ehe gibt« (Papst Johannes XXI., ca. 1275) nutzen. So sah es dann auch das II. Vatikanische Konzil. Die Pille gab es zur Zeit des Konzils ohnehin noch nicht. Katholischer Pragmatismus also. Doch dann kam die »Anti-Baby-Pille« auf den Markt und alle Welt drängte Papst Paul VI., sich dazu zu äußern. Und das tat er dann 1968. Er verbot die Pille. Reflexartig kam es zu einem Aufschrei: Ein Skandal! Erstens wollte man sich natürlich nichts verbieten lassen, von einem unverheirateten Mann sowieso nicht und von einem Papst schon gar nicht. Zudem brachten die Frauen ihren ganz berechtigten Ärger über die unangefochtene Männerherrschaft in der Kirche mit in die Debatte ein. Die Moraltheologen schließlich hatten drei Jahre nach dem Ende des II. Vatikanischen Konzils gerade für sich ganz neu Immanuel Kant entdeckt, und was dieser deutsche Philosoph 1788 in Königsberg geschrieben hatte, konnten sie nicht mit dem in Übereinstimmung bringen, was jetzt der italienische Papst in Rom erklärte. Schon bald verstand niemand die Debatte mehr genau. Nur eines war klar: Wer für die päpstliche Enzyklika war, galt als konservativ, wer dagegen war, als progressiv. Der Missbrauch der Sexualmoral fürs lärmende Kästchendenken verstärkte die Neigung weniger informierter Journalisten, in der katholischen Kirche fälschlicherweise im Wesentlichen eine Institution zur Verhinderung sexueller Freude zu sehen.

Die Wahrheit ist, dass die katholische Kirche immer schon eine ganzheitlich-ökologische Auffassung von Sexualität hatte. Zu einer erfüllten Sexualität gehört danach sexuelle Lust, die etwas Gutes und Schönes sei (sagen auch die Päpste, siehe Johannes XXI. 1205–1277, Johannes Paul II. 1920–2005), dazu personale Liebe und schließlich Vitalität, also »Offenheit auf Kinder«. Hätte also ein Mann eine Frau nur für den Sex, eine zweite bloß für die Liebeslyrik und dann noch eine dritte zum Kinderkriegen, dann instrumentalisierte er alle drei Frauen und liebte keine wirklich. Um dieser Ganzheitlichkeit willen ist aus katholischer Sicht eine Ehe, in der prinzipiell von vornherein Kinder ausgeschlossen werden, gar keine gültige Ehe. Und auch wenn man mit künstlichen Mitteln in einer sakramentalen Ehe Kinder absichtlich verhindert, dann ist das der Enzyklika Humanae Vitae zufolge nicht in Ordnung, denn es manipuliert nach katholischer Auffassung die Natur, was die Beachtung der natürlichen Unfruchtbarkeitszeiten der Frau nicht tut. Man kann das natürlich anders sehen, und viele Moraltheologen sehen das heute anders. Doch sind es neuerdings viele überhaupt nicht katholische Frauen, die sich aus denselben Gründen weigern, die Pille zu nehmen, weil sie sich den vielfachen »unnatürlichen« Wirkungen und Nebenwirkungen dieser Hormonpräparate nicht aussetzen wollen. Das können eher ökologisch orientierte Frauen sein oder Feministinnen, die, wie Adrienne Rich es einmal formulierte, die Pille für »eine Männererfindung, eine mechanistische patriarchale Erfindung« halten. Die Soziologin Herrad Schenk sagt es so: »Auch feministische Pillenmüdigkeit ist also nicht Prüderie, sondern Weigerung, das Spiel nur nach der patriarchalischen Regieanweisung zu spielen, und Anweisung, diese zu überdenken und vielleicht den Bedürfnissen beider Geschlechter entsprechend neu zu schreiben.« Schon Alice Schwarzer hatte »Nebenwirkungen« der Pille beklagt: »Früher konnten Frauen sich aus Prüderie oder Angst vor unerwünschter Schwangerschaft wenigstens weigern, wenn sie keine Lust hatten, heute haben sie dank Aufklärung und Pille zur Verfügung zu stehen.«

Dennoch entscheiden auch katholische Frauen letztlich nach ihrem Gewissen, ob sie die Pille nehmen oder nicht. Und wie immer sie entscheiden, es wird sie niemand dafür exkommunizieren. Die Enzyklika Humanae Vitae ist übrigens für sakramentale katholische Ehen geschrieben worden. Sexualität außerhalb der Ehe widerspricht aus katholischer ganzheitlich-ökologischer Sicht der Schöpfungsordnung, das betrifft alle heterosexuellen Unverheirateten, alle standesamtlich Wiederverheirateten und gleichermaßen auch alle Homosexuellen. Aber auch das ist nicht und war noch nie die schlimmste Verfehlung, die Katholiken sich denken können. Viel wichtiger ist der Kirche zum Beispiel, so heißt es im Katechismus, dass Homosexuelle nicht diskriminiert werden dürfen, und die Reduktion von Homosexuellen auf die Aktivitäten ihrer Geschlechtsorgane ist zweifellos eine Diskriminierung. Dennoch geht es bei öffentlichen Fragen zum Thema katholische Kirche und Homosexualität in der Regel immer nur um den Geschlechtsverkehr.

Der heilige Alfons von Liguori (1696–1786), der gestrenge Patron der Beichtväter, riet übrigens dazu, dass die Priester bei der Beichte in sexuellen Dingen nicht weiter nachfragen sollten, was sich dann allerdings im 19. Jahrhundert wohl etwas änderte, als Katholiken sich dem herrschenden viktorianisch-verklemmten

Zeitgeist anpassten, um genauso »sittenstreng« zu wirken wie »alle Welt«. Ohnehin waren es nicht religiöse Überzeugungen, sondern das, was man dazumal für »Wissenschaft« hielt, was zu den absurdesten – und schrecklichsten – sexuellen Repressionen führte. Weil man allgemein glaubte, im männlichen Samen sei schon irgendwie der ganze Mensch angelegt, galt »Samenvergeudung« als schändlich. Deswegen verurteilte noch der weltliche Jurist und Mitbegründer des modernen Prozessrechts Benedict Carpzov (1595–1666) Masturbation, homosexuelle Handlungen und Sex mit Tieren streng: Masturbation sei mit Landesverweis, Homosexualität mit Köpfung, »Bestialität« mit Verbrennung zu bestrafen. Dänemark setzte 1683 auf Homosexualität die Todesstrafe. Die Aufklärung war besonders rigide und steuerte neue »wissenschaftliche« Erkenntnisse bei, die jahrhundertelang verhängnisvolle Folgen haben sollten. Onanie führe zur Austrocknung von Gehirn und Rückenmark, später sprach man gerne von »Rückenmarkserweichung«. Kant hält Onanie für eine »Verletzung der Menschheit« und findet sie schlimmer als Selbstmord. Noch der berühmte Arzt der Berliner Charité und streitbare Atheist Rudolf Virchow (1821–1902) forderte staatliche Maßnahmen gegen die Onanie.

Man kann gut verstehen, dass solche absurden Ideen heute höchst peinlich wirken, sodass man sie am liebsten religiösem Dunkelmännertum zurechnen würde. Doch die historischen Fakten sagen etwas anderes. Die Kirchen nahmen nur auf, was ihnen angebliche Wissenschaft lieferte, natürlich mit üblen Effekten für die damaligen Christen.

Im Übrigen galten Katholiken früher in Wirklichkeit in Sexualangelegenheiten immer schon als eher lax, ja als »säuisch«, was rechtschaffene Protestanten jahrhundertelang empörte. Laien, Priester, Bischöfe und sogar Päpste sahen das mehr nach dem gut rheinischen Motto »Der leewe Jott is net esu« – der liebe Gott ist nicht so streng. Dass in der allgemeinen gesellschaftli-

chen Debatte sexuelle Vergehen seit zweihundert Jahren so sehr
in den Vordergrund rückten, ging nicht von der katholischen
Kirche aus, sondern insbesondere von der Aufklärung, die in den
sexuellen Sünden die individuelle Person am tiefsten verletzbar
fand. Und die ganze bigotte Verklemmtheit des 19. Jahrhunderts
ist im Wesentlichen einer bürgerlich-protestantischen Kultur
geschuldet, die Frauen abwertete und die Körper von Männern
und Frauen unter ganz viel Textil begrub. Dagegen galten seit
frühesten christlichen Zeiten als schlimmste Sünde des Mönchs
nicht irgendwelche sexuellen Verfehlungen, sondern die acedia,
die Gleichgültigkeit. Denn tatsächlich, selbst Mord geschieht
letztlich aus Gleichgültigkeit, aus Gleichgültigkeit gegenüber
dem Lebensrecht dieses anderen Menschen. Liebe ist das Gegenteil von Gleichgültigkeit. Deswegen ermutigt Jesus provozierend eine von allen verachtete Prostituierte mit den Worten:
»Wer viel liebt, dem wird auch viel vergeben.« Das ist, wenn
man so will, katholische Sexualmoral.

3. Das Christentum und der Kindesmissbrauch –
»Eher wird man vom Küssen schwanger als vom Zölibat pädophil«

»Hat nicht mein Schöpfer auch ihn im Mutterleibe geschaffen …?« So heißt es in der Bibel im Alten Testament im berühmten Buch Hiob. Für Christen stand von vorneherein jedes Kind
vom Mutterleibe an unter Gottes Schutz. Während Abtreibung
und Kindstötung in der Antike an der Tagesordnung waren,
stellt bereits einer der frühesten christlichen Texte, die vielleicht
schon im 1. Jahrhundert entstandene »Zwölfapostellehre«, fest:
»Du sollst ein Kind nicht abtreiben und das Geborene nicht töten«, und der wenig später zu datierende »Diognet-Brief« sagt
über die Christen: »Sie heiraten wie alle und zeugen Kinder,

jedoch setzen sie die Neugeborenen nicht aus.« Das alles war revolutionär, es griff tief in die Rechte vor allem von Männern über Frauen und Kinder ein. Zwar war die einzige Gruppe, die heute Abtreibungen vornimmt, nämlich die Ärzte, in der Antike die einzige Gruppe, der der Hippokratische Eid Abtreibungen verbot. Ansonsten aber war Abtreibung kein Problem. Der Schwangerschaftsabbruch wurde »als wertneutrales Mittel je nach Bevölkerungsdichte empfohlen oder verboten«. Der Medizinhistoriker Robert Jütte resümiert: »Von einem Lebensrecht des ungeborenen Kindes konnte im Abendland bis zum Auftreten des Christentums keine Rede sein.«

Und auch Kindstötungen waren im römischen Recht nicht strafbar. Das Kind erhielt erst Lebensrecht mit der »Aufhebung« durch den Vater, der bei sichtbarer Behinderung oder aus anderen Gründen die Aufhebung auch unterlassen und frei entscheiden konnte, das Kind einfach im Gebirge oder sonstwo auszusetzen und dort einem qualvollen Tod zu überlassen. Das galt bei Griechen, Römern und auch Germanen – heute noch werden nach Schätzungen des Anthropologen Wulf Schiefenhövel bei Stämmen in Neuguinea 30 Prozent aller Neugeborenen getötet.

Aber auch dem heranwachsenden Kind galt die besondere Aufmerksamkeit der Christen, war doch schon Jesus selbst mit Kindern außerordentlich herzlich, respektvoll und überhaupt nicht »kindisch« umgegangen. Äußerer Anlass dieser besonderen Zuwendung war unter anderem die Kindertaufe. Sie war vor allem bei Aufkommen der Erbsündenlehre üblich geworden als klares Zeichen für die reine Gnade Gottes, die dem Kind ohne jede vorherige Leistung auf diese Weise zukam und es so aus der erbsündlichen Verstrickung des Menschengeschlechts erlöste. Die Kindertaufe hatte aber zur Folge, dass ja nicht das Glaubensbekenntnis des Kindes erwartet werden konnte und so die Erziehung, die christliche Erziehung durch die christlichen Eltern und auch durch die Kirche von ausschlaggebender Bedeutung war. Auf diese Erziehung hatte das Kind ein Recht, ein Recht auf Bildung mit allen kultivierenden Folgen für die Gesellschaft. Der französische Historiker Philippe Ariès hat in seiner berühmten »Geschichte der Kindheit« die bischöflich organisierten Schulen »die Urzellen unseres gesamten westlichen Schulsystems« genannt. Dagegen konnte der altrömische Familienvater nicht bloß schon das »Neugeborene aussetzen, sondern Kinder beliebigen Alters verkaufen, verpfänden oder Dritten zu Dienstleistungen zur Verfügung stellen«, wie der Althistoriker Otto Hiltbrunner feststellt. Erst im 4. Jahrhundert, also nach Christianisierung des römischen Reiches, wurde das Tötungsrecht des Vaters über seine Kinder aufgehoben.

Bedrückend war die sexuelle Ausbeutung von Kindern. Es kam vor, so stellt Bettina Stumpp in ihrer Dissertation »Prostitution in der Antike« fest, »dass sich aus der Aussetzung von Kindern Prostituierte rekrutierten. Sie wurden von Zuhältern oder Zuhälterinnen aufgezogen und von klein auf zur Prostitution ›abgerichtet‹«. Das betraf vor allem Sklavenkinder. Sie »wurden teils schon im Alter von drei Jahren verkauft, um durch ihre Drolligkeit zu erfreuen, und manche wurden gewiss auch als sexuelle Spielzeuge betrachtet«. Dagegen protestierten die Christen: »Schon seit dem ersten Jahrhundert der Kaiserzeit erregt die Verschleppung ausgesetzter Kinder für eine ›Karriere‹ im Bordell die harsche Kritik der christlichen Autoren.« Natürlich sind Kinder in der Antike nicht generell unter solchen Bedingungen groß geworden. Aber eine rechtliche Absicherung gab es für sie nicht. Die frühmittelalterlichen Bußbücher bestrafen, anders als das weltliche Recht, sofort schon die Abtreibung, erst recht die Tötung von Neugeborenen, ebenso wie den sexuellen Missbrauch der Heranwachsenden. Erst um 1500 zog das weltliche Recht nach. Zum Schutz der Kinder gründete die Kirche bereits in der Antike Waisenhäuser. Heute noch steht in Rom das von Papst Innozenz III. und Papst Sixtus IV. in der

Nähe des Vatikans erbaute Findelhaus mitsamt der äußeren Drehlade, in der die Kinder unerkannt abgegeben werden konnten, ein System, das neuerdings weltweit wieder reaktiviert wurde. Das Ausmaß dieser Hilfen war erstaunlich: 1844 nahm das Mailänder Findelhaus 2700 Kinder im Jahr auf, was ein Drittel der Neugeborenen der Stadt ausmachte. Bis 1900 steigerte sich die Zahl auf 6000 jährlich. In Paris waren es im ersten Drittel des 18. Jahrhunderts jährlich 7000 Kinder, in London in 4 Jahren etwa 15 000, insgesamt dürften es allein im 19. Jahrhundert mehrere Millionen gewesen sein.

Als in neuerer Zeit der Einfluss des Christentums zurückging, wurde der Umgang mit ungeborenen und geborenen Kindern wieder eher lax. In Deutschland schaffte man den politischen Kompromiss beim Abtreibungsrecht 1995 nur um den Preis einer Regelung, über die nicht gerne öffentlich gesprochen wird: Kinder dürfen dieser Regelung zufolge noch im Geburtskanal mit einer Kaliumspritze ins Herz getötet werden, wenn sie behindert sind. Zur Begründung reicht eine Hasenscharte. Die Gebührenordnung für Ärzte sieht dafür eine eigene Berechnungsziffer vor. Der durchführende Arzt erhält danach 69,94 Euro.

Und dann kam man während der Sexuellen Revolution in den 6oer-Jahren auf die Idee, auch Kinder für die sexuelle Befriedigung mehr zu nutzen. Das wurde natürlich nicht so formuliert, sondern man sagte, es gehe um die »Befreiung der kindlichen Sexualität«. Einer der Gurus der Sexuellen Revolution war der umstrittene Psychoanalytiker Wilhelm Reich (1897–1957). Er hatte dafür plädiert, dass Kinder von der Geschlechtsreife an »das Recht völlig freien Geschlechtsverkehrs« hätten. Schon vorpubertäre Kinder dürfe man nicht an der Entfaltung ihrer Sexualität hindern. Über Jahrhunderte, das war die allgemeine Überzeugung, habe eine prüde sexualfeindliche Gesellschaft Kindern sexuelle Befriedigung vorenthalten. Die Sexualwissenschaft gab neuste Ergebnisse zum Besten. Eberhard Schorsch, einer der anerkanntesten Sexualwissenschaftler in Deutschland, erklärte 1970 nicht irgendwo, sondern bei einer öffentlichen Anhörung im Deutschen Bundestag: »Gewaltfreie Sexualität zwischen Erwachsenen und Kindern löst bei gesunden Kindern keinerlei Schädigungen aus.« Nach dieser öffentlichen Erklärung ein öffentlicher Aufschrei? Nein. Nirgends. Das war damals nämlich »Stand der Wissenschaft«. In Wahrheit ging es bei alldem natürlich nicht um die Kinder, sondern um Erwachsene, die sexuell auf Kinder orientiert sind, und die jahrhundertelang deswegen, wie es hieß, »diskriminiert« und »kriminalisiert« wurden. Nachdem man erst die Heterosexuellen sexuell befreit hatte, dann die Homosexuellen, standen jetzt die Pädophilen auf der Tagesordnung. Das Ziel lag zum Greifen nahe. Es gab Pädophilen-Zeitschriften, Politiker – zum Beispiel bei den Grünen – wurden in die Kampagne eingespannt, es gab Resolutionen, öffentliche Selbstbekenntnisse und im seriösen offiziellen Verlag der Deutschen Ärzteschaft erschien noch 1989 ein Buch, das nachdrücklich dafür plädierte, Pädophilie zu »entkriminalisieren«. Fast die einzige gesellschaftliche Institution, die bei diesem Thema Widerstand leistete und beim Sturm der sexuellen Revolution auf die letzte Bastion nicht mittat, war die katholische Kirche. Allerdings hatte auch niemand mit deren Hilfe gerechnet, hielten alle Beteiligten sie doch ohnehin für ewiggestrig.

Freilich gab es in dieser Zeit zum Thema Sexualität auch in der katholischen Kirche ganz unterschiedliche Meinungen. Progressive Priester bewiesen ihre progressive Aufmüpfigkeit, indem sie sich mehr oder weniger öffentlich Freundinnen – oder Freunde – hielten. Man war eben sexuell aufgeschlossen. Da hatten es in dieser Zeit Pädophile, die sich gezielt Berufe suchen, die sie mit Kindern in Berührung bringen, vergleichsweise leicht, wenn sie als Priester sich Kindern und Jugendlichen gegenüber »sexuell aufgeschlossen« verhalten wollten. Im Gegensatz zur »progressiven« Odenwaldschule, wo »emanzipatorische« Sexualkontakte mit Kindern und Jugendlichen mehr oder weniger von der Leitung geförderte und sogar selber betriebene offizielle Politik des Hauses waren, mussten sich pädophile Priester freilich überall verstecken, was in Zeiten weniger strenger Reglementierungen in der Kirche allerdings etwas leichter möglich war. Aber gutgeheißen oder gar aktiv gefördert wurden pädophile Aktivitäten von katholischen Leitungen nirgends. Das war ein Unterschied.

Doch dann kam das große Erwachen. Feministischen Beratungsstellen kommt das große Verdienst zu, zu Beginn der 90er-Jahre klargemacht zu haben, dass es »gewaltfreie« Sexualität zwischen Erwachsenen und Kindern gar nicht geben kann. Immer herrscht ein Machtgefälle und außerdem ein fundamentales Missverständnis. Das Kind sucht beim pädophilen »Partner« möglicherweise Zuwendung, Anerkennung, vielleicht auch Zärtlichkeit. Der Erwachsene sucht Sex und er setzt dazu manipulativ Zuwendung, Anerkennung und Zärtlichkeit ein. Irgendwann merkt das Kind, dass es betrogen wurde, und dieser Vertrauensbruch wirkt für viele traumatisch. Noch schlimmer aber ist es bei Missbrauch durch einen katholischen Priester, denn ihm wird – oder muss man heute sagen »wurde«? – als einem Mann Gottes ein besonderer Vertrauensvorschuss entgegengebracht. Wenn dieses Vertrauen gebrochen wird, dann kann das nicht nur alle künftigen menschlichen Beziehungen belasten, sondern das nimmt Opfern mitunter lebenslang auch ihr Vertrauen in Gott. Der Missbrauch von Kindern und Jugendlichen durch katholische Priester ist ein besonders perfides Verbrechen.

So wurde endlich Anfang der neunziger Jahre sexueller Missbrauch von Kindern und Jugendlichen zum öffentlichen Thema. Und das war gut so. Doch bald überhitzte sich das Klima. Es gab selbst ernannte Experten, die sich auf die Suche nach angeblichen Missbrauchern machten und dabei Methoden verwendeten, die an die »Hexendiagnosen« dazumal erinnerten. Malten

Kinder irgendwelche langen Gebilde, waren das für manche eifrige Kinderschänder-Jäger untrügliche Zeichen von Missbrauch. Väter wurden beschuldigt, weil sie mit ihren Kindern bloß gebadet hatten. Der Höhepunkt war ein Verfahren am Landgericht Mainz, bei dem eine Großfamilie beschuldigt wurde, ihre 16 Kinder und Jugendlichen sexuell missbraucht zu haben. Der Fall machte Schlagzeilen. Alle Kinder wurden in Waisenhäusern untergebracht. Doch nach 4-jährigen Gerichtsverhandlungen stand einwandfrei fest: Es gab keinen Missbrauch. Der renommierte Aussagepsychologe Max Steller stellte durch präzise Analysen der Befunde zweifelsfrei fest, dass es sich ausschließlich um unabsichtlich suggerierte Vorfälle handelte, die in der Realität nie stattgefunden hatten. Das Gericht war erschüttert und entschuldigte sich bei den Betroffenen. Das Leiden der Kinder kann man kaum ermessen, vor allem wenn man erfährt, dass sie nicht nur jahrelang von ihren Familienangehörigen ferngehalten wurden, sondern dass einige nun tatsächlich in einem Waisenhaus missbraucht wurden. Viele Familien zerbrachen.

Dieser Mainzer Fall wurde zum Fanal. Künftig ging man seriöser mit Anschuldigungen um. Die Kirche stand damals noch mehr oder weniger abseits. Es hatte bisher nur vereinzelte Fälle gegeben. Als um das Jahr 2000 die Anschuldigungswelle von Amerika nach Europa schwappte, gab sich im Jahre 2002 die Deutsche Bischofskonferenz Leitlinien für den Umgang mit sexuellem Missbrauch. Ähnliches geschah in anderen Ländern. Im Jahre 2003 fand dann im Vatikan ein Kongress statt, bei dem führende internationale Fachleute den Stand der Wissenschaft zu diesem Thema referierten. Vorträge und Diskussionen wurden veröffentlicht. Die Deutsche Bischofskonferenz nahm die Ergebnisse auf und schaltete jetzt führende Gutachter ein, um so professionell wie möglich mit solchen Fällen umzugehen. Dann kam 2010 die Pressekonferenz im Canisius-Kolleg in Berlin. Eigentlich ging es dabei nur um Altfälle und es gab auch keine wirklich neuen Aspekte. Aber aus unterschiedlichen Gründen löste diese Pressekonferenz eine Lawine aus, die auch internationale Auswirkungen zeitigte. Viele Opfer fanden jetzt erst den Mut, an die Öffentlichkeit zu gehen und sich ihrem Leid zu stellen. Das war zweifellos ein großer Segen. Man wurde in den Bistümern noch aufmerksamer auf entsprechende Fälle, traf Vorkehrungen, schuf Präventions- und Interventionsordnungen. Man bekannte Schuld und gelobte Besserung, in Deutschland, in anderen Ländern, und auch Papst Benedikt XVI., der schon als Kardinal entschieden gegen Missbrauch vorgegangen war, unterstützte das nachdrücklich. Papst Franziskus hat sich dem angeschlossen.

Freilich änderte all das nicht viel daran, dass das Ansehen der katholischen Kirche durch den Missbrauchsskandal schweren Schaden gelitten hatte. Für Außenstehende erschien vor allem rätselhaft, warum im Grunde allein die katholische Kirche im Brennpunkt stand. Die Vorsitzende der durchaus kirchenkritischen Beratungsstelle »Zartbitter« erklärte 2012, in der evangelischen Kirche lägen genauso viele Missbrauchsfälle vor wie in der katholischen. Fachleute gehen beim Deutschen Olympischen Sportbund von noch viel mehr Fällen aus, die aber allenfalls lokale Aufmerksamkeit erregen. Niemand fragt wirksam nach, warum hier keine besonderen Maßnahmen ergriffen wurden. Es war übrigens damals nicht die Kirche, sondern ausgezeichneter Journalismus der »Frankfurter Allgemeinen Sonntagszeitung«, der den fatalen Eindruck korrigierte, bei Missbrauch handele es sich um ein speziell katholisches Phänomen, indem man die von anderen Journalisten liegen gelassene Fährte zur reformpädagogischen Odenwaldschule wiederaufnahm. Die meisten Fälle kommen unbestritten nicht in Institutionen, sondern in Familien mit vertrauten Angehörigen vor. Erst in jüngster Zeit gelangt das mehr ins öffentliche Bewusstsein.

Während innerkirchlich einige Amateure raunten, vielleicht

habe ja die priesterliche Lebensform mit dem Missbrauch zu tun, spricht wissenschaftlich manches dafür, dass der Zölibat statistisch sogar das Risiko mindert. »Der profilierteste deutsche Gerichtsgutachter« (»Spiegel«) Hans Ludwig Kröber, einer der führenden Experten in diesem Feld, der sich übrigens selbst als agnostischen Protestanten bezeichnet, formulierte dazu drastisch in der »Zeit«: »Man wird eher vom Küssen schwanger als vom Zölibat pädophil.«

Doch inzwischen produziert erstmals die katholische Kirche als Institution selber Opfer. Diese Entwicklung ist besonders tragisch, denn sie hat damit zu tun, dass man nach dem entsetzlichen Schock des Missbrauchsskandals nun mit viel gutem Willen, aber manchmal leider wenig Professionalität, alles besonders gut machen will. Mit fatalen Folgen. Inzwischen ist dadurch eine neue Opfergruppe entstanden: die unschuldig Beschuldigten. Die Medien haben mittlerweile mit gut recherchierten Beiträgen auch hier Licht ins Dunkel gebracht. Offenbar ziemlich genau das, was im fatalen Mainzer Fall 1994 zur Katastrophe geführt hatte, wiederholte ausgerechnet das Bistum Mainz exakt zwanzig Jahre später. Diesmal war es ein Kindergarten. Die Kirche beschuldigte sich »vorbildlich« selbst und musste am Ende kleinlaut eingestehen, dass die Beschuldigungen der Kindergärtnerinnen voreilig gewesen waren und man guten Glaubens überreagiert hatte. Es gibt weitere Fälle.

Wenn hier von einer zweiten Opfergruppe die Rede ist, so ist das keine Übertreibung. Wer des sexuellen Missbrauchs beschuldigt wird, obwohl er unschuldig ist, für den ist das traumatisch, manchmal schwerer traumatisierend als sexueller Missbrauch. Denn manch einer wird nach einer solchen Beschuldigung von allen verlassen, er darf nicht mehr an seine Arbeitsstelle, die Kollegen sprechen nicht mehr *mit* ihm, man redet irgendwo *über* ihn, nie *mit*, auch Freunde, Nachbarn, Familienangehörige nehmen Abstand oder werden »merkwürdig«.

Und für all diese Leute ist es psychologisch gar nicht so einfach, dieses distanzierte Verhalten wieder aufzugeben, wenn sich alles am Ende in Luft auflöst. Der Beschuldigte fühlt sich in einer fast irrealen Welt, in einem Albtraum. Bisher werden wenig Vorkehrungen getroffen, um solche Katastrophen zu verhindern oder um bei den unvermeidlichen Ermittlungen möglichst wenig Schaden anzurichten. Auch diese Opfer beklagen inzwischen dasselbe wie die andere Opfergruppe früher: Niemand rede mit ihnen, man nehme sie nicht ernst, sie müssten auf die Kirche, auf die Gemeinde Rücksicht nehmen, deswegen könnten sie nicht wieder auf dem gleichen Arbeitsplatz eingesetzt werden, obwohl nur das eine zweifelsfreie Rehabilitation sicherstellt. Deswegen wäre es dringlich, in Zweifelsfällen die Aussagepsychologie zu nutzen, den Betroffenen – ob schuldig oder unschuldig – wie in jeder Rechtsordnung eine Hilfsperson zur Seite zu stellen und am Ende bei Unschuld ihrem Wunsch nach vollständiger Rehabilitation rückhaltlos zu entsprechen.

Es ist geradezu verhext. Wie immer es die katholische Kirche anstellt, am Ende ist sie das Opfer, schlimmstenfalls das Opfer ihrer eigenen Bemühungen. Es gibt übrigens eindrucksvolle Christen, die diese Opferrolle als stellvertretendes Leiden der Kirche in der Nachfolge Jesu Christi sehen und sich nicht darüber ärgern, sondern sich spirituell mit diesem Leiden verbinden. Wem es tatsächlich nicht auf das Lob der Welt und auf diesseitiges Recht ankommt, sondern auf Gerechtigkeit vor dem Gericht Gottes, für den ist eine solche christliche Haltung zwar nicht leicht, aber konsequent. Andere aber werden das nur schwer nachvollziehen können.

XII. Das 21. Jahrhundert –
Die Krise des Christentums und
die Flüchtlinge

1. Entlastungen – Widerstände und das Skalpell der Vernunft

Am Ende dieser Geschichte des Christentums stellt sich die Frage, warum in aller Welt die längst wissenschaftlich widerlegten gängigen Falschinformationen nach wie vor so unverwüstlich sind und warum auf Korrekturen dieser Fehler mitunter nicht mit freundlicher Dankbarkeit reagiert wird, sondern eher leicht gereizt: »Das glaube ich Ihnen nicht!« Psychologisch gewendet: Warum gibt es da oft eher eine emotionale als eine rationale Reaktion?

Religion geht Menschen nahe, sie ist nicht nur etwas Äußerliches, sondern vor allem etwas Intimes, selbst für areligiöse Menschen. Denn auch sie reagieren nicht selten peinlich berührt, wenn sie ungebeten auf Religiöses angesprochen werden. Das kann dann ähnlich unangemessen wirken, wie wenn jemand einem wildfremden Menschen erzählen würde, warum und wie er seine Frau und seine Kinder liebt. Jeder Mensch hat irgendeine noch so diffuse Vorstellung vom Sinn der Welt und vom Sinn des Lebens. Dieses Weltbild hat er sich in seinem ganzen bisherigen Leben nach und nach erarbeitet und vielleicht sogar gegen Widerstände erkämpft. In dem Moment, in dem jemand an diese Grundüberzeugungen rührt, und sei es an die Grundüberzeugung, keine Grundüberzeugung zu haben, sind schlagartig all diese durchgestandenen Mühen wieder präsent, und es ist psychologisch gut verständlich, dass man das nicht noch einmal aufrühren will. Tatsächlich wäre jemand ganz lebensuntüchtig, stellte er jeden Tag wieder aufs Neue alle seine Grundüberzeugungen auf den Prüfstand. Nur so ist zu erklären, dass mitunter höchst rationale Menschen höchst irrationale Weltanschauungen haben und jede Operation daran mit dem Skalpell der Vernunft strikt verweigern. Denn je absurder solche Weltanschauungen sind, desto größer ist die unbewusst verspürte Gefahr, sie würden schon beim kleinsten Windhauch eines winzigen Arguments wie ein Kartenhaus zusammenfallen. Und was dann? Soll man dann etwa wieder mit diesen ganzen Sinnfragen von vorne anfangen? Dagegen wehrt man sich unbewusst und daher rührt die Aggressivität, mit der man sich solche Infragestellung der eigenen geistigen Fundamente verbittet. Deswegen haben es rationale wissenschaftliche Argumente bei diesen Themen nicht einfach, auch bei solchen Menschen nicht, die von sich selber glauben, ein »wissenschaftliches Weltbild« zu besitzen.

Es gibt aber noch einen anderen psychologischen Grund, die in diesem Buch geschilderte wirkliche Geschichte des Christentums nicht wahrhaben zu wollen. Gerade die deutsche Geschichte, aber auch die gesamte Geschichte des Westens, kennt Zeiten schwerster Schuld. Man denke nicht nur an den Holocaust, sondern auch an die Kreuzzüge, die Hexenverfolgungen, die hemmungslose Ausbeutung anderer Kontinente. Es gehört starkes Selbstbewusstsein dazu, eine solche Last der eigenen Vergangenheit auf sich zu nehmen, aber nur so kann man eine gesunde eigene Identität wahren. Da das aber schwierig ist, findet es manch einer entlastend, die bedrückenden Teile der eigenen Geschichte zu verleugnen und kurzerhand an andere zu delegieren, ein Phänomen, das schon beim Umgang mit Papst Pius XII. auffiel. Für einen solchen sozialpsychologischen Service nimmt diese Gesellschaft seit geraumer Zeit das Christentum und dabei vor allem die katholische Kirche in Anspruch. Das Alte Testament kennt für einen derartigen Mechanismus das Opfer des Sündenbocks, dem man rituell alle Sünden des Volkes auferlegte und ihn dann erleichtert in die Wüste schickte, wo er irgendwann mit seiner Last verendete. Wir seien nun dabei, erklärte der französische Religionsphilosoph René Girard im März 2005 in einem Interview in der »Zeit«, »alle Übel dieser Welt den biblischen Religionen aufzubürden, und das tun wir ziemlich gut. So entlasten wir uns selbst. Wenn das Christentum an allem schuld ist, dann müssen wir uns unsere heimliche Komplizenschaft mit der Gewalt nicht mehr eingestehen.« Auf diese Weise kann man sich sogar fortschrittlich und moralisch überlegen fühlen, obwohl beides in Wahrheit nicht stimmt. Das führt allerdings zu bizarren Ergebnissen, wenn dann der Eindruck vermittelt wird, ein italienischer Papst sei irgendwie am deutschen Holocaust schuld und ein polnischer Papst müsse sich für den deutschen Völkermord an den Juden verantworten. Man muss solche psychologischen Erklärungsversuche nicht überbetonen, aber sie können zumindest ein wenig Licht auf die merkwürdigen irrationalen Widerstände werfen, auf die die Ergebnisse der Geschichtswissenschaft stoßen, wenn sie das Christentum betreffen.

Nur indem man sich der eigenen Geschichte stellt, entwickelt man freilich ein gesundes Selbstbewusstsein, ein angemessenes Gefühl für die eigene persönliche und auch nationale Identität und kann auf polternde persönliche oder nationale Aufschneiderei verzichten. Zu solcher Aufklärung soll dieses Buch beitragen. Und deswegen ist es nicht bloß ein Buch für Christen, sondern auch für vorurteilsfreie Atheisten, die keine Angst vor der Wirklichkeit haben.

2. Belastungen – Opfer bringen für die Opfer

Die Ethnologie kennt keine Gesellschaft ohne Religion. Religion bestehe mindestens seit dem Jungpaläolithikum, also mindestens seit 40 000 Jahren. Es ist bemerkenswert, dass ausgerechnet »religiös unmusikalische« Denker heute wieder die Religion ins Spiel bringen, und zwar echte Religion, nicht bloß die tote rituelle Struktur davon. Jürgen Habermas plädiert dafür, Religion dürfe sich »nicht in einer kognitiv anspruchslosen Anpassung des religiösen Ethos an auferlegte Gesetze der säkularen Gesellschaft erschöpfen«. Schon Max Weber hatte besorgt gefragt, was wohl geschehen werde, wenn die Religionsglut erlösche, wo doch so vieles in der modernen Welt durch die Religion und speziell durch das Christentum entstanden sei. Und der Philosoph Hans Jonas bezweifelt, »ob wir ohne die Wiederherstellung der Kategorie des Heiligen, die am gründlichsten durch die wissenschaftliche Aufklärung zerstört wurde, eine Ethik haben können, die die extremen Kräfte zügeln kann, die wir heute besitzen und dauernd hinzuerwerben«. Hans Jonas sieht es durchaus dramatisch: »Wir wissen erst, *was* auf dem Spiele steht, wenn wir wissen, *dass* es auf dem Spiele steht.«

Diese Gesellschaft braucht mehr denn je ein geistiges Fundament, das nicht bloß in der Förderung der Binnennachfrage zur Erhöhung des Bruttosozialprodukts besteht. Die sozialen und politischen Probleme, die sich zuspitzen, können nicht mehr rein technokratisch gelöst werden. Das weiß auch jeder. Und rein naturwissenschaftliche Sichtweisen helfen ebenfalls nicht weiter. Jürgen Habermas fürchtet eine »Naturalisierung des Geistes«: »Der Fluchtpunkt dieser Naturalisierung des Geistes ist ein wissenschaftliches Bild vom Menschen in der extensionalen Begrifflichkeit von Physik, Neurophysiologie oder Evolutionstheorie, das auch unser Selbstverständnis vollständig entsozialisiert.« Mit kognitiv versierten, rücksichtslos durchsetzungsfähigen Individuen allein ist kein Staat zu machen. Die Totalsäkularisierung im 20. Jahrhundert stellt die staatliche Ordnung vor ein neues Legitimationsproblem. Weil der Staat sich weltanschaulich neutral verhalten muss, gilt der berühmte Satz des ehemaligen Bundesverfassungsrichters Ernst-Wolfgang Böckenförde: »Der freiheitliche, säkularisierte Staat lebt von Voraussetzungen, die er selbst nicht garantieren kann.«

Was aber, wenn genau diese Voraussetzungen schwinden? »Du Opfer!« ist heute eher ein übles Schimpfwort auf Deutschlands Schulhöfen. Die Verächtlichmachung von Opfern ist ein Akt der Inhumanität und nicht nur das. Sie pervertiert eine Grundlage unserer Gesellschaft. Der Soziologe Émile Durkheim nannte das Opfer unaufgebbar, denn eine »Aufopferung des einzelnen für den anderen« sei für jede Gesellschaft unabdingbar, etwa des Forschers für die Wissenschaft. Ohne die Bereitschaft zum eigenen Opfer hätte es keinen Widerstand gegen die Diktaturen des 20. Jahrhunderts gegeben. Auch Jürgen Habermas hält es für unvermeidlich, »für allgemeine Interessen Opfer in Kauf zu nehmen«. Reicht dann aber seine Feststellung aus: »Die Bereitschaft, für fremde und anonym bleibende Mitbürger gegebenenfalls einzustehen und für allgemeine Interessen Opfer in Kauf zu nehmen, darf Bürgern eines liberalen Gemeinschaftswesens nur angesonnen werden«? Denn was ist, wenn das bloße Ansinnen nicht reicht? »Das wäre nicht mein Land«, hat dazu im entscheidenden Moment der Flüchtlingskrise Kanzlerin Angela Merkel beunruhigt formuliert. Reicht es, dass für Fremde Opfer nur in Kauf genommen und nicht aus Überzeugung aktiv erbracht werden?

Die Flüchtlingskrise hat schlaglichtartig die Notwendigkeit der Neubesinnung auf die christlichen Wurzeln unserer Gesellschaften erwiesen. Es waren überall Christen und christliche Gemeinden, die sich spontan aus tiefer Überzeugung um diese Menschen in Not kümmerten. Wenn den Atheisten Gregor Gysi schon vor Jahren die Sorge umtrieb, dass einer gottlosen Gesellschaft die Solidarität abhanden kommen könne, dann haben sich in einigen Gegenden Deutschlands diese Befürchtungen vielleicht schon bewahrheitet. Das heißt natürlich nicht, dass nicht auch viele Atheisten aus starken humanitären Impulsen heraus bereit waren, zu helfen und uneigennützig für die bei uns gestrandeten Opfer der grausamen Kriege Opfer zu bringen. Das ist aber nicht selbstverständlich.

Es war eine große Kulturleistung, den religiösen Opferbegriff zu vergeistigen. Der frühe griechische Philosoph Heraklit fordert geistige Opfer, wenn er sich sarkastisch gegen die Tempelopfer stellt: »Reinigung von Blutschuld suchen sie, indem sie sich mit neuem Blut besudeln!« Und der Prophet Jesaia verkündet eine neue geistige göttliche Botschaft: »Das Blut der Stiere, der Lämmer und Böcke ist mir zuwider! Sorgt für das Recht! Helft den Unterdrückten! Verschafft den Waisen Recht, tretet ein für die Witwen!« Im Neuen Testament zitiert Jesus zweimal den Propheten Hosea: »Liebe will ich statt Schlachtopfer, Gotteserkenntnis statt Brandopfer!« Die allgemeine Neigung zur Veralberung der Religion kann blind machen für solche sozialen Impulse. René Girard merkte jüngst ironisch an, es gebe wohl kaum eine religionsgeschichtliche Arbeit, die nicht bei passender Gelegenheit die christliche Eucharistie mit kannibalistischen Gelagen vergliche. Dabei verkennt man völlig das sozialrevolutionäre Potenzial der Eucharistie, bei der am Altar alle Gläubigen ohne Unterschied das Blut Christi empfingen und folglich alle tatsächlich gleichen Blutes waren, blutsverwandt.

Wenn die Christen den Opfern religiöser Gewalt aus religiösem Antrieb die Wunden verbinden, müssen sie doch auch die Frage beantworten, wie es um Toleranz und Gewalt im Christentum steht. Neuerdings bezieht sich die antichristliche Polemik dabei gerne auf das Alte Testament. Doch selbst da wird sogar ein Brudermörder in Schutz genommen, indem Gott dem

Kain ein »Kainsmal« aufzeichnet: »Darauf machte der Herr dem Kain ein Zeichen, damit ihn keiner erschlage.« (Gen 4,15). Und nicht nur das heutige Judentum, sondern auch das Christentum wusste immer schon die zeitbedingten archaischen Elemente des Alten Testaments vom geistigen Sinn zu trennen. Augustinus erläutert das folgendermaßen: Wohl »enthalten die Vorschriften und Gebote dieses Gesetzes, die die Christen nicht mehr einhalten müssen, wie beispielsweise die Sabbat-, Beschneidungs-, Opfervorschriften und ähnliches, so tiefe Geheimnisse, dass jeder gottesfürchtige Mensch einsieht: Nichts ist schädlicher, als alles, was da steht, buchstäblich, das heißt wortwörtlich zu verstehen; nichts aber ist heilsamer, als seinen geistigen Sinn aufzudecken.« Tatsächlich ist das Neue Testament völlig ungeeignet, physische Gewalt zu rechtfertigen. Immer wieder, wenn Christen das vergaßen, konnten christliche Mahner ihnen wenigstens die Worte ihrer eigenen Heiligen Schrift vor Augen halten, die die Friedenstifter selig preist und dazu auffordert, sogar die Feinde zu lieben, nicht ausnahmsweise, sondern immer. Nie konnte sich ein Kriegshetzer ernsthaft auf das Neue Testament berufen. Kein Wunder auch, dass überall da, wo es um Befreiung ging, Christen beteiligt waren, ob in Polen, der DDR oder in den vielen Missionsländern, in denen es die Missionsschulen waren, die die einheimischen Befreier mit Argumenten belieferten, sodass die morschen europäischen Kolonialsysteme krachend zusammenbrachen.

Toleranz kann allerdings niemals nur als allgemeine Indifferenz aufgefasst werden, der »alles egal ist«. Das würde nur gesellschaftliche Labilität verursachen sowie andererseits fundamentalistische Reaktionen hervorrufen. Dem altchristlichen Verständnis von Toleranz darf heute eine neue und nun sogar welthistorische Aktualität zugesprochen werden. So bemerkt der Frankfurter Soziologe Karl O. Hondrich beim Tode Johannes Pauls II.: »Die Toleranz dieses Papstes lag nicht im Gedanklichen, sondern in einer tiefinneren Hinwendung auch zu denen, die seine Gedanken nicht teilen. Vielleicht ist Mitmenschlichkeit ein Wort dafür.«

Die Skandalisierung der Geschichte von Christentum und Kirche ist ein Skandal. Das zeigt der in diesem Buch vorgelegte Stand der internationalen historischen Forschung, die das Christentum von den Schlacken jahrhundertelanger Polemik sorgfältig befreit hat – mit erstaunlichen Ergebnissen. Dass es bei der Entdeckung der geheimen Geschichte des Christentums nicht ausschließlich, aber doch vermehrt um die katholische Kirche ging, hat einen Grund. In den vergangenen fünfhundert Jahren hat es keine Zeit gegeben, in der die protestantische Publizistik nicht der katholischen Öffentlichkeitsarbeit haushoch überlegen gewesen wäre. Deswegen mussten in diesem Buch häufiger Fehlmeldungen über die katholische Kirche richtiggestellt werden, wobei hinzukommt, dass der Protestantismus in der Regel für die Fehlleistungen von Christen in den ersten 1500 Jahren des Christentums jede Haftung zurückweist. Das ist der Grund für den möglichen Eindruck eines gewissen Überwiegens »katholischer« Themen bei den Skandalen. Ohnehin ging es hier nur um die Geschichte des Christentums. Wer Argumente für die Existenz Gottes sucht, der sei auf mein Buch »Gott – Eine kleine Geschichte des Größten« verwiesen, und wer die katholische Kirche – und moderne Psychotherapie – näher kennenlernen will, auf »Der Blockierte Riese – Psycho-Analyse der katholischen Kirche«.

Am Ende ist daran zu erinnern, dass der Kirche nie die Eroberung der ganzen Welt vorausgesagt wurde. Das Christentum ist insofern keine Religion, die auf Erfolg aus ist. Wenn manche Christen untröstlich sind, dass nur noch so wenige Menschen die Kirchen besuchen, dann sei in Erinnerung gerufen, dass der »Kirchenbesuch« bei Jesus selbst am Ende bei etwa acht Prozent lag: Nur einer von 12 Aposteln harrte unter dem Kreuz aus, »der

Jünger, den er liebte«, Johannes. Und am Ende der Welt sieht das Neue Testament den großen Glaubensabfall, den Antichrist und nicht das Paradies auf Erden, sondern die Apokalypse, den dramatischen Untergang dieser Welt.

3. Das Ende – Die Stärken der Schwäche

Die atheistischen Ideologien des 20. Jahrhunderts setzten auf die perfekte Gesellschaft nach der Weltrevolution und einen im Grunde fehlerlosen unumkehrbaren Fortschritt dorthin oder auf eine perfekte Rasse, die notwendigerweise die Weltherrschaft übernehmen müsse. Daher war es für die Marxisten eine Katastrophe, als der real existierende Sozialismus an den Ansprüchen der Ideologie scheiterte, und Hitler sah den Untergang des deutschen Volkes als folgerichtig an, da es den Kampf um die Weltherrschaft verloren hatte.

Das Christentum ist anders. Es ist die Religion der nicht Perfekten, der Sünder, die auf die Gnade Gottes hoffen, was Martin Luther leidenschaftlich bewegt hat. Es ist sicher kein Zufall, dass Jesus den Apostel, dem die Bibel die meisten Schwächen zuschreibt, den Verräter Petrus, zum Leiter der Kirche macht. Daher ist es für Christen nicht verwunderlich, dass die Geschichte der Kirche genügend Schwächen vorzuweisen hat, sogar Verrat am Ursprung, an der ursprünglich radikalen Gewaltlosigkeit. Immer wieder ist in der Bibel von der Schwäche der Menschen die Rede, denen aber gerade wegen dieser Schwäche die Gnade Gottes zugesagt ist, wenn sie glauben, hoffen und lieben. Die meisten Irrlehren haben das nicht wahrhaben wollen, sind an den Schwächen der Kirche und der Kirchenleute verzweifelt und haben sich »reinen« Lehren und angeblich »reinen« Gurus hingegeben, mit zumeist menschenverachtenden Folgen. Ohne

Barmherzigkeit und Verständnis für die Schwäche der Menschen ist keine menschenwürdige Gesellschaft zu haben – und auch keine menschenwürdige Kirche.

Am 12. März 2000 legte Papst Johannes Paul II. beim Gottesdienst des ersten Fastensonntags im Petersdom ein Schuldbekenntnis der Kirche ab. Er tat das nicht als Karol Wojtyła, sondern als Papst, als 263. Nachfolger des heiligen Petrus. Es war, wie damals berichtet wurde, »ein geschichtlich einmaliger Akt«. Der Papst bat um Vergebung dafür,

»dass auch Menschen der Kirche im Namen des Glaubens und der Moral in ihrem notwendigen Einsatz zum Schutz der Wahrheit mitunter auf Methoden zurückgegriffen haben, die dem Evangelium nicht entsprechen …«,

dass Christen »ihre Sünden anerkennen, die nicht wenige von ihnen gegen das Volk des Bundes und der Verheißung begangen haben«,

dass Christen sich haben leiten lassen »von Stolz und Hass, vom Willen, andere zu beherrschen, von der Feindschaft gegenüber anderen Religionen und gesellschaftlichen Gruppen«,

es sei zu beten »für die Frauen, die allzu oft erniedrigt und ausgegrenzt wurden«,

»für die Minderjährigen, die missbraucht wurden, für die Armen, Ausgegrenzten und Letzten, für die ungeborenen Kinder«.

Der Papst beendete den Gottesdienst mit einer Selbstverpflichtung: »Nie wieder Widersprüche gegen die Liebe und den Dienst der Wahrheit, nie wieder Gesten gegen die Gemeinschaft der Kirche, nie wieder Verletzungen gegen irgendein Volk, nie wieder Rückgriff auf die Logik der Gewalt, nie wieder Diskriminierung, Ausschluss, Unterdrückung, Missachtung der Armen und Letzten.«

Papst Franziskus nimmt das mit den Sünden der Kirche stets ganz persönlich und betont immer wieder, dass er, der Papst, ein Sünder sei. Und nie vergisst er deswegen, bei Ansprachen am

Schluss die Zuhörer aufzufordern, für ihn zu beten. Denn auch das sagt Papst Franziskus: Wahre Christen sind nicht perfekt.

Die Ideologien des 20. Jahrhunderts sind am Bekenntnis ihrer Fehler zerbrochen, das Christentum schöpfte aus der Sündengewissheit mit Luther vor 500 Jahren und mit Johannes Paul II. zur Jahrtausendwende neue Hoffnung auf den barmherzigen Gott, an den die Christen glauben und dem sie es zuschreiben, diese 2000-jährige Geschichte trotz aller schrecklichen menschlichen Schwächen auch der Christen tatsächlich zur Heilsgeschichte gemacht zu haben.

Dieses Buch spricht von den sogenannten Skandalen der Kirche. Aber die eigentliche Geschichte des Christentums kommt dabei gar nicht vor. Es ist die Geschichte der Heiligen, der spirituellen Aufbrüche, aber auch der großen und vor allem der stillen Leidenden. Und es ist die Geschichte christlicher Schönheit in den himmelstürmenden Kathedralen des Mittelalters, in den Fresken Michelangelo Buonarrotis und in der Matthäuspassion von Johann Sebastian Bach.